冯 钢／主编

社 会 学
SOCIOLOGY
（第二版）

ZHEJIANG UNIVERSITY PRESS
浙江大学出版社

目　录

绪　论

　　即使是一个从未涉及过任何社会学知识的普通人，也会由于他个人的社会经历及其对社会生活的思考而具备某种对现实世界的基本看法。虽然我们通常也会对这类世界观加以评述，但却不可能以一个完全客观的标准作为依据。它或者是我们个人对世界的另一种看法，或者是一种被称为意识形态的东西，还可能是根本未经我们思考过的、来自我们前辈的传统。我们之所以要拥有这样一些并不一定客观、但却很少被我们自己怀疑的"关于这个世界的观念"，那是因为就其内心而言，任何一个人都是无法生存在一个我们自己不能"解释"的世界之中。那些代表着我们对世界看法的似是而非的观念，正是用来"解释"各种我们所经历的社会生活现象的。昨天的商界巨头，今天却负债累累、穷困潦倒；当年满街乱跑的报童如今却成了媒介大亨；都是昔日同窗好友，有的已是猎头公司死死追逐的技术精英，而有的却下岗失业了。如果说，在反映传统社会的历史故事中我们看到的只是一些帝王将相、才子佳人，那么当今时代的现实生活则是每一个男人和女人成功与失败的故事。不管你是否意识到了，所有那些发生在我们周围的故事，都是需要解释的；而个人生活只有与社会环境及历史放在一起来被我们认识时，它才能得到合理的解释。

　　社会是如此纷繁复杂、变动不居，以至于我们根本不可能对它有完整把握。但是，无论如何，我们总会在这复杂多变的社会生活中捕捉到一些似乎有规则的东西。比如，无论怎样复杂的社会现象，它总是人们行为的产物；而人的行为总是可能用一些"意图"或"动机"来加以分析和解释的。再比如，行动着的人相互之间总会发生这样或那样的关系，这些关系又总是依照某种程度的规范来维系的，或是暂时的，或是持续的；这些关系和规范使得人的行为总会产生相互影响，以至处于某种关系中的人相互之间会产生某种程度的预期。如果我们的思考再稍稍深入一些，那么就会发现，其实许多社会现象之间都存在着这样或那样的联系，我们甚至可能不假思索地就会判定某两个现象之间存在着"因果关系"。当然，所有这一切我们都是仅凭直观得出来的，但直观往往是不可靠的。于是社会学就把诸如"人的行为"、"群体、组织、集团、社会机构"以及"人类正常的或共同的生活方式"等作为自己的研究对象。社会学就是通过科学的方法，来研究社会行为的基本条件和各种形式,研究社会行为之间的相互作用及其结果,研究政治、经济、文化等社会各个领域以及它们之间的结构关系和作用方式,包括这种结构的变动所带来的人们社会生活和社会地位的变动。

社会学产生于19世纪前半叶,也正是现代工业社会的初期。那时,社会学的创始者们第一次发现工业化在为人类带来前所未有的财富的同时,也带来了人类以往从未经历过的各种社会问题。如周期性经济危机问题、失业问题、贫困问题、犯罪问题、住宅问题、人口问题、家庭问题、城市问题、移民问题、农村问题、民族问题、宗教问题等等,都成了"巨变"的产物。第一代社会学家们亲身体验着从"过去"到"现在"的那种缺乏连续性的"断裂",感受着一个新奇的、似乎与"过去"尖锐对立的新型社会所带来的巨大震惊。如今,一个多世纪过去了,社会发展的速度和方式又发生了新的变化。这些变化不仅为我们解决上述社会问题提供了新的方法和手段,同时,也带来了许多新的社会问题。如发达与不发达的关系问题;经济发展与环境保护问题;人口、资源与可持续发展问题;科学技术与伦理道德问题;教育问题;全球化问题,等等。可以说,社会发展永远都会有各种各样的问题伴随其进程,社会学也必然要直面这些问题,找到自己发展的方向。社会学是一门需要不断证明自身合法性的现代社会科学,如果它不是关注时代的社会问题,不能从根本上把握社会现实要求,那么它也就失去了存在的合法性。

社会学的知识素材来自社会生活,来自普通人的日常经验。社会学讨论的所有问题都发生在你我的日常生活之中。不同的只是,我们平时都深深地陷于繁杂的日常事务之中,根本无暇思考我们经历的各种事情的意义。而社会学家们却是把这一切都视为自己研究的对象,并力求从中发现理解现实生活的途径和方法。打开《社会学》这本书,我们会发现,书中涉及的内容,都是我们再熟悉不过的。家庭、角色、人际关系、群体、组织、农村、城市、男人、女人,这些几乎是我们每天都在接触的现象。然而,熟悉并不等于了解。从某种意义上说,社会学研究的正是那些因为太熟悉我们才不了解或者忽视了的社会现象。社会确实有这样一种能力,即让每一个个体都把他所置身于其中的环境视为理所当然,或者说,把他的生活视为别无它择。年轻时每个人都有自己的理想,可绝大多数人到上了年纪时都会说"没办法,这就是命!"是谁在做如此安排呢?有人会说是上帝。社会学家(如涂尔干)会告诉我们说,所谓"上帝",其实就是社会。正是因为这一切都是我们非常熟悉的,所以我们不会去问"为什么";也正因为我们不对它提出问题,所以它才是"理所当然"、"天经地义"的,自然,也就是无法改变的了。社会学就是要对我们再熟悉不过的生活提出问题,这些问题将使显而易见的事情变得令人困惑,使熟悉的事物陌生化。日常的生活方式突然必须接受细致的审察,它实际只是所有可能的生活中的一种,而不是最恰如其分的、惟一的、"天然"的生活方式。社会学家向我们承诺:"用社会学思维的技艺将扩展你我自由的范围,扩大其大胆而实际的效能。一旦学习并掌握了这门技艺,个体会变得不那么容易受控制,面对外界的压制和管束,有更强的适应能力,更有可能抗拒号称不可抗拒的力量的操纵。"①

　　因此,社会学是一门密切联系现实生活的社会科学,是我们每一个人只要真有意愿就能切实把握的科学,是可以随时随地进入"实验场地"的经验学科。当然,重要问题是如何进入"实验场地"? 或者说,我们怎样才能学会用社会学的眼光去观察社会? 这也就是我们编写这本教材的初衷,我们希望这本教材能够担当起引领读者进入社会学"实验场地"的任务。

---

　　①　齐尔格特·鲍曼:《通过社会学去思考》,社会科学文献出版社,2002 年,第 17 页。

第一章
社会学的视野

第一节　社会学的产生

人类很早就开始探求"社会是什么"这个问题了。如果从最广泛的意义上把社会学界定为研究社会的学问,那么,我们可以将其追溯到非常遥远的时代,可以去追溯那些被认为是最早设想人类群体的想法。但是,如果我们按照今天对于社会学的理解,即把它视为一门以社会现实作为研究对象的实证科学,那么它的历史其实并不太长。不过应该承认,在那些被我们称为社会学家的学者出现以前,就已经有许多思想家致力于社会研究,尽管今天我们只是把他们归类为哲学家、法学家、政治学家、史学家,甚至还有神学家。譬如,柏拉图(Plato)就发现了社会生活的分工和经济、地理、人口等各种社会自然条件的重要性;亚里士多德(Aristotle)也很重视社会生活的诸多要素、经济交换的各种条件,以及从自然经济到货币经济的过渡;基督教时代的神学家圣奥古斯丁(Saint Augustin)、圣托马斯·阿奎那(Saint Thomas Aquinas)也是其中不能忽略的重要人物。伊斯兰教世界中的伊本·赫勒敦(Ibn Khaldun)在 14 世纪就揭示了生产组织、社会结构和集体心理之间的关系。从欧洲文艺复兴到启蒙运动时期,出现了许多思想家,他们从各个不同方面思考各种社会现象并以不同的方法进行研究,譬如马基雅维利(Machiavelli, Niccolo)、博丹(Bodin, Jean)、霍布斯(Hobbes,

"人类的天性注定他们必须在社会上生活。他们开始是被召来在政府的统治之下生活,然后,他们注定是要由政府或军事的统治走向管理或工业的统治。"

——圣西门
(Saint-Simon)

4

Thomas)、洛克(Locke，John)、卢梭(Rousseau，Jean-Jacques)、维科(Vico，Giovanni Battista)、孔多塞(Condorcet，Jean Antoine)等，是从政治学、历史学入手研究社会现象。另外一些人则运用统计学的方法探讨社会问题，如马尔萨斯(Malthus，Thomas Robert)、凯特莱(Quetelet，Lambert Adolphe Jacques)；还有我们更为熟悉的、运用政治经济学的方法的重农主义者们，如魁奈(Quesnay，Francois)、亚当·斯密(Adam Smith)以及萨伊(Say，Jean-Baptiste)，等等。当然，还有运用法学手段的，例如格老秀斯(Grotius，Huig)、孟德斯鸠(Montesquieu，Charles Louis de Secondat)等。最后，还有圣西门(Saint-Simon)，我们都知道他是空想社会主义的创始人，是最早提出现代社会自我管理设想的思想家之一，而他在创建以"社会物理学"①命名的研究政治现实和社会现实的实证主义科学方面也同样做出了重要贡献。

　　社会学作为一门独立的社会科学的产生是在 19 世纪 30—40 年代。从这门学科产生的历史条件来看，它是近代资本主义工业社会的产物，是英国产业革命和法国政治大革命的产物。18—19 世纪是西欧资本主义突破封建时代的羁绊，进入快速发展的阶段，在 18 世纪下半叶到 19 世纪上半叶这不到一百年的时间里，西欧资本主义创造的社会生产力超过了此前一切时代所造成的社会生产力的总和。在人类历史上，只有工业资本主义产生了如此巨大的生产力，而且，直至今日尚未有哪一种社会经济制度能产生如此巨大的生产力。科学革命和产业革命的胜利以及资本主义大工业和世界市场的确立，为资本主义发展开辟了空前未有的发展前景。但与此同时，刚刚确立不久的资本主义制度也已经开始显露它自身特有的社会矛盾和社会问题：随着社会生产力总体水平的不断提高，不同社会阶层之间的贫富差距日益扩大，大批农民破产、工人贫困失业、周期性的经济危机……总之，建立在以市场交易为目的的生产基础上的资本主义经济，其生产过程中经常不断的变革，各种社会关系连结的不断重组，持续的社会动荡和社会生活的不确定性，这一切成了资本主义时代与先前所有时代完全不同的特征。应该看到，在资本主义以前，人们普遍生活于长期稳定的生产方式和文化传统之中，各种社会关系和行为规范在封建专制和教会统治下一直被视为是神的意志和自然意志的体现，几乎是不可变更的。然而，现代资本主义打破了这一切，人们不再接受千古承传的等级制，一切等级制度和稳固不变的东西都烟消云散了，一切神圣的东西也不再是理所当然的了。资本主义似乎并不意味着以一种新的固定模式来替代旧的模式，因为所有新产生的关系还没等它固定下来就已经过时了，人们变

---

　　① "社会物理学"的法文是"sous le nom de physique sociale"，日文译本也译作"社会物理学"。但 1965 年出版的由乔治·古尔维奇选编的《圣西门著作选》中原文是"La physiologie sociale"，应该译为"社会生理学"。

得无所适从,全部社会生活史无前例地陷入了动荡而难以控制的局面。毫无疑问,封建专制和教会统治已经崩溃,任何"超凡意志"和"神定秩序"都不再可能对社会发生的这一"巨变"做出解释,人们只能诉诸人类自身的理性,就像当时已经发展起来的自然科学对大自然的认识一样,人们需要科学地认识社会。

曾经是圣西门的秘书、实证哲学的创始人孔德(Auguste Comte)在19世纪30年代创立了社会学。他在1838年出版他的代表作《实证哲学教程》第四卷时,将在前三卷中一直沿用圣西门的"社会物理学"改成了"社会学"。不过据考证,孔德改用"社会学"而放弃"社会物理学"的概念并不是针对他的老师圣西门,而是针对凯特莱的。1835年,比利时统计学家凯特莱出版了题为《论人及其特性发展:社会物理学论》一书。孔德为了避免他的"社会物理学"与凯特莱的"社会物理学"混淆,才把自己致力的学问称为"社会学"。孔德不仅是个哲学家,同时也是一位数学家和物理学家。需要注意的是,孔德的六大卷巨著《实证哲学教程》(1830~1842)是从这样一个由他自己提出的问题开始的:在一个知识专门化已经成为不可避免的时代,我们怎样才能挽救全人类知识的有机统一体?他解决这个问题的方式是,把一切科学知识的总和排列成一个等级体系,但他不承认存在着来源于自然科学以外的任何知识。因此,在他的这个体系中从基础自下而上分为六个层级,分别是数学、天文学、物理学、化学、生物学和社会学。其中,每一层级的知识都是它上一层级知识的最重要的基础;社会学处于最上面的位置,因此,是以一切自然科学知识为基础的关于社会的科学。

孔德根据他对知识统一体的建构,在创建社会学之初就非常强调社会学就是运用自然科学的方法来研究人类社会的科学,应该是一门实证科学。他认为,社会学的任务是对社会现象固有的全部基本规律的实证研究,既要运用归纳法,也要运用演绎法,一切研究都应该以观察、实验和比较等方法做为基础。不仅如此,他还赋予社会学高于其他各种社会科学的最突出地位,社会学被视为一切社会科学之冠。他用了一些像"社会一致"、"社会存在"等概念来为社会学研究对象划定领域。孔德把社会学分成"社会静力学"和"社会动力学"两部分:前者是关于社会秩序的理论,是对人类社会的存在条件和相应的协调规律进行的整体的深入研究;后者是关于社会进步的理论,是对社会发展和社会不断运动规律的研究和解释。这两部分之间的关系,类似于生物学中解剖学和生理学的关系。但孔德后来在他的《实证主义政治体系》一书中又强调两者之间是一种互补关系,在社会静力学中社会现象是以相对不变的面目出现的,而在社会动力学中则呈现了一种可变的、历史的面目。显然,人类社会不像生物体那样具有那么多相对稳定的属性,尤其是现代社会。根据孔德的理解,社会发展将根据不同的思维(知识)类型依次经历三个阶段,即神学阶段(以神的意志来解释世界)、形而上学阶段(从抽象力中寻求关于事物的解释)和实证阶段或科学阶段(以精确观察、假设、实验为基础的实证科学,研究现象之间的相互关系)。在孔德看来,我们的全部知识都是关于一定现象之间的确定关系的知识,对于这种现象的性质或因果关系进行思辨是毫无意义的。因此他认为,神学政治和形而上学政治是造成当时社会混乱的主要祸根,工业社会的秩序只有建立在实证科学知识的基础之上才是可能的,而社会学的产生则标志着整个社会科学开始进入实证科学阶段。因此,实证主义成了社会学理论最初的思想旗帜。

在孔德创立社会学的同时,马克思主义诞生了。在西方学术界,不少人把马克思也视为社会学的创始人。当然,马克思主义创建的是关于人类实践活动各个发展阶段的社会历史学说,但是,马克思把黑格尔的辩证法运用到关于社会变迁的研究中,这无疑使社会学因此而获得了一种极为出色的分析手段。虽然马克思并没有使用社会学这个概念,也没有为研究社会现象的科学划定具体的范围;但是,在马克思的著作中,这些内容都与其历史哲学和政治经济学的概念密切相关,例如,马克思对社会意识形态的研究,以及把社会经济活动纳入社会现象总体范畴而进行的有关社会各阶级的研究等。所以,曾有西方学者十分恰当地评论说:"马克思不是一位社会学家,但在马克思主义中,却包含着一种社会学。"①而且,马克思对社会学的影响是至今为止没有任何一位社会学家可以超越的。

在英国,赫伯特·斯宾塞(Herbert Spencer)建立了以社会达尔文主义为基础的社会进化理论,即认为人类社会始终都处于进化过程之中,社会进化是从简单到复杂,从单一到多样,永远朝着日益进步的方向前进的。斯宾塞这一理论后来对结构—功能主义学派产生了重要的影响。而在法国,夏尔·亚历克西·德·托克维尔(Charles Alexis de Tocqueville)则以他对美国现代政治机构的研究为社会学提供了极有价值的启示。

19世纪末至20世纪初,是经典社会学理论形成的阶段。法国的埃米尔·涂尔干(Emile Durkheim)和德国的马克斯·韦伯(Max Weber),通常被视为这个时期最著名的两个代表人物。但是,这并不是说其他人就不重要了,事实上,像格奥尔格·齐美尔(George Simmel)、V. 帕雷托(Vifredo Pareto)、费迪南德·滕尼斯(Ferdinand Tönnies)等都是这个阶段中产生的非常重要的著名社会学家。

譬如,滕尼斯曾提出两个德语概念"gemeinschaft"和"gesellschaft",前者是指"共同体"、"社区"、"社团",其特点是其成员大家毫无例外地属于同一群体;后者的意思是"社会",其特点是人们都扮演自己的角色,相互之间的关系都好像是合同关系(我对你的义务,你对我的义务,这一切都是由合同安排的)。滕尼斯认为

---

① 弗朗索瓦·布里科等:《社会学的由来与发展》,商务印书馆,1987年,第8页。

现代社会的发展趋势就是由"共同体"向"社会"转变,但他觉得这种转变并不美好。涂尔干也认为存在着这种转变,他称为由"机械连带"向"有机连带"的转变。不过他认为,虽然这种由社会分工而产生的转变会使现代人丧失确定的生活规范(失范),失去归属感,但这种转变仍应被视为一种进步,因为它毕竟有助于人的个性解放。事实上,在涂尔干看来,摆脱集体束缚的"个性解放"与分工造成的"失范",恰恰正是现代性问题所蕴含的某种"内在矛盾"。

涂尔干是第一个以科学的联贯性和精确性为社会学这门学科确定研究范围以及可靠方法的人。他强调社会学要求运用一些社会事实来说明、表达另一些社会事实。社会事实具有普遍性和客观性,是外在于个体心理并可能对个体意识产生强制性影响的社会现象。涂尔干主张人的环境即道德环境是社会变动的首要原因,并在此基础上形成了进行社会学研究的社会类型学方法,他的《社会学研究

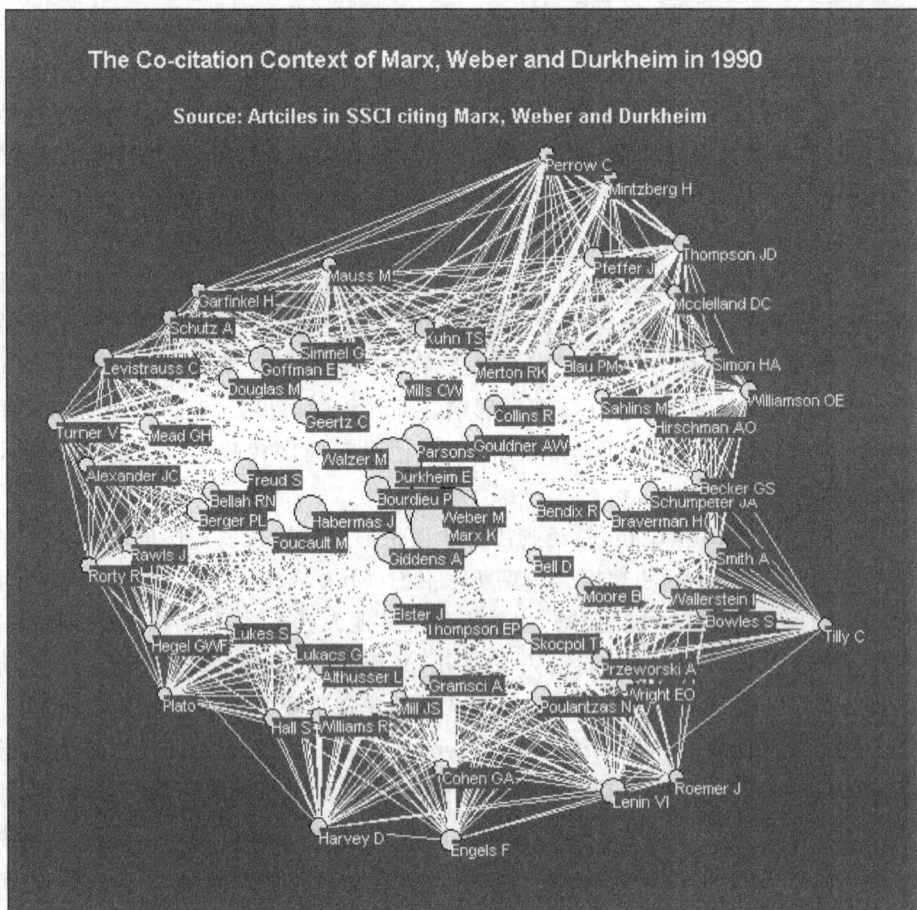

The Co-citation Context of Marx, Weber and Durkheim in 1990

Source: Artciles in SSCI citing Marx, Weber and Durkheim

SSCI 中有关马克思、韦伯和涂尔干的引证

方法论》至今仍是每一位学习社会学的人的必读书之一。另一方面,涂尔干积极地将其社会学理论和方法付诸实践,以家庭、职业团体、教育、宗教、法律、国家等为具体的社会学研究内容,确定了像社会功能、社会整合、社会交往、社会团结等一系列基本概念,建立了社会学专业的基本体系。因此,涂尔干是公认的西方社会学学科体系和专业体系的奠基人。

马克斯·韦伯认为,社会学的任务是理解人的行动。在他看来,社会学要认识的是社会行动,是要从根本上说明社会行动的过程和影响。社会行动是指人的公开或内心的活动,是把一种主观思想与行为结合起来的个人或众人的社会活动;人的社会行动是按照行动者的意图与他人的行为发生联系,并且是在行动过程中依赖于他人行为的。所谓"理解"社会行动,是说社会学家要把握行动者赋予其自身行动的主观意义,并据此对社会行动进行分类,以作为理解社会行动的"理想类型"。韦伯对社会科学方法论有其独特的贡献,他对"社会知识何以可能"的问题关注多于对社会知识本身的关注。他非常关注资本主义问题,尤其是资本主义的起源问题。在他看来,资本主义全球化的发展动力,最重要的就是"合理性",即把合理的思想以及合理的技术逐步运用到社会生活的各个方面。他相信,犹太教和基督教的教规为世界的合理转向奠定了基础,古代以色列用信仰上帝满足精神要求来取代巫术,就是他们采取的宗教合理化步骤;以后的宗教改革,特别是加尔文教倡导的改革,使得合理性日益受到人们的重视,最终促成了"资本主义精神"的产生。当然,"合理性"问题并非只是个单向度的问题,韦伯理论的精髓在于它揭示了"合理性"的两难困境及其与现代社会危机的内在关联。然而,在韦伯看来,构成现代性原因的根源似乎并不仅在于现代化本身,至少他自己明显倾向于从西方古代事件中去寻求现代性的渊源。同样的问题,在韦伯的好友齐美尔那里则是以"抽象化"的概念展开的。齐美尔认为现代社会在一定程度上由于资本和资本主义所产生的货币经济的原因而变得抽象化了,它不像过去的社会关系那么具体了,相反,现代社会呈现出来的是一种"碎片"式的现实。也就是说,一方面,货币经济把个人从具体的社会义务的束缚中解放出来;同时,货币的抽象能力也把一切与社会相关的现象(如货物、服务、地位甚至身份)都具体化为货币价值单位。

社会学的产生最终是以经典理论作为标志的。我们从社会学经典理论中可以发现,这时的社会学已经不再具有圣西门-孔德时期那种对社会进步的盲目乐观情绪了,它也不再试图建立一个包罗万象的体系;相反,社会学经典理论直面于现代社会的危机,具有一种强烈的社会批判意识。所谓批判意识,不仅仅只是关注具体的现实社会问题,而且还是通过对现实社会的审视,同时又反身考察构成社会知识的各种现实条件。显然,社会学的这种批判意识已经摆脱了它那狭窄的实证哲学的母体束缚(尽管不可能完全消除其影响),而与整个社会思想史的批判传统紧密联系起来了。

第二节 社会学与社会

任何一门学科都有它特定的研究对象,社会学也不例外。社会学是研究什么?这个问题曾被许多社会学家以"社会学是什么"的命题形式提出过,而不同的社会学家对此都有不同的解释。自从孔德提出"社会学"这个概念以来,已经有上百条关于社会学的定义了。譬如,有些学者认为社会学是以社会行动为研究对象的,也有些社会学家认为社会学的研究对象应该是社会现象,还有的社会学家认为社会学应该以社会形式为研究对象……等等。仔细想想,这些定义都有道理。但问题是,为什么会有如此多不相同的、却又都是有道理的定义呢?其实,上述每个社会学家所关心的问题,都是他们所处时代和特定社会所特有的问题,不同的问题意识决定了他们认识社会的不同角度和视野,因此,这些定义大都源于不同的社会学家从不同的视角来理解社会及其所要解决的问题。社会学是一门相对比较年轻的学科,因而也是一门需要在发展中不断证明自身合法性的现代社会科学,它必须时刻牢记自己的使命:关注时代现实的社会问题。从这个意义上说,社会学就是一门以"社会"作为研究对象的经验科学。

不过,通常我们所说的"社会"这个概念,有两个层面的含义:第一层含义是指相对于"自然"而言的"社会",是指由人的有意识的行动创造出来的事物的总和。换言之,日月星辰、山川河流,都是自然的构成要素;政治、经济、法律、宗教等则是社会的构成要素。社会在这个意义上是一个十分广泛的概念,与此对应的知识范畴是"社会科学",以区别于"自然科学"。"社会"的第二层含义是指一种社会关系体系,它是由人与人之间的持续互动积累形成的,并且包含了人们在长期互动中建立起来的、有内外差异的共同情感。换句话说,社会并不是同一空间中简单的人口聚集;只有在同一空间中聚集的人群具备了因持续互动积累形成的社会关系网络和共同情感这些特征,且由这些特征抽象而来的概念才是我们所说的社会。在这层含义上所说的"社会"似乎比前一层含义的"社会"要小些,但却具体得多。譬如,像我们最熟悉的家庭、村落、企业、学校、城市、国家、公民社会等,都是这层含义上所说社会的构成要素,它们比政治、经济、法律、宗教这些概念要具体得多,与此对应的知识范畴也就是"社会学",它与政治学、经济学、法学一样,都属社会科学。这既不是说家庭、企业等社会要素惟独只是社会学研究的对象,也不是说社会学不研究政治、经济、法律、宗教;而是说社会学总是在具体的客观实在的基础上研究这些社会现象,家庭、村落、企业、学校、城市、国家、公民社会等,都是综合反映客观实在的概念。

"社会学"一词本身指的就是关于后一层含义的"社会"的学问。"社会学"在法语和英语中都是由拉丁语的 socius 和希腊语的 logos 结合而成的。拉丁文的 socius 是个形容词,它的名词 societas 有"伙伴"、"共同"、"联合"、"同盟"的意思。也就是我们上面所说第二层意思上的社会概念形成的原型。societas 在拉丁语系的法语中是 société,它与其他许多法语单词一起,进入了原属日耳曼语系语言的英语,成为 society 的词源。英语中 society 一词则是 16 世纪以来被广泛使用的市民社会概念的母体。而德语中 gesellschaft 的词干 geselle 意为 saalgenoss,即"同一房间内的伙伴"。中世纪后期,这一空间表象转义成为人与人的结合(verbindgen von menschen),成了社会的概念。

在中国,"社会"这个词是由"社"和"会"这两个概念合成的。从语源学的角度看,"社"早于"会"出现。关于"社",一般都理解为古代祭神(尤其是土地神)的地方。最初这个神,据说是共工氏的儿子句龙。《左传》昭公二十九年:"共工氏有子曰句龙,为后土⋯⋯后土为社。"又《礼记》记载:"句龙为后土,能平九州,故祀以为社。"然而,从"社神"的演变来看,"社"又更像是个以祭祀为范围的社会组织单位。在许多古籍资料中发现,"社神"除了"土地神"以外,还有不少都是宗族祠堂之神,或者是某一地域内的先贤偶像。所以,《左传》昭公二十五年:"齐侯唁公曰:自莒疆以西,请致千社。"据注,当时二十五家为一"社"。难怪后来把"社"和里甲联系在一起,它本来就是乡村基层的行政地理单位。再到后来,"社"的含义就越来越接近于我们前面所说的持续互动并形成一定社会关系和共同情感的团体组织形式。如唐代民间结成的"社邑",实际就是由各色商行组成的行业性团体[1],如小绢行邑、白米行石经社、屠行邑等。而晋慧远结"莲社",唐白居易结"香山社",宋时文人结"诗社"、武士结"弓箭社",元代闻名一时的"月泉吟社"等,则都是一些信仰相同、志趣相投的自愿结合团体。"会"的含义相对来说更直白一些,即聚合、汇合之意。"会"作为团体最迟大约在北朝北魏初年就已经出现。当时译的《杂宝藏经》有称"尔时舍卫国,有诸佛弟子、女子作邑会,数数往至佛边"[2]。"社""会"并称,在唐以前未曾见过,《旧唐书》中出现的"村闾社会"[3],也许是最早的"社"、"会"连用。至此,社会的含义已经很明确了。明冯梦龙在《醒世恒言·郑使节立功神臂弓》中说:"原来张大员外在日,起这个社,朋友十人,近来死了一两不成

[1] 《房山石经题记汇编》,第 83～107 页,转引自陈宝良:《中国的社与会》,浙江人民出版社,1996 年,第 5 页。

[2] 《杂宝藏经》(大正藏本)卷五,转引自《中国的社与会》,浙江人民出版社,1996 年,第 6 页。

[3] 《旧唐书·玄宗本纪》卷八。

社会。"社会在这里的意思,既包括了人际之间因共同目的聚集在一起的持续互动关系,也包含了在这种互动关系中发展起来的共同情感。

所以,我们必须首先弄明白,"社会学"说的社会,并不等于"社会科学"说的社会。社会学只是许多包括在社会科学中的不同学科中的一员,而不是社会科学的全部。说社会学是以社会作为研究对象的,这里所说的社会只是社会科学的社会含义的一部分,它包含了成员之间持续互动积累而成的关系网络和内外有别的共同情感。

然而,即使我们对社会学所研究的"社会"做了上述界定,这个被界定了的"社会"也是足够复杂的了,至少涵盖了我们所能意识到的日常生活的全部社会关系。根据定义:

首先,我们需要把社会学研究的社会分为总体社会和部分社会。总体社会是指在社会内部就可以提供大部分满足成员生活需求的手段的社会,如国家、市民社会等;而部分社会则是指其功能仅限于提供特定的满足需求的手段的社会,如家庭、亲族、村落和企业、社团、城市等。这种区分当然不是绝对一成不变的,在不同的历史条件下,这一区分会有不同的形态。例如,在远古时代,总体社会的范围就比较狭小,而在工业化时代,总体社会的范围则在不断地扩大。

其次,我们还需要把社会分成社会群体和地域社会。社会群体是指行动者的集合,它有两个要素:一是包含了两个以上的行动者之间持续的互动积累,其积累程度达到足以明确区分内部人与外部人;二是其成员能明确意识到这种区别界限,并因此拥有内外有别的共同情感。地域社会是指居住者的集合,它也有两个要素:一是由于共同居住地域而产生的持续的互动积累并达到足以明确区分这一居住地内外人的识别和界限;二是居住者建立在对共同居住地明确认同基础上的、内外有别的共同情感。当然,社会群体和地域社会的划分也是相对的:一方面,信息化的发展使人们获得了更多的沟通、交流手段,从而不断会打破地域界限,形成"脱域"交往;另一方面,人们日常的社会生产活动也日益脱离他们的居住地,从而使人们减少了居住地内的交往,而扩大了与社会生产活动相关的居住地域外的交往。因此,随着现代社会,特别是信息社会的发展,社会群体(尤其是功能群体)的范围将会逐步扩大,而传统地域社会的范围则会逐步缩小。同样,在社会群体中我们还可以划分出基础群体和功能群体。基础群体是由血缘、姻缘、地缘这样一些基本关系本身被赋予生活的基础意义而结成的社会群体;但这并不是说它们就没有社会功能,虽然这些群体的功能正在逐渐被社会功能群体取代。功能群体原则上是由社会分工而形成的社会组织,从理论上说是与家庭分离的;但这也不是绝对一成不变的,中国改革开放以来出现的许多私营企业就是家庭与企业的结合。

最后,还有一种被称为"准社会"的概念,即那些不完全满足(只是部分满足)社会定义中的持续互动、社会关系网络和共同情感等条件的社会。例如,偶尔形成的人群聚集,像集会、游行、动乱等。在总体社会层面上,如社会阶层,它是在公民社会规模上形成的、以社会资源的不平等分配为基础的地位差别,它本身既不是社会群体,也不是地域社会。另外,市场也是在社会规模上产生的经济交换关系,但因为它并不一定形成持续的社会关系,所以也可以归入准社会一类。

表 1.1　现代社会中的基本社会类型

	社会群体	地域社会	准社会
部分社会	基础群体:家庭、家族、亲族等 功能群体:企业、社团、地区行政组织等	村落 城市	群集
总体社会	部族、国家	公民社会	社会阶层、市场

表 1.1 就是我们根据日本社会学家富永健一对近代工业社会基本社会类型的分析和图表改制的。[①] 表中的纵向轴是按照提供满足需求手段的范围来区分的总体社会和部分社会;横向轴是根据不同的行动者集合方式来区分的社会群体、地域社会和准社会。通过纵横两个维度的交织,这样,我们就把具有持续互动积累、社会关系网络和共同情感特征的社会基本上都包含在内了。显然,社会是人类赖以生存和发展的直接环境。由于人生而俱有的基本欲望和需求必须通过合群方式才能得以满足,因此,为了应付自然危机、人口增长,为了满足生存需求,为了实现理想或达成目标,人不得不相互接触,产生互动,参与社会,建立关系结成群体,并创造规范订立制度。从这个意义上说,社会是人类满足生存需求活动的产物;同样,社会所创造的语言、符号、思想、观念、制度、团体、目标、价值等,也对社会成员自身产生制约和模塑的作用,社会对人类活动有着各种各样的作用和功能。

社会的基本功能是它以各种方式将人们集合为一体使之形成各种社会关系;它发展和保持着人们共同享有的行为模式,避免了个体不必要的试错;它建立各种分层体系,使个体能在社会结构中具有比较稳定和被认同的地位;它为人们提供了各种系统的交流媒介,人们可以通过语言和其他符号系统达到相互间的沟通。同时,社会的一些主要群体或组织则担负着满足人们某些基本需求的功能。譬如,家庭、婚姻制度和亲族团体是为社会成员有序地进行新陈代谢而建立的;教育和训练机构是为社会成员的社会化及人格、智能发展服务的;各种经济组织则负责生产和分配的任务,以使社会成员能够得到物质需求和服务的满足;政治机

---

① 富永健一:《社会学原理》,社会科学文献出版社,1992 年,第 6 页。

构和公民团体则是提供人类安全和公正秩序的功能;另外,还有宗教团体、娱乐团体等承担着满足人们精神文化需要的功能。当然,社会的这些功能之所以有效,最基本的条件是社会成员的参与。因此,正是社会参与才使得种种社会功能通过不同的社会关系而发展起来,使一个社会能在共享的文化和制度体系中成为一个整体。从这个意义上说,社会就是指社会关系的体系。

所谓社会关系,是指一定社会情境中的人,基于某种特定的因素而彼此相关或联系。其中,有一些社会关系是某种过程或互动,如合作、竞争、冲突、变迁等;另一些则是作为社会现象的关系模式,如家庭结构、层级制度等。社会关系的基本模式大致可能分为四类:

(1)个人与个人的关系,如人际之间的相互吸引、排斥、竞争、合作、关心、冷漠等。

(2)个人与团体的关系,如子女与家庭、学生与学校、员工与企业、士兵与部队等。

(3)团体与团体的关系,如企业与企业、政党与政党、学校与学校等。

(4)社会现象与社会现象的关系,如工业化与城市化、贫困与失业、人口与发展等。

社会学研究基本上是围绕着这些社会关系而展开的。当然,随着社会发展和研究的深入,社会学家们也会关注一些与社会现象相关的非社会现象,如自然灾害、环境甚至气候等。

社会学家根据不同的社会关系区分了不同的社会类型,这使得我们可以通过对各种社会类型变化的认识,从中看出社会关系的变迁,进而发现引起这些社会关系变迁的原因。首先,我们在一个不太长的时间段中就可以看到,基础群体的功能正在逐渐减少或被社会功能群体取代。在传统社会中,血缘、家族、世系等各种亲族群体曾经是最主要的社会单位,但在现代发达社会中这些亲族群体中的绝大部分都已经消失或正在消失。在现代工业社会中,家庭原有的生产功能、教育功能等都已经与家庭分离,家庭结构也在趋于向核心家庭收缩,其功能越来越有限。其次,传统社会中原本并没有或极少有单一的功能群体,但进入工业社会以后,各种功能群体大量涌现,尤其是工业组织。社会分工促使生产组织、流通组织、行政组织、军事组织、文化组织、教育组织等高度专业化,成为现代工业社会中职能合理化的主要载体。第三,现代地域社会范围不断扩大,而其内部社会关系的积累则在不断降低。在远古时代,总体社会就是部族,而现代国家产生后形成了公民社会,并不断地超越着它既有的范围。随着城市化进程的不断加快,传统农业社会的村落共同体也正趋于衰落或解体,传统地域社会中那种同质紧密的社会关系也在逐渐减弱。第四,原始社会中并没有我们今天所说的社会阶层,因为社会生产水平远没达到产生剩余的程度。传统农业社会生产力有了一定程度的发展，出现了明显的不平等结构。现代社会物质生活水平显著提高，特别是由于教育的普及、社会资源的占有与经营管理分离、社会中间阶层不断扩大、各种社会利益团体大量出现等诸多原因，社会的不平等结构开始有缓和的趋势。第五，由于基础群体的功能逐步退化以及家庭功能日益缩小，功能群体则愈来愈合理化，地域社会内的社会关系不断淡化；因此，地域行政组织及国家的功能正日趋扩大，它们不得不承担起各种社会服务的功能，从而出现所谓福利国家的趋势。

第三节　社会学的基本观点

社会学作为一门以社会为研究对象的学科，除了它的对象特征以外，它还以其自己独特的视角区别于其他社会科学，这也就是我们所说的社会学的基本观点，或者说是社会学看问题的角度。

首先，是人的社会性的观点。我们都知道，社会是由人构成的。但人是通过他们的行动才能形成互动关系，或者确切地说，社会实际是由人的行动构成的。人们合群而居、共同生活，彼此间就必然会形成一定的社会关系，并发生这样或那样的社会行动。因此，认识社会的一个非常重要的前提就是理解人的社会行动，而这首先需要对人有一个基本看法。经济学研究人们的经济活动，因此，它对人有一个基本假定，即人是"理性经济人"，人的一切行动都基于他追求"利益最大化"这一出发点。而社会学研究人们的一般社会行动，这种一般社会行动的意图或意念，就远比"利益最大化"要复杂得多。比如，经济学就很难说明白人的"社会利他行为"。更何况，现实社会生活中人们对"何为利益"的理解也不尽相同，对眼前利益和长远利益的认识也有很大差异。这一切复杂性的基础就在于人是社会人，在于人的社会性。我们每个人出生来到这个世界时，只是一个生物学意义上的人；我们需要在一个特定的环境中，用很长一段时间来学会如何成为一个社会人，这就是"人的社会化"过程。当我们在通常所说的"成长环境"中完成基本社会化后，我们才能作为一个社会人进入社会生活，而不同的"成长环境"也使我们每个人带有各自不同于他人的个性特征。在社会化过程中，我们需要完成的一个非常重要的任务，就是学会如何扮演"角色"。从最基本的"儿子"、"女儿"、"学生"、"朋友"等这些角色开始，慢慢向更广泛的社会角色扩展。有一天，我们忽然会发现，不知不觉中我们身上聚集了许多各种各样的角色，如在父母面前是儿子，在学校是学生，在电视机前是观众，在商场里又是顾客……每一个角色都是社会为一种社会关系设定的，我们正是通过扮演不同的社会角色来与他人发生社会关系。马克思告诉我们说，"人是一切社会关系的总和"。用社会学的术语说，人就是一个"角色丛",我们就是生活在各种各样的社会关系之中,并且受着这些社会关系的限制。例如经济关系、政治关系、法律关系、宗教关系、家庭关系、亲属关系、朋友关系、邻里关系、同乡关系、师生关系、同学关系、同事关系等等。社会关系不仅是社会行动的基础,同时也不断地塑造着作为行为主体的个人。所以,社会学对人及其行为的理解首先必须从社会角色、社会关系出发,也就是说,首先要把人作为社会人来理解。当然,社会学并不否认人的行动受利益的驱动,但除非把作为研究对象的人放在特定的社会关系之中来认识,否则我们就无法知道究竟是什么利益、怎样驱使这个特定对象产生特定行动的,因为一切经济活动都是嵌入在社会生活之中的。

第二,是社会结构的观点。通常我们都会把社会理解为是由人群组成的集合,但这种认识并不科学。当我们把社会理解为"群"的时候,我们会发现其实我们对构成"群"的每一个分子是不加区别的。譬如,当我们说"那儿有一群人"时,我们并不在意其中有多少男人多少女人、多少大人多少小孩;性别、年龄、职业、身份等特征差异都被忽略了。也就是说,"群"意味着同质分子的聚合。然而,社会,尤其是现代社会的特点,恰恰是强调了它的异质性构成,强调了它的"结构"属性。也许我们可以设想,在远古时代人与人之间的同质性远大于他们之间的差异性。但是随着社会分工的发展,人们的社会生产活动、社会生活方式,以至于他们的思维方式、情感方式都发生了变化,人与人之间的异质性程度日益增大,每一个个体的社会活动仅仅只能是一个更大整体活动的一部分,个体、团体、组织、部门都成了社会这一总体结构在不同层次上的一个配件。就像最基本的家庭结构是由两个异性之间的关系构成,或者像螺栓与螺帽的关系一样,谁也离不开谁,结构是由异质关系构成的。社会结构就是在社会分工不断发展的基础上,在异质性不断扩张的过程中变得愈来愈复杂。当社会学最初传入中国时,严复曾把它译为"群学",显然,那时中国社会的异质性程度还不是很高。但在现代工业社会,社会结构复杂程度已经使得我们根本无法孤立地看待任何一种社会现象。政治、经济、文化、法律这些都是社会最高层次上的结构要素,每一要素都承担着一种社会必不可少的功能(作用),相互之间又相辅相成、互为条件地形成了社会学所谓的有机系统。同样,我们在前面讲的每一种社会关系也都是社会不同层次上的结构关系。因此,无论我们把社会中的哪一部分视为研究对象,都必须明确它在社会结构及其变动中所处的地位和所起的作用,必须同时研究它与其他部分(结构要素、社会现象)之间的相互影响、相互制约的关系,也就是说,社会学必须从社会整体结构及其变动中来把握它所研究的每一种社会现象。

第三,是社会价值的观点。我们已经知道,人类的社会行动都是在特定的社会文化条件下发生的,许多社会学家以及人类学家都把"文化"理解为由一个社会或一些人共同享有的价值观和意义体系,包括使这些价值观和意义具体化的物质实体。任何一个社会和群体中的人们都会对正确和错误、好与坏具有某种程度上的共同认识。价值观是社会中的人们所共同具有的判断好与坏、正确与错误、符合或违背人们愿望等的观念;是决定一个社会的理想和目标的一般的和抽象的观念;价值观通常是充满感情的,它为人的正当行为提供充分的理由。同一社会文化包含的各种价值观并不是完全孤立的,而是相互关联在一起,形成或多或少具有某种统一性的价值体系。显然,社会价值观对人们的社会行动有着极其重要的影响;或者说,在社会行动的背后总是隐含着为行动者所具有的一定的价值观和意义支持。因此,社会学对社会行动的理解,在相当程度上取决于对行动者本身所持价值观和意义支撑的认识和理解。

那么,价值观与社会行动之间究竟有些怎样的联系呢?不同的社会学家对此有着完全不同的理解。一种观点认为,社会价值观决定社会行动。也就是说,人在其社会生活早期就通过社会化习得了某种确定的价值观,并形成其个性因素中最稳定、最持久的价值倾向,影响甚至决定了个体以后整个成年时代的态度形成和行为选择。这种观点认为,虽然个体在其儿童时代是通过文化符号系统从父辈那里习得某些价值观,但这些价值观一旦形成就很难发生大的变化,它是一种"文化定型"。社会就是通过价值观对社会行动的逻辑支配而形成一定的社会行为模式。与此相反,另一种观点则认为是社会行动创造了社会价值观。在这种观点看来,社会行动中某些持久、稳定的习惯、习俗,是在长期社会生活中逐渐形成的。人们为了证明沿用这些习惯、习俗是合理的,或者为了掩饰这些习惯、习俗可能不合理的事实,于是就给它们编造出一些抽象的解释。也就是说,价值观是事后对行为合理性的某种解释,通过这种解释,社会中早已形成的根深蒂固的习惯、习俗被呈现为合情合理的东西。

确实,上述两种观点都有其自身的道理,我们都能接受。一方面,我们所见到的社会确实都有其相对稳定、持续的价值观,它通过代际之间的社会化和文化符号的传递而世代沿续,成为这个社会特有行为方式的价值基础。另一方面,我们也看到,社会价值观并不是一成不变的,它总是在人们的日常行为中逐渐形成,并在社会行为中不断变化和增强。问题在于,上述两种观点都各自强调了事物的一个方面。如果我们能在持续的社会发展过程中考虑问题,那么,我们就会理解社会价值与社会行动这两个方面实际是互动关系,或者说,是持续的相互作用的关系。

第四,社会变迁的观点。社会学产生在一个历史大变革的年代,从17世纪到19世纪,以英国工业革命和法国大革命为标志并迅速遍及全欧洲的那场"时代变革",是人类历史上现代化发生的起点。因此,社会学从它诞生的那一天开始就密切关注着社会变迁问题,并将此视为社会学研究的一个最重要的课题。圣西门当年就把社会变迁方式解释成"有机时期"和"批判时期"的不断交替、循环过程;孔德也把社会变迁视为从"神学时代"、"形而上学时代"到"实证科学时代"的不断发展;斯宾塞依据社会进化理论,第一次运用社会发展阶段的"二分法",提出欧洲社会由"军事社会"向"工业社会"的过渡理论。此后,滕尼斯的"社区"与"社会"、涂尔干的"机械连带的社会"与"有机连带的社会"、雷德菲尔德的"乡土社会"与"都市社会"、贝克尔的"神圣社会"与"世俗社会"等,一直到现代化理论的"传统"与"现代",都沿用此法。① 虽然早期思想家们的一些关于社会变迁方式的观点,在今天看来已经不完全适用了;但是社会变迁的形式、内容、动力、方向等问题一直都是社会学理论争论的主要焦点,也是社会学家们研究具体社会现象和社会问题时最主要的出发点。

"进步就是秩序的发展。"

——孔德

（Auguste Comte）

20 世纪以来,社会发展研究的焦点集中反映在占世界人口绝大部分的非西方社会发展问题上。亚洲、非洲、拉丁美洲的不发达状况以及这些地区大多数人民的贫困落后,成为对人类文明事业的巨大挑战。尤其是二战以后,众多民族国家挣脱殖民统治枷锁获得了独立,然而,它们也因此不可避免地面临着在资本主义全球化环境中的社会发展问题。虽然,"全球化"的概念在今天已经成了大家耳熟能详的日常用语,但是社会学必须从理论上解释清楚,全球化究竟意味着什么? 它是一种怎样的趋势? 发展中国家在参与全球化过程中是否会失去其自主性? 全球资本主义经济体系中的边缘地位是否就是这些国家命中注定的位置? 马克思在《共产党宣言》中就指出,大工业"首次开创了世界历史",这个新的历史阶段的基本特征就是,建立在工业和商业基础上的世界性的交往关系及世界市场把各个民族都卷入到统一的发展历程之中,历史"在愈来愈大的程度上成为全世界的历史"。这是马克思解释无产阶级革命和人类解放的客观前提,也是我们今天解释非西方社会发展问题的关键。它说明,虽然现代化首先是从西方开始,但现代化并不只是各个民族孤立的发展过程,而是在全球范围内的统一过

① 参见冯钢:《非西方社会发展理论与马克思》,第一章,浙江人民出版社,1992 年。

程,它构成了一个变化着的全球系统,并形成为一切民族都必须面对的、客观的历史环境。无视这种环境,把现代化过程理解为孤立的民族对西欧工业化历史的忠实模仿,那是没有出路的;过分强调外部环境制约,忽视提高本民族对环境的应变能力和适应能力,也是错误的。当代非西方社会发展的基点必须是通过自身社会的积极变革,增强在既定环境中的应变能力和适应能力,充分把握世界历史的进程和机遇,审时度势,探索适合本国条件的具体的发展道路。

当然,社会发展并不仅仅只是一个经济增长的问题,而是同时涉及政治、文化、教育、科技、制度、思想等诸多领域的发展问题。这些不同领域之间的关系,绝非是由其中哪一个决定其余那么简单,社会学只有具体地综合分析现实情况、现实问题,才能得出具体结论,提出具有现实意义的社会发展理论。

思考题:

1. 社会学产生的历史背景和知识背景是什么?

2. 社会学的研究对象是什么?

3. 什么是"社会学的观点"?

第二章
人的社会化

第一节　社会化概述

1799 年 9 月,有三个猎人在法国南部的阿维伦森林中发现一个 11 岁左右的野孩子。据观察,他在森林中至少有 5～6 年时间了,身上伤痕累累。他行走如兽,喜欢吃果实和死了的小动物,其智力水平还不如一岁儿童。经过五年多的训练,他才开始能用简单文字表达自己的基本需要。

1920 年,在印度孟加拉也发现两个与狼群住在一起的女孩子。带回后,将约 9 岁的女孩取名卡玛拉(Kamala),约 2 岁的女孩取名亚玛拉(Amala)。最初两个女孩行走都像动物,只能偶尔直立,听觉和嗅觉都很灵敏,卡玛拉在夜间的视力比在白天好,能闻到 70 码外的肉味。她们刚到保育院时,只能像猫狗一样在地上的盆子里吃东西,两年以后还在院子里捡死掉的小鸡吃。亚玛拉不久就死了,卡玛拉又活了 9 年,学会了穿衣服,直立行走,会对其他孩子笑,能使用 100 个左右的词汇。

1938 年 2 月,在美国宾夕法尼亚州有一名叫安娜的女孩,她是一位二十多岁女子的第二个私生子,出生后一直被关在一家农户的楼上约六年多。她只是吃少量的牛奶,很少被人关注,既没人给她洗澡,也没人训练她任何个人生活习惯,多数时间她不是睡在有栏杆的小床上,就是斜着坐在一把椅子上。发现她时,她丝毫没有正常 6 岁孩子的特征。经过适当的营养抚育之后体格略有好转,但 4 个月后仍不能说话,6 个月后才开始慢慢走路,10 个月后才会对人有适当反应,到 11 岁死的那年她已经开始说话了。

上述事例表明,一个人即使有人类的遗传或本性,但如果不通过学习社会行为和生活技能,不能表现与社会一致的态度与价值,他仍然不能成为一个正常的人。用社会学的术语说,个人只有经过社会化(socialization),他才能成为一个社会的有机成员。

社会学家一般都认为,社会化是从婴儿一离开母体来到世上就开始的。婴儿来到这个世上时只是一个生物学意义上的人,他只是根据自己身体舒适与否而做出反应。但待他长大之后,便成为了一个具有一套价值观、态度、好恶、生活目标、反应模式,以及关于自己是"谁"的观念的人。所以,这个过程是一个人从单纯具有动物属性转变成为具有社会人格的过程,是个人通过学习他所属社会团体的文化和各种规范而成为具有独特自我的个人的过程。这个过程就是社会化过程。

社会化过程,从文化角度来说,它是文化存续、社会代际传递的基础;个人通过社会化而具有了人之心性、人格,个人与社会的精神融合,文化观念、情操与个人的需求能力合而为一。文化人类学尤其强调把社会化视为文化延续和传递的过程,认为社会化的本质就是文化的内化。例如,早期的文化人类学家马林诺夫斯基就曾对弗洛伊德有关"恋母情结"在儿童情感发展中具有普遍意义的观点提出质疑。马林诺夫斯基通过对特罗布里恩德岛人的研究表明,父权制社会中常见的父子冲突现象在美拉尼亚人的母权制社会中并不存在。因此,他认为影响儿童情感发展的主要因素并不是弗洛伊德所说的"性"本能,而是具体社会的家庭制度和育儿方式等文化因素。美国人类学家 M. 米德对萨摩亚人青春期问题的研究也对青春期心理反应是由遗传决定的观点提出了挑战,米德的研究表明与生物遗传因素相比较,文化因素对青春期发育有着更为重要的意义。

从社会学的角度来说,社会化就是个人通过社会互动学会扮演各种社会角色,使他的行为方式符合该社会的规范和道德,从而成为他所属社会的合格成员,所以,在社会学家看来,没有社会化就没有社会。20 世纪 50 年代,美国社会学家萨金特在《社会心理学:综合的解释》一书中认为,扮演一定的社会角色便是社会化的本质。此后,帕森斯也明确指出,角色学习过程就是社会化过程。在此过程中个人逐渐了解自己在群体或其他更大社会组织中的地位,领悟并遵从社会组织对这一地位的角色期待,并学会如何顺利地完成角色义务,其功能在于维持和发展社会结构。

因此,社会化是个人通过学习社会规范、训练社会角色、习得生存技能,达到个人与社会态度、社会价值整合一致的过程。社会化理论需要回答两个方面的问题:个人是怎样学会参与社会的?社会又是怎么使得它的成员活动有助于社会正常运转方式的?也就是说,如果社会化是完全的和有效的,那么,人们就会感到他们想做的正是他们根据社会需要所应该做的。

其实,"人为什么需要社会化?"这个问题,在很大程度上是与"人为什么能够接受社会化?"的问题联系在一起的。人与其他动物相比较,有一个相当长的依赖期。从生物学上说,人必须有 6 年之久的绝对依赖期,即人的幼儿期;随后大约14 年也基本上是依赖于父母。换句话说,人这一辈子中前四分之一的时间,是在对父母的依赖状态中度过的。在这一段时期中,每个人的任务就是学习文化知识和生活技能,并逐渐形成将贯穿其一生的与他人和整个社会的社会联系和情感联系。动物则不一样,小鸡一出壳就会自己练习啄食,小鸭子一出生就会找水游泳,哪怕是灵长类动物,也会在很短的时间内具备自立能力。因为动物的行为模式完全来自本能,是由生物遗传决定的,自然不需要社会化。蚂蚁是极富组织性的动物,但蚂蚁的社会组织能力并不是社会化的结果,而是本能。就像蚁穴——它们的产品——一样,蚂蚁的社会组织方式几百万年来都无丝毫变化。人如果有如此强烈的本能,社会化也就没必要了。人不仅仅是本能动物,至少不是靠本能生存的。人无法依靠本能来获得社会行为模式和生活方式,也不可能通过生物遗传来获得文化知识和生活技能。确实,人有合群的倾向,但社会组织方式以及社会关系的获得都不是人天生具有的能力,这一切都需要通过社会化来完成。只有通过社会化,人才能使自己适应社会生活中不断更新和变化的条件和环境,只有社会化才为个人提供遇到困难时解决问题的自身能力。当然,人最重要的特征是,人有很强的学习能力,这也是人能够接受社会化的最重要的条件。虽然一些高等动物也有简单的学习能力,但这些能力远远无法与人类相比。动物没有抽象思维能力,它们的学习最多也只是一些简单的模仿,没有创造性。但人的学习能力和知识储存能力却具有无可限量的创造性,正是这种能力,使人类具有了克服先天器官限制的先决条件。人不能像鸟一样飞,也不如马跑得快,但人能制造飞机、火车。人类的学习能力是与人类具有语言能力密切相关的。因为有了语言,外部刺激在人的头脑中就能形成表象、概念和思想,并且能在人与人之间传达他们头脑中所反映的东西,能够进行相互交流、沟通,能够进行知识积累。而且,人类的语言还不仅仅只是直接交往的工具,人类还在口头语言的基础上创造了书面语言,即文字。这使得人类不仅能在听觉上,而且也在视觉上发展其运用符号的能力。

不过,在社会科学领域中,遗传本能与环境培育的关系始终是一个争论的焦点。一方面,受进化论的影响,一些社会学家坚信"物竞天择"、"适者生存"的原则同样也适用于人类的社会行为。凡是比较适应环境的行为特征都会通过基因遗传给下一代,世代相传,一些被认为是优良的行为特征就会成为人类的本能反应。例如,社会生物学家爱德华·威尔逊(Edward Wilson)就认为,人的许多社会行为就像动物行为一样,也是有机体进化的产物。他断言人类的遗传结构包含着大量决定着我们行为方式的"信息",这些遗传信息都是自然选择的产物。他宣称:"生物的各种生命活动,动物的各种行为,都可以追溯到基因,都能由基因得到解释。"[1]里查德·道金斯(Richard Dawkins)以人类的利他主义行为为例,指出大多数利他主义行为都是有益于家庭成员和至爱亲朋的,比如,一位母亲从大火里救

---

[1] 爱德华·威尔逊:《新的综合》,四川人民出版社,1985年,第41页。

出她兄弟的孩子们而牺牲了自己的生命,这从遗传角度来看实际上是"自私",她是在维护她至亲的基因的生存。同样,为了孩子的缘故而维持婚姻的夫妇,也是为了通过孩子而发扬他们自己的基因。他相信:"如果你认真地研究了自然选择的方式,你就会得出结论,凡是经过自然选择进化而产生的任何东西,都是自私的。"①不过,大多数社会生物学家并没有那么极端,他们认为基因只是规定了人的社会行为的范围或极限,同时,他们也承认社会和文化对人们的重要影响。

然而,绝大多数社会学家还是觉得社会生物学过分夸大了生物因素对社会行为的决定作用。比如,萨哈林斯(M. Sahlins)在《生物学的应用和滥用》中就指出,在许多社会中亲缘关系既包括了生理因素,也包括了社会因素。一个扩大的家长制家庭中可能包括了许多没有什么遗传关系的人口,因此,当人们做出有利于家庭的利他主义行为时就是出于社会原因,而不是基因使然。我们认为,人类确实有他特殊的遗传因素,这些因素也必然会在社会行为中有所反映;但是,人类面对的环境日益复杂,单纯的遗传因素根本无法说明人类对环境如此复杂的适应和创造过程,因此,过分夸大生物学因素并不十分合适。

无论人类有怎样的遗传基因,一个新生儿来到世上时,除了啼哭,什么都不会,什么都不懂。即使他身上有天才的基因,有艺术家的细胞或哲学家的遗传,但是,如果一直把他孤独地关在阁楼上,他也只能是个"白痴";如果把他丢弃在野外,即便不死,也可能又是一个"狼孩"。所以,不管人类有多少特殊的遗传基因,他也必须经历社会化,否则,无法想像他如何可能成为一个社会人。那么,通过社会化,一个人究竟需要学习什么? 或者说,作为一个社会人需要具备哪些基本条件?

首先,他必须学习一定社会的文化。这里所说的"一定社会"是指他生活于其中的社会。人们的生存环境不同,社会范围也不相同,文化的特质也不完全相同。例如,生活在一个国际大都市的孩子,也许在他出生那一刻,听到的就是莫扎特的小夜曲(现在许多发达国家的妇产医院都用音乐伴随助产);而一个原始偏远山区的新生儿也许一辈子都不会知道什么是"莫扎特的小夜曲"。一个特定的社会,也许是一个只有十几户人家的小山村,也许是一个有着上千万人口的大都市,两者之间在文化上会有巨大的差异。然而,这种差异并不妨碍一个人学习他所生活于其间的、特定社会的文化。这里所说的文化,是一个比较广泛的概念,它包括特定的语言、文字、各种知识、信仰、价值观、艺术、道德、法律、风俗以及这个社会通行的习惯等。虽然这些内容在不同社会中会有很大差异,但每一个社会的文化中都会有这些内容或类似的成分。

①　里查德·道金斯:《自私的基因》,吉林人民出版社,1998年,第5页。

其次,他需要学习社会行为规范。一个特定的社会无论大小,都是由这个社会的社会成员通过他们相互之间的社会行动构成的。行为规范就是为保证人与人之间互动能顺利进行而建立起来的,它避免了新一代人在人际交往中大量的"试错"过程。因此,一个社会的行为规范往往是从它特有的文化中延伸出来的。同样是一种行为的规范(譬如相互致礼),在不同社会文化背景下,也可能是完全不同的;而且,不同的社会文化也各自为它们自己的行为规范提供不同的解释或说明。在一些区域文化差异比较明显的地方,人们往往凭借某些行为规范就能相互区别。社会化大多都是通过大人对孩子行为的对或错进行评判、奖惩或解释,来使孩子逐渐学会"正确"的行为方式。

再有,他还需要学习社会角色。有不少的社会学家都把学习社会角色视为社会化最基本的任务,这不是没道理的。因为,每一个人对社会的体验和感知都是从一定的社会角色开始的。角色的概念是社会学从戏剧中借用来的,它的本意是"面具"。如果我们把社会看成一个大舞台,那么我们每个就像是其中的演员;而且由于社会这个大舞台实际是由无数小舞台构成的,所以我们每个人一生中要扮演许许多多的角色。孩子最初总是在家庭里学习扮演他(她)身边的角色,如爸爸、妈妈,然后再逐渐地扩大到家庭群体之外的整个社会。通过"扮演他人角色"——即把自己放在别人的位置上——来理解他人对自己的期待。正是通过学习社会角色,才使孩子逐渐懂得了如何与他人进行社会互动,如何通过社会互动建立正常的社会关系,并更为深刻地理解社会规范的意义。

最后,还要学会掌握生存技能。人类除了婴儿吃奶以外,几乎没有任何本能的生存技能,更不必说社会生活的技能了。人类的一切生存技能都需要通过社会化过程来逐步获得。从最初的吃饭穿衣,到职业技能,都是一个特定社会必须对新生代进行的社会化的主要内容。当然,在传统社会中,吃饭穿衣等基本生活技能和谋生手段、职业技能都是在家庭环境中传授的,那时的家庭即是一个社会生活单位,也是一个社会生产单位。在现代工业社会,尤其是在城市,家庭的社会生产功能已经基本消退,社会化大生产所需要的职业技能已经成为专门的教育内容,成为一种需要通过有组织、有计划的学校教育而获得的专业知识。于是,早期基本生活技能的传授虽然还需要由家庭来承担,但传授职业技能的功能则完全交由社会专门的教育部门来承担了。

第二节　基本社会化和自我发展理论

早期的社会化理论倾向于认为,社会化是个体在未成年期经历的学习过程,个体到了成年期,就应该完成了他的社会化过程。社会化在早期的理论看来,就像个体因此而获得了"第二本能",此后一切都不会再有多大的变化。虽然社会化是个体由一个生物学的自然生命转变成为社会有机体成员的过程,但这个过程中所包含的内容却是在不断变化、更新的。换句话说,社会,尤其是现代社会,绝不是静止不变的,要适应一个不断变化发展的社会,人们的社会化也就不可能仅仅停留在儿童时段。事实上,社会化并不仅限于儿童时代,任何年龄阶段的人,只要他生活于社会之中,社会生活就必定是变化的,他就必须随时调整自己以适应环境变化的要求。所以,绝大多数社会学家都认为,就个体与社会的适应过程而言,人的一生都在不断地接受社会化。

当然,"终生社会化"也不意味着个体任何年龄段的社会化的重要性都是相等的。一般而言,儿童、青少年阶段的早期社会化相对成人社会化来说,会更为基本,也更为复杂。因此,我们把社会化分为基本社会化和成人社会化两个阶段分别叙述。

一、基本社会化

新生儿来到这个世上,就有父母陪伴在身边。当母亲怀抱婴儿给他(她)喂奶时,社会化就已经开始了。从生命的第一时刻起,生物需求和情感需求就同时产生,婴儿在从父母那里得到生物需求满足的同时,也开始获得情感需求满足的经验。譬如,婴儿在母亲怀里吃奶时,他既得到了食物和温暖,但同时他也得到了与母亲肌肤的接触。与人的接触这种需求满足的重要性,在这里丝毫也不亚于对食物和温暖的需求。母亲的怀抱、爱抚、喂奶以及其他种种与婴儿有关的社会接触,是婴儿最初接受社会影响的经验。例如,我们究竟是应该随孩子的哭闹而给他喂奶呢?还是严格按时间喂奶?父母选择的不同态度,给予孩子的体验就可能形成不同印象,或是吝啬或是丰裕、或是反复无常或是稳定可靠。所以,有人说:感情加上文化或社会习俗的成分,就成了社会化的因素和力量。[①]

婴儿最初的自我意识是他进行人际沟通的开端。新生儿是不会区分自我与非我的,也不知道他与周围环境的区别。譬如,婴儿哭闹最初只是他身体舒适与否或完全本能的生物反应。但随着哭闹不断地与获得爱抚和满足联系在一起,他便逐渐开始把哭闹当作一种符号来使用,即把哭闹作为他向他人及环境发出的一个信息,并期待着关注。这个时期的婴儿(大约是在 10 个月到 1 岁左右)已经开始对父母的表情、动作甚至简单语言做出反应,并开始学习"说话"。这就是说,父母可以开始通过与孩子的社会互动来进行社会化了。

3～7 岁时,孩子进入幼儿期。这时孩子基本掌握了语言,对语法的辨别力和

---

① 梁怀茂:《社会学》,(台湾)黎明文化事业公司印行,1984 年,第 140 页。

用语言表达思想的能力也在增强。同时,孩子在与家庭成员的互动中意识到了自我身份,并开始形成最初的个性倾向。通常人们都习惯于把自己的个性看成是对这个世界的独特性的增加部分,但社会学家把个性看成是一个人的情感和自我观念的模式;它是一个人特殊的品质,同时也是周围社会和文化力量的产物。所以,环境因素在这个时期起着影响个性发展的重要作用。在农村,这个阶段的孩子通常依然受到家庭环境的影响,但城市的孩子大都会被父母选择送幼儿园,还有一些孩子会被他们的父母交给祖父母或外祖父母照看。显然,不同的环境会对孩子的个性形成产生不同的影响。家庭可以维护对于孩子极为重要的父(母)子关系;幼儿园可以更好地培养孩子树立同龄群体的价值观;祖父母或外祖父母的悉心照料会给孩子以足够的安全感。但是,所有这一切都并非十全十美。家庭可能会限制孩子的视野和自立精神的发展;幼儿园的孩子大多不愿认同大人的价值观,缺乏与大人的沟通和合作;祖父母或外祖父母往往对孩子过分溺爱……社会学家和许多人一样,也在思考这样的问题:在当今变化莫测的社会条件下,究竟怎样的环境才最有利于孩子个性的发展?

7~14岁是孩子的学龄期。现在绝大多数这个年龄段的孩子都在学校学习。学校教育是有组织 、有计划、有目的、带有一定强制性的社会化。这个阶段的学校教育的一项主要任务,就是教孩子识字,培养学生逐步掌握从口头语言向书面语言的过渡。文字不仅是一种更有效的交流手段,更重要的它还是文化传承的载体。在现代社会中,书面语言是掌握知识技能以及社会文化和行为规范的基本条件,是进一步接受更高层次教育的基础。需要注意的是,孩子进入学校接受的是一种与地域社会及特殊群体的文化完全不同的教育。学校是与地方社群完全不同的专业教育机构,它的任务不是传授地方性知识,而是传授普遍适用的一般性知识。例如,学校不讲方言,而必须讲普通话;学校也不教地方习俗,而是培养孩子的公共道德意识。同样,学校也不向这个年龄段的孩子传授具体的职业技能,但孩子需要学会识数、计算以及基本的科学技术原理,为他们今后的专业技能学习打好基础。学校教育的特点,不仅使孩子摆脱了狭隘地域的限制,使他开阔了眼界,同时,也使孩子的抽象思维能力和兴趣大大增强。他们开始对周围世界形成初步的看法,并开始思考人生的价值、生活的意义等问题,尽管这时他们的看法还非常幼稚。

14~20岁这个时期,是基本社会化完成阶段,通常称这个时期为青年期。应该说,青年期是个人成长在心理上、生理上达到成熟的时期。心理学家把这个阶段称为个人的"心理断乳期",意思是说,人在这个时期要从心理上摆脱对父母、家庭及相关要素的监护和依赖,他需要自己独立自主地迈入社会生活了。然而,这也许就是人们在青年期碰到的最大的问题。一方面,人在青年期独立意识日益增强,他已经不愿意父母再把他视为"孩子",他觉得自己已经是大人了,应该有自己的主见甚至独立的生活。但另一方面,他又没有自立的能力,没有专门的职业技能,甚至还没有真正独立生活的空间,更没有独立的经济来源。对自己的未来生活他充满幻想,但对即将跨入的成人社会的复杂性,又感到无所适从、困惑不解。他们试图利用一切可能的条件来张扬自己的个性,但对社会既有的价值标准却往往不能予以肯定。他们希望尝试所有的新鲜事物,但是严峻的现实常常让他们碰得鼻青脸肿。进入青春期,性意识也愈来愈强烈。他们会因为不断地发现自己生理和心理上的各种变化而不知所措,甚至都来不及去认识这种发生在自己身上的变化。这是个体从未成年变为成人的最后关头,他要经历一个质的转变,才能最终成为合格的社会成员。

二、自我发展理论

社会化的综合结果是,个体在社会生活中知道自己的独立存在,知道自己在社会中的地位,从而能够自觉地按照社会规范行动,并能主动地发挥其社会作用。这就是所谓"自我发展"。心理学家威廉·詹姆斯(William James)说:"自我是自己所知觉、感受和思考成为的一个人。"也就是说,自我是个人对自己的主观看法和了解,它并不一定与自己的客观情况完全相符;个人总是以自我观念为依据来评估自己处事待人的经验;自我观念也会随着个人经验的增长而改变。"自我发展"是社会化的一个极其重要的内容,因而对自我发展理论的研究也就成了众多社会学家和社会心理学家关注的一个焦点。

美国社会学家、密执安大学的库利(C. H. Cooley)是最早提出自我发展理论的社会学家之一。他在自己的代表作《人类本性与社会秩序》中提出的"镜中自我"(looking-glass self)概念非常形象地表达了他的自我发展理论:"人们彼此都是一面镜子映照着对方。"库利认为,事实上我们都是通过想像别人是如何感觉我们的行为和外貌来了解我们自己的。在社会化过程中,孩子通过与他人互动,从他人这面"镜子"中意识到了别人对他的态度,便逐渐形成了他的"自我"印象。所以,库利说,自我意识有三种成分:"对别人眼里我们的形象的想像;对他对这一形象的判断的想像;某种自我感觉,如骄傲或耻辱等。"[①]而在这三种成分中最重要的就是我们关于他人对我们形象和所作所为的判断或评价的想像,是他人的评价塑造着我们的"自我"。是他人的评价,使我们对自己的形象十分在意;是他人的评价,使我们产生了各种不同的自我感觉。

同时,库利非常强调家庭、邻里这样一种亲密群体对儿童社会化的重要意义。

---

① 库利:《人类本性与社会秩序》,华夏出版社,1999年,第131页。

因为,正是在这种环境中孩子开始形成了最初的自我意识。孩子通过与父母及周围大人的互动,从这些重要人物对他行为的反应中逐渐意识到了:什么是父母期待他的;父母如何评价他的行为;父母对他是什么感觉。孩子的这种自我意识对他今后的自我发展具有非常重要的意义。

库利的自我发展理论强调了自我的社会意义,揭示了社会环境,尤其是初级群体对儿童自我意识形成的重要意义。但是,我们也应该看到,在库利这里,"自我"完全是个被动的概念,所有的主动性都被淹没在那面无处不在的"镜子"之中了。

芝加哥大学的乔治·赫伯特·米德(George Herbert Mead),他的代表作《心灵、自我与社会》是自我发展理论的经典之作。米德在芝加哥大学执教近四十年,早年曾经在密执安大学与库利一起合作,奠定了社会学"符号互动理论"的基础。米德生前几乎没有什么论著,只写过二十几篇论文。但是他的讲课却能给人以极其深刻的印象。他在课堂上没有那种口若悬河的本事,却切实体现了精神上的开拓性、方法上的科学性和运用上的改良性。《心灵、自我与社会》就是集自他学生的社会心理学课堂笔记,在他逝世后出版的。

"当个体采取了他人的态度时,他才能够使他自己成为一个自我。"

——乔治·H.米德
(George H. Mead)

简单地说,符号互动理论认为,人区别于其他动物的独特之处,就在于人具有运用符号的能力。符号是被人有意或无意地赋予了意义的事物,它既是人们在相互交往、沟通过程中传递信息的中介,更重要的,它还是人类思想的材料、心灵或智力的基础。人的社会行为最重要的特点,是能够被他人理解。或者说,要使别人明白你要干什么。因此,社会行为表达了行为者某种能让他人体会到的意义,这种行为就是有意义的符号。人与人之间的互动是建立在互动双方都能相互明白对方行为的意义这一基础之上的,也就是说,是符号互动。如果一方的行为使得对方"看不懂",互动就很难再继续下去。所以,社会互动的关键是解读符号中的意义。我们在街上向出租车一招手,司机就会知道你要打车。或者说,我们想打车的话,就必须得让司机知道。为什么我们相信司机只要看到我们招手就知道我们要打车呢？要让司机知道我们要干什么，首先我们自己必须知道向出租车招手意味着什么。进一步说，我们必须知道在司机看来路人招手意味着什么。个体必须能够在他自身唤起他的姿态在他人身上唤起的反应，然后利用这一他人的反应来控制他自己的下一步行动。这就是说，通过使用符号，个体在调整他自己行动的过程中"扮演了他人的角色"。在自我和他人身上唤起同一反应，这就为意义交流提供了必不可少的共同内容。而当个体能够以自己的行为引起他人的反应、并根据这些来控制反应本身时，他就获得了心灵。心灵是表意的符号在行为中的所在，是使意义得以出现的社会交流过程在个体身上的内化。

米德发现，在所有的符号中，只有有声姿态才能起到像影响他人一样影响个体本身的效果。我们能听到自己说话，就像别人听到一样。但我们看不到自己的表情，通常也看不到自己的动作。所以他认为，有声姿态是语言本身以及各种衍生的符号体系的实际源泉，也是心灵的源泉。正是有了语言这个媒介，自我才是可能的。因为自我独特的品性在于，具有心灵的有机体能够成为其自身的对象。这必然发生在角色扮演中，而角色扮演则包含在语言符号中。通过语言，人能对自己做出反应，因而成为自己的对象。正是在这种社会过程中，意识到自身存在、并与生物有机体相区别的自我出现了。

米德把儿童的"自我"发展区分为两个重要阶段。如果我们看到一个小女孩在玩过家家时如何通过有声姿态的自我刺激在扮演布娃娃的"妈妈"，那她还只是扮演一个确定的角色，即还在所谓的"玩耍阶段"。这个阶段的特征是孩子常常会以"玩耍"的形式扮演"重要他人"（significant others，即生活中与他互动最密切的人），但这还不是真实社会生活中的角色扮演。但是很快，大约在 4～5 岁时，孩子已经逐渐学会把他人角色内化了。尤其重要的是他已不再只是一个一个地扮演单独、具体的角色，而是要在类似"同龄群体"（peer group）的游戏中同时扮演共同参与社会活动的任何一个他人的角色。因为，他要成功地在共同活动中发挥自己的作用，就必须对整个有组织的活动胸中有数，这就是米德所谓"博弈阶段"的自我，这是一种"概念化的他人"（generalized others）的态度或角色。所有他人的态度（无论是特定的，还是泛化的）组织起来并被一个人的自我所接受，这就构成了"客我"。"客我"（me）是社会结构在自我中的反映，是自我中被社会所确定的那部分；另一部分则是"主我"（I），它是动作原则和冲动的原则，是在行动中改变社会结构的自我部分。

通过社会，生物个体获得了心灵和自我。社会交流过程的内化，使个体获得了反思的机制，即可以根据对不同行动路线之后果的预见来指导自身行动的能力。同时，个体也获得了使他成为他自己的对象并在一个共同的道德世界和科学世界中生活的能力，他所具有的冲动性目标变成了对既定目标的自觉追求。

　　精神分析学起源于 19 世纪末,是从临床医学中发展出来的,它的创始人弗洛伊德(Freud)原先是治疗神经疾病的医生。精神分析学完全是在大学系统之外创建的学科,因此,弗洛伊德的理论在大学里的主要位置并不在心理学系,而是在别的其他系所里。然而,精神分析学的影响力和涉及面却非常之大,尤其是在社会科学领域,至少还没有哪一种心理学理论能与之相比。

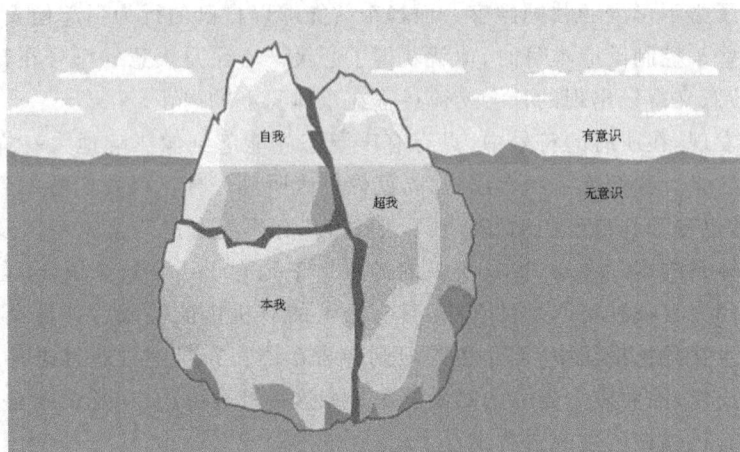

本我、自我和超我

　　在精神分析学看来,心理学的基础是潜意识的倾向,而不是意识;心理解释的核心是潜意识动机,而不是理性动机。如果说哥白尼对"地心说"的否定是人类自尊遭受的第一次打击,那么,达尔文的进化论则是第二次打击,它让人们意识到了自己只是由"低等动物"进化而来的"有理智的动物",人与动物的区别仅在于人的行为是有理性的。然而,人类仅存的这点自尊又遭遇了第三次打击,弗洛伊德指出,人的行为主要是由本能和潜意识机制激发的。他认为,潜意识是心理生活的积蓄库,其中只有一小部分潜意识可以不经抵制而进入意识(前意识),而绝大部分是不能进入意识的,任何闯入意识的企图都会遭到检查或抵制。因此,冲动和争斗构成了心理世界中最活跃的部分,为心理体验提供了动机力量。换句话说,人的行为动机源于人们内心的这种驱力、冲动和需要。据此,弗洛伊德认为,心理结构是由本我(id)、自我(ego)、超我(suberego)三部分组成。本我是指生来具有的欲望冲动、动机、内驱力、本能等,是最原始的心理基础,它服从于"快乐原则"。自我是指由于接触客观外界而产生的经验,它服从于"现实原则"。超我是指人格道德的维护者,是从儿童早期体验的奖惩内化模式中产生,是社会文化的意识反映,因此它只认定"道德原则"。本我要求当即满足生理的需要,它无法容忍由生理需要而引起的有关的紧张状态,只要这种需要得到了满足就能获得快乐。本我满足需要的方式有两种，一种是本能反射作用，如眨眼、打喷嚏等；另一种主要的方式就是愿望满足，它是生理需要的认知表象。具体地说，某种生物上的缺乏（需要）会在本我中引发出一种满足这个需要的物质或事件意象，从而以此来减少与这种需要有关的紧张状态。如饥饿会在本我中触发与食物有关的意象，从而暂时缓解有关食物需要的紧张状态。这有点像"画饼充饥"，但并不能真正满足生理需要，但就本我而言，它的意象就是惟一的现实。所以心理结构中必须有另一成分用以将本我的意象与现实中的事物相配对，这就是自我。自我的存在是为了使个人与能够真正满足他需要的经验发生联系。饿了，自我就寻找食物，渴了，自我就寻找水源，自我通过履行现实测定的方法来寻找合适需求满足的对象。如果心理只由这两部分构成，个人就将成为以快乐为原则的兽欲主义的有机体，他会在可能的环境中竭力寻求对需要的直接满足。但人格中的第三种结构部分控制了这种倾向，那就是超我。充分发展了的超我有两部分组成：良知和自我理想。良知是儿童因受外部（主要由父母及环境）惩罚而内化了的经验，自我理想是儿童因获外部奖赏而内化了的经验，两者合成为个体的价值观，对个体行为形成了社会要求。需要强调的是，超我永无止境地追求完美，因此，它和本我一样，也是非现实的。于是，自我就陷入了"一仆二主"的境地，一方面它必须寻找满足本我需要的对象；另一方面又必须考虑所寻找的对象不能违背超我的价值观。一个健全的自我应该有能力同时满足本我和超我并使之平衡；而自我的无能则会使本我与超我直接冲突，从而产生各种焦虑。

在弗洛伊德的心理结构中，本我的一个最重要的内容就是性本能，他称其为"里比多"（libido）。但这个概念比通常人们所理解的"性"要广义的多。可以说，任何主要针对直接快感的力量都可以视为里比多，"性"当然是最明显的。如此广义的性本能当然是与生俱来的，但它在生命的各个阶段有着各种不同的表现形式，个体的自我发展正是在生命的各个阶段上，在与这些表现形式及社会规范（超我）的相互作用中展现出来的。弗洛伊德把生命的每个阶段都以相应的"快感发生带"来命名，因为这些快感焦点正是自我发展在不同阶段上必须面对的问题。从生命开端不久，延续到大约1岁左右，快感首先集中于口腔部位，婴儿通过吸吮等口腔活动来获得快感，这称为"口唇阶段"。1～3岁期间快感焦点集中到了肛门，孩子是从控制排泄等活动而获得快感，这就是"肛门阶段"。3～5岁其间，快感焦点转移到了生殖器。"生殖器阶段"是非常关键的阶段，因为在生殖器成为快感中心的同时，孩子也感觉到了来自父母中异性一方的吸引力，而父母中同性一方的性兴趣与孩子形成了冲突。于是孩子的欲望被有意地压抑了，他需要在行为上以无性方式与父母中同性一方保持一致。这样，从5岁到青春期开始，孩子便进入了所谓"潜伏阶段"，他将努力把注意力从性欲满足转移到智力和社会认可的其他方面的发展上。如果顺利,自我便具备了控制本我的能力,他就能自如地步入成人社会。最后,从青春期开始,生殖器快感重新复苏,这就是"生殖阶段",但这时的性欲满足已经表现在家庭之外,开始了成年人的性活动。需要强调的是,在上述每一个阶段上,里比多的本能表现形式都会遭遇与社会文明的剧烈冲突。因此,在任何阶段上的受挫(快感需求不能满足)都有可能造成在该阶段上的"固着",并影响以后各阶段的发展,甚至会"退化"到先前阶段。譬如,过早、过分的便溺训练就可能导致孩子长大后沉默内向的性格以及吝啬、被动等行为倾向。

在弗洛伊德看来,人类是被文明挫败的动物。而人就其本性而言就是攻击性的、自私的。虽然他的理论很难被实证,但当今世界几乎没有一个人类生活领域不受到他的理论影响,无论社会、政治、经济、文化,以至文学、艺术、科学、哲学都不能幸免。精神分析学是人格理论的先驱,也是社会心理学的一块最重要理论基石。

第三节　成人社会化和再社会化

个体完成了基本社会化后便进入了成年期。一般来说,成年人都基本掌握了他们置身于其中的社会或群体的主要生活方式,不仅具有切合实际的自我形象和社会认可的价值观,而且,也具备了一定的自我控制能力,能够自觉地使自己的个人意愿服从于社会的非个人规则,并能在社会中发挥自己的作用。然而,人的生命周期及其社会生活总是伴随着社会的变动以及个体地位和职业的变化,面对新的情况和环境因素,成年人依然需要不断学习许多新的社会角色,不断适应新的社会环境,从这个意义上说,社会化将贯穿终身。

一、成人社会化

成人社会化与儿童的基本社会化存在着许多不同的特点。首先,成年人已经完成了对社会角色的一般性认识。因此,他比较容易理解他所要承担的新的社会角色的原因和功能。譬如,一个未婚男子,虽然他没有做过丈夫,但如果他选择了婚姻,准备建立家庭,那么事先他就已经理解了丈夫这个角色意味着什么,至少他不会是完全盲目的。其次,成年人已经具备了健全的理性思维能力,他对自己所要做的事是有清醒意识的,或者说,他做事的目的性比较明确。因此,他在一定程度上是能够根据自己的意愿来选择社会角色的。譬如,他可以选择职业和就业单位,他也可以改变自己的宗教信仰或婚姻状况等等。第三,成年人具有相对稳定的生活态度和价值观,他对社会生活通常都有他自己的看法和理解。因此,成人社会化包括了许多对原有社会角色的重新认识甚至再创造,尤其是在社会发生剧烈变动的时代。譬如,父亲这样一个角色,在我们这代人的理解中,与我们父辈或祖辈的理解,已经有了巨大的变化。父亲已经不再是家庭惟一的家长,他在孩子眼里也不再是一个令人畏惧的形象,有时孩子甚至宁愿把他视为兄长。究竟怎样做父亲才是好父亲?许多成年人似乎并不只是在"扮演"这个角色,而像是在重新"塑造"这个角色。

　　成人社会化的内容也与基本社会化不同。一方面,随着个体生命周期的展开,成年人大多都要经历恋爱、婚姻、组织家庭、生育、做父母等过程,并渐渐进入老年阶段。另一方面,成年人的社会经历也存在着极大的不确定性,他可能经历多次职业变动,也可能会有婚姻状况的变化以及家庭重组,甚至可能出国,重新进入一个完全陌生的社会文化环境之中。没有一套固定的社会经验、知识系统和生活习惯能够以不变应万变,他必须不断地学习,去适应新的角色和新的环境。其中,职业角色的适应无疑是一个非常重要的内容。在现代社会,职业活动并不仅仅只是一个单纯的谋生手段,更重要的还是个人联系社会最主要的渠道。有研究表明,相当一部分成年人,尤其是男性,他们都认为即使没有经济上的需要,工作对于他们仍然是必须的。在社会变动相对剧烈的环境中,职业结构的变动频率会很高。工作性质、环境、技能、地位、报酬等因素的频繁变动,要求就业者始终处于不断适应的过程之中。因此,承担不同的职业角色就成为成人社会化最主要的内容之一。另外,婚姻也是成人社会化的一个主要内容。男女双方通过婚姻组成家庭,并不只是两个人住在一起那么简单。两个人的共同生活,是双方各自学习彼此适应对方、扮演夫妻角色的过程。事实上,夫妻关系并非只是事先理解的"丈夫"、"妻子"角色之间的关系。夫妻之间不是只有明显的性别差异,而且在个性、习惯、思想、价值观、人生态度、生活方式乃至细微的处事方法上都会存在各种程度的差异。因此,虽然成年人都知道"丈夫"、"妻子"的角色规范,但这些原则性的角色规范落到具体的夫妻生活中却常常成了口角的"凭据"。因此,婚姻、家庭、夫妻生活是一个非常具体的社会化过程,这是从一个人的单性个体生活向两个人的异性共同生活转变的过程。一旦夫妻之间有了孩子,夫妻角色之外就又增添了父母角色。父母角色是随着夫妻角色而来的,但父母角色绝不是夫妻角色的延伸。如何成为合格的父母,同样也不能仅凭原则性的角色规范来回答问题。什么是父爱?什么是母爱?如何养育孩子?怎样教育孩子?什么是为孩子着想?如何考虑孩子的前途?这些问题都没有一个简单、惟一的答案。夫妻之间如何探讨这些问题?如何达成共识?在教育孩子的方式方法上夫妻如何合理搭档、分工合作?父母又该如何在孩子面前呈现夫妻关系?这些都是作为父母的夫妻必须在生活实践中逐一解决的问题,也是成人社会化一直在探讨的问题。最后,孩子大了,有自己的事业和家庭了,父母也老了。老年期是成人社会化中最困难的时期。在这个时期,体力已经日渐衰弱,各种疾病不断出现,剩下的日子已经屈指可数,"天堂"似乎就在眼前。退休以后不工作了,与社会的联系也就切断了,地位丧失、声望降低且不受重视,缅怀以往的得失已经成了不由自主的事。孩子们都出去了,家也成了"空巢";老夫老妻彼此都担心自己会走在前面,留下那一半又该怎么办。在推崇竞争和消费主义的现代社会中,老年期成了一个孤独无援、无所作为并依赖他人的时期。然而,老年期的社会化正是要面对这些现实,再度学习新的社会生活方式,而且,研究表明,幸福、快乐的老年生活并非不可能。美国社会学家1976年的一项民意测验表明,多数65岁以上老人认为自己虚心、有适应性、依然聪明机警,所以他们有能力获得他们想要达到的生活目标。

二、再社会化

再社会化(resocialization)是一种旨在改变以往社会化结果的、带有一定强制性的社会化过程。通过再社会化,可以产生某些与以前社会化结果不完全一致的价值观和行为方式。由于社会化过程涉及无数复杂而又不确定的因素,因此,无论是基本社会化还是成人社会化,都有可能产生某些与具体社会甚至一般社会环境不相容的结果,这种结果尤其容易反映在青少年身上。如我们通常所说的心理精神问题、伦理道德问题、价值观问题以至越轨行为和犯罪。当然,并不是说所有纠正这些问题的方式都必须经由再社会化,但如果必须以一定程度的强制性方式来达到改变的目的,那么这个过程就是再社会化。

显然,一些为维护一般社会秩序和安全而设立的特别机构,如监狱、教养所等强制性教化机构,是再社会化的主要实施机构。这些机构主要的教化对象是其行为直接危害或侵害了社会秩序、社会安全和社会利益的罪犯。对罪犯的再社会化必须是在强力管制条件下进行,实施教化的内容是改变罪犯原有的价值观和行为方式,让他们接受一般社会规范和为社会大多数人所接受的行为方式。

再社会化虽然带有一定的强制性,但并不等于说它只是针对罪犯的。许多情况下,一般普通人也需要通过再社会化在较短时间内改变以往社会化的结果,树立新的自我形象。譬如,基本军事训练的目的,就是在于改变人们平时那种平民形象,建立起军人应有的形象。军事训练要求统一着装、严格规定的作息时间、步调一致的行为方式以及无条件地服从命令。军队作为一种特殊的社会组织,有其特有的行为规范和价值观。与此相冲突的一些平民价值观和行为方式,都需要由军人角色取而代之。例如,军队要求绝对服从权威的价值观,不鼓励独立自主的价值观,"军人以服从命令为天职"。再譬如,精神分析治疗,也被视为一种再社会化。精神分析医生的工作,就是力图改变病人实际的和想像的自我形象,并努力帮助他建立新的角色和行为模式。① 当然,相对于一般社会化而言,再社会化的刻意人为迹象非常显著,它是在一个相对较短的时间内,通过一定程度的强制性来实现的。因此,成年人再社会化结果的长期效果还很难确定。通常有过一段军旅生涯的人,即使退伍以后很长一段时期内仍会带有军人的特征;但重新回复到再社会化以前的人格特征和价值观上的现象也并非没有。

第四节　社会化与个性自由

社会化是个人通过学习社会文化、行为规范和价值观而成为合格社会成员的过程,但在这个过程中个人绝不只是一个纯粹被动的受化者。的确,人是社会环境的产物,他生活在给定的物质、文化条件之中,这一切都是他无法事先选择的。然而,社会也是人的产物,社会文化、社会规范、社会的物质生活条件和社会价值观都是人们共同创造的财富。当然,人们并不是根据某一个人或某一些人设计的总体方案来进行社会创造活动的,社会化也不是把某种对"理想人"的设计灌输到每一代新人的头脑中去。社会是由人们行动之间的相互作用创造出来的,无论是精神财富还是物质财富,都是人们互动的产物。人们的社会行动都是互动,是这种社会互动创造了行为规范,创造了社会合作,创造了人们共同生存的物质世界和精神世界,为人类自身的生存和发展创造了意义和价值。

所以说,人既是社会的产物,又是社会的创造者;因此,人的社会化也是社会再生产的过程,社会正是通过一代又一代新人的社会化而延续着自身结构的再生产,并使自身处于不断变化和发展的过程之中。随着社会的发展,每一代人在社会化的形式和内容上都会与上一代有所不同,这其中不仅包含有前人积累下来的各种经验和教训,更重要的还是每一代人自己在社会化过程中所进行的创造性活动。事过境迁,毕竟每一代人面对的社会生活环境或多或少都在发生着变化。从表面上看,社会化似乎只是后人对前人言听计从,因而限制了个人的主动性和创造性;但事实上,在社会化的每一个环节中,都为个性发展留有足够的余地。即使是在儿童时期,虽然"重要他人"对孩子具有绝对权威,但如同米德所说,孩子总是在面对一个以上的"重要他人"相互冲突的期待中,创造出一种全新的、与原有期待都不一样的行为方式。在弗洛伊德论述儿童自我发展的每一个阶段上,孩子的行为并不是按照社会文化的刻板模式造就的,而是他个人意愿或欲望冲动与父母(社会文化的代表)要求之间的冲突的产物,在一定条件下,甚至还可能是个人意愿胜利的标志。尤其是在现代社会,社会人性化的发展,社会文化、价值多元化发

---

① 戴维·波普诺:《社会学》(上),辽宁人民出版社,1987年,第264页。

展,以及社会生活多样化的发展,使得社会化过程中个人的创造性空间越来越大。

在社会化问题上,当代社会学家们考虑更多的正是如何为孩子们的创造性活动开辟更大的空间,如何使新生代更具有自信心和自立能力,为他们日后能够取得更多创造性的成就打好基础。家庭、学校、父母以及周围朋友所提供的社会化是孩子获得信心的重要来源。因此,一些发达国家的家庭为孩子创造的自由空间、独立环境,以及父母与孩子之间的平等交往关系,都被绝大多数社会学家视为当代社会化的重要经验。

同时,现代社会是一个高度分工的社会,社会合作是基本的社会行为模式,社会化过程同时也必须是一个学习社会合作的过程。俗话说,"强扭的瓜不甜",没有主动、自愿的社会化是很难成功的,而且往往会激起剧烈的"逆反心理"。所以,个体必须是社会化过程的主动参与者,必须使他在整个社会化过程中意识到自己在其中发挥的作用,甚至在某种程度上意识到自己可以发挥对过程的控制作用。作为合作者,个人的意志、愿望和权利应该得到尊重,一旦当他意识到某一行动徒劳无益时,应该允许他说"不"。家庭、学校都应该建立这样一种平等关系,应该把社会化本身就视为一种平等合作。

"个体心理学从一开始就同时是社会心理学。"

——弗洛伊德
(Sigmund Freud)

也许一些家长会把这样一种平等合作关系仅看成是成人社会化的特征,而把孩子的基本社会化看成像海绵吸水那样,完全靠父母灌输。其实,孩子将要面对的社会已经不再是父母曾经面对过的那样了,对现实社会的敏感程度,大人往往会不如孩子。现在 14~15 岁的孩子常常会让父母难以理解,至少他们会认为父母已经不能理解自己了。虽然我们在理论上划分了基本社会化和成人社会化,但在现实中,这两个阶段的交接点是相当模糊的,尤其是在上一辈人眼里。我们经常可以在报刊、电视上看到这样的报导:许多取得了某种成就的年青人,都是在还被父母视为"孩子"时,就做出了让父母百思不得其解的自主选择。在个性自由发展的社会化经历中,个体随着年龄的增长,对自己、对社会的了解也在增长,控制自己生活的能力也在不断加强。在一定的年龄时段上,他会对自己、对社会做出独立判断,可能会背离父母、家庭为他所做的安排,而自主地进行选择,并对自己的选择承担责任。这意味着他真正长大了,成熟了;他知道自己需要什么，并知道应该如何自己安排自己的社会生活。相反的情况，是孩子一直依附于父母、家庭，在社会化过程中没有丝毫的主动性和参与意识，唯唯诺诺，百依百顺，甚至很少有接触家庭以外社会的机会。家庭对孩子的惟一要求，就是读书、拿高分，除此之外一切事务都由家长包办，14～15 岁的孩子甚至不会自己洗袜子。也许这样的孩子会是一个"好学生"，但是他控制自己生活能力的发展却受到了阻碍。他不知道自己到底要什么，没有独立判断的能力，也不会进行自主选择，更不知道怎样对自己的行为后果承担责任。

所以，不是社会化限制了人的个性自由，而是对社会化的不正确的理解阻碍了个性的自由发展。社会化本身也是社会的产物，不同社会历史时期的社会化，都会带有那个时代特有的印记。因此，随着时代的发展、社会的变迁，社会化的形式和内容也在发生着变革。适应时代发展的社会化，始终是在为个性的自由发展开拓更大的空间。

思考题：

1. 人际互动在社会化中有什么意义？
2. 如何看待社会化与个性发展的关系？

第三章
社会群体

社会群体是人的社会存在方式,正如亚里士多德所说,"人在本质上是社会性动物",个人难以脱离群体,在与任何人没有任何联系的情况下而存在。人们在社会互动中形成各种类型各异、规模不一的群体,一方面满足了自身作为自然人的需要,获得物质方面的诉求;另一方面,满足了实现自身对特定的社会功能的需求,获得心理的慰藉。社会群体成为个人社会角色、价值取向、行为模式形成的场所,既是个人的基本生活单位,也是社会结构的重要组成部分,是联系个人和社会的中介。

第一节　社会群体概述

社会群体是社会赖以运行的基本结构和实体形式,它之所以被称为群体,是有特定的内涵和特征的,一般的人的集合并不一定称作社会群体。依据不同的标准考察社会群体,有助于我们更好地理解和把握这一概念。

一、社会群体的涵义及特征

社会学界对社会群体的界定外延不一。有些学者认为,群体仅仅只限于人际关系亲密的初级群体或小群体,如家庭、邻里、朋友群体。这一观点主要是从早期的美国社会学家 C. H. 库利的"初级群体"概念引申出来的,在以上讨论中我们已经知道,初级群体在人的早期社会化中有着非常重要的作用。而另一些学者则认为,社会群体是个宽泛的概念,应该包括家庭、村落、城市、政党、国家乃至人类的各种不同类型的社会结合,这一观点主要是从德国社会学家 F. 滕尼斯的"社会"概念引申出来的。在他的《共同体与社会》一书中,社会是指人们在理性思考、利益关联的基础上形成的关系。尽管如此,我们还是会发现社会群体都包含两个基本的涵义:第一,社会群体是由发生持续互动的人群组成的,尽管规模大小各异;第二,这些群体有着各自的目标,或是明确的(如某种政治目标),或是含糊的(如为了娱乐消遣),为了达到目标,大家通过各种纽带联系起来。从严格意义上可以说,社会群体是指由持续的互动联系起来,并对彼此行动有着共同期待的人的集合。正确理解这一概念，就需要将社会群体与"集合体"以及"社会类属"的概念加以区别。

社会群体不同于集合体。集合体是指一些恰巧在同一时间、同一地点聚集在一起的人，如公共车上的旅客、街上的行人、电梯里的乘客、剧场的观众。集合体的成员之间往往是互不认识的，只是出于某种偶然相同的动机聚集到一起，其关系是临时性的，没有共同的期待和归属感，没有相互的作用，从而无法形成稳定的社会结构。社会群体也不同于"社会类属"。统计学意义上的"类属"，是根据一些共同的特征（如年龄、性别、种族等）来划分的；但同一类属的人也许彼此并没有见过面，也没有什么交往，更谈不上持续互动。在现实生活中，这三个概念的界限有时是很模糊的，在本章中，我们是在比较的意义上使用社会群体这一概念。

将社会群体与其他人群区分开来，我们可以从以下几方面来考察其特征：

第一，成员间的关系是明确的。在某一社会群体内，成员通过某些标志、某些行动，使自己符合该群体的整体形象的要求，而且，他们不希望他们以外的群体具有这些标志。因为这些标志，使得群体内的成员能够相互认同；因此，群体外部也一致将这些标志作为该群体的象征。在群体内部，成员间的交往有助于成员个体对自身身份、角色的认定，以及对权利和义务的把握。当然，成员间的关系也不是刻板固定的，这些关系只是为成员的行动提供依据和参考。这样，群体成员无论是相对外群体，还是在群体内部，都能明确其自身的界定。

第二，成员间彼此发生作用，交往具有持续性和相对稳定性。群体成员间的交往不是临时性的，他们保持相对稳定持久的关系。社会群体之所以得以维系，在于成员之间联系纽带的长期存在。在群体内部，群体成员的交往可以是面对面的、直接的、亲密的，也可以是间接的、比较疏远的。家庭成员的交往有着浓厚感情色彩，成员间关系也很亲密；而在科层组织内，成员是按照规范进行持续的互动，交往也就少了许多私人情感。

第三，群体形成特定的结构，有一致的群体规范。成员间交往的结果是使群体形成特定的内部结构。每一个群体通过界限、规范、价值标准的构成，使得自身与其他群体区别开来。在群体内部，这些结构可能很严密、明确，有成文的规章制度，成员分别承担不同的正式职务；也可能结构较为灵活，规范笼统多变，成员的地位和角色没有明确的划分。群体形成的共同的观念、价值和态度，构成了成员遵守和依循的行为规范。这些规范或明朗或模糊，但都会对成员在群体中的行为加以约束。特别是在群体面临外部的压力和内部少数成员的反叛时，这种规范就会更明显。

第四，群体成员有共同的目标。群体的目标往往是群体成员个人难以圆满实现的；社会群体是相关个体在一定的共同目标的指引下相互交往而逐渐形成的有机体。基于求知的目标,组成了学校;为了实现"阿波罗载人登月计划",美国组建了 42 万多人的科学研究共同体。共同目标的设立,有利于推动社会群体的一致行动,产生共同的需要;而社会群体共同需要的形成又有助于共同目标的实现。政治群体在政治见解方面有相似的看法,为实现一定的权力而行动;慈善事业团体以扶弱济贫为目的,内部成员对团队本身的宗旨达成一致,展开日常活动;娱乐团体的成员可能在兴趣、年龄、社会阶层等方面有着某种相似性。在共同目标的指引下,社会群体内的相关个体必须还有持续的交往活动。成员在群体内部的相互作用越多,规范和价值对成员的影响也就越大,他们就会变得越发相似。

二、社会群体产生的条件

社会群体既满足了人作为自然人的需要,也是人作为社会人的生存的必要条件。从人类的本能来看,饮食、防御和生殖本能的需要促进了人类以群体的方式生活在一起。人类在诞生之初,还处于一种野蛮原始的状态,征服自然的能力十分有限。原始人类生活在极其恶劣的环境中,过着茹毛饮血的生活,并且要和各种凶猛的野兽共存于荒山野林。这时,人类要想获取食物,就必须成群结队外出采集、狩猎,共同合作战胜较大的动物,提高狩猎的成功率。此外,群体生活能帮助原始人抵御猛兽的侵袭,群体成为他们保护自己的有力武器。同时,群体的生活方式有利于人类种族的繁衍,给人类性生活、生殖和哺育后代提供必要的条件。从我国发现的"北京猿人"遗址来看,当时(距今约有 70 万年)一般由几十个人组成一个原始人群,他们靠采集和狩猎生活。在"北京猿人"所处的环境里,生活着许多猛兽,如熊、剑齿虎、豹、狼等等。这些猛兽对原始人类是一个极大的威胁。如果不是用群体的方式,原始人是很难生存下来的。

从社会发展来看,社会分工的复杂化是社会群体得以迅速发展的必要条件。人类在长期的生活实践中发明和使用了较为先进的生产工具,使生产力不断提高。由于生产力的发展,人类获取基本生活资料的方式逐渐由以前的采集、狩猎转变为种植和畜牧,以后又出现了手工业。生产力的发展要求人们在社会生产过程中进行分工合作,由不同的个体共同合作来完成一个较复杂的生产过程,这对人类的合群行为提出了更高的要求。

人类的智力发展,人类文化的不断积累以及语言的产生,使人类有了一个丰富多彩的精神世界,精神文化生活成为人类生活的一个重要方面。人的精神文化生活给群体活动赋予了更多的内容。通过游戏、体育竞赛、舞蹈、唱歌这些形式多样的群体活动,人们可以互相交流思想感情,以满足精神上的需要。

随着社会的发展,在人类中逐渐产生了不同的政治思想和宗教思想,随之也出现了不同的政治、宗教的派别和团体,人们按照各自的信仰参加不同派别、团体的活动。随着人类社会的不断进步,人类群体的组织形式也由原始人群逐渐演变为原始部落、部落联盟,进而最后产生国家。国家是至今为止人类最高级、最复杂、最完备的社会组织形式,它设有各种机构,制定各种法律制度,倡导一定的行为规范,把几十万、几百万甚至几千万乃至上亿的人组成一个庞大的、有机的人类群体,并使群体中的每一部分、每一小群体、每个成员按一定的程序、规则活动;整个大群体按照一定的规则向着一定的方向和目标运行。群体中的每个成员都有一定的位置,都充当一定的角色。成员与成员之间按规则进行各种复杂的合作,努力实现共同的目标。

在各种社会群体的形成和发展过程中,凡有新的成员加入,他的前辈就开始用群体、社会的行为规范去要求他、引导他,把他纳入社会群体的规范之中,成为群体中的一员。人类个体成长的过程就是一个不断被纳入新群体,不断接受教化,同各种各样的人交往、合作的过程。这个过程就是人进行社会化的过程。家庭的教导、工作单位的熏陶、朋友的交往都是一个个群体活动的缩影。

三、社会群体的类型

作为社会运行实体的群体,根据不同的标准,有着各种类型。在认识社会群体时,我们还有必要考察各种群体之间的差异。

1.初级群体和次级社会群体

以群体成员间的互动关系为标准,可以将社会群体区分为初级群体和次级社会群体。初级群体这个概念是 C. H. 库利首次提出的,主要考查群体成员内部的人际关系及对成员人格发展的影响。初级群体,又称为首属群体、直接群体或基本群体。初级群体成员间的互动是直接的、密切的,往往是以个人之间交往的方式发生作用。初级群体的规模一般较小,因为随着人数的增多,面对面的、高度直接的联系就难以维持,所以,一个较大的群体就有可能分解为若干个较小的群体。初级群体的成员在空间上比较接近,容易形成较为一致的群体意识。成员由于交往密切,彼此建立了深厚的感情,对对方的习性、性格、生活方式可以有全方位的了解。初级群体是一种以感情为基础的群体,有较长的持久性,成员可以在互动中满足多方面的需要。家庭、游戏群体、同学群体都是较为典型的初级群体。

次级社会群体,又称为次属群体或间接群体。次级社会群体的成员互动是间接的,相对而言,感情联系较少。次级社会群体的成员一般都是为了某一具体、特定的目的聚集在一起,并通过明确的规章制度结成正式关系。群体成员之间面对面的接触有限,往往依据特定的角色规范和地位联系在一起;群体成员按照明确的规章制度来处理相互间的事务;群体对个人人格的影响也局限在一定范围之内,对个人的感情几乎不予涉及。典型的次级社会群体是各类社会组织,如军营、学校、政府部门等。

通常，一个新组成的小群体开始时一般都是次级社会群体，如果群体成员逐渐彼此熟悉，并开始在一种更加亲密的基础上发生互动，它也可以发展成为初级群体。例如，大学的某个专业的同学开始可能是次属群体，经过一段时间的接触，彼此熟悉，就可能变成初级群体，或是在内部形成若干较小的初级群体。而次级社会群体作为个人的群体归属，也是个人社会活动领域拓宽、活动能力增强的表现。

2. 正式群体和非正式群体

以构成群体的原则和方法为标准，可以将社会群体区分为正式群体和非正式群体。这种群体的分类在美国社会学家梅约（E. Mayo）进行了著名的霍桑实验后，逐渐受到社会学家的重视。正式群体是组织结构确定、职务分配明确的群体。一般来讲，正式群体有如下特点：群体成员一般都有固定的编制；组织有明确的对成员权利、义务以及彼此间的关系的规定；成员有明确的职责和分工；成员间的互动是以规范化、制度化的方式进行的。企业的科室部门、工厂的车间、学校的班级等都是正式群体。

非正式群体是指既没有正式结构，也不是由组织确定，而是单纯以个人之间的好感、喜爱或共同兴趣为基础构成的群体。在这类群体中，没有正式编制，成员之间的相互关系带有明显的感情色彩，权利、义务和相互间的关系没有明确的规定，成员的互动往往以随意的、日常化的方式进行。这类群体也有一定的关系结构和规范，不过不是明文规定的；群体中也会出现所谓的领导人，群体成员的行为受群体中自然形成的、不言而喻的"规范"所调节。成员的进入和退出没有明确的准则。这类群体并不总是处于稳定、平衡的状态，而是处于不断适应和不断组合之中。

正式群体中往往会存在非正式群体，这是一个客观事实。非正式群体的目标有时会与正式群体目标相一致，但在有些情况下也可能是不一致甚至相互矛盾的。有效地利用非正式群体的力量，对于组织目标的实现有重要的作用。

3. 内群体和外群体

以群体成员的身份及心理归属感为标准，可以将社会群体区分为内群体和外群体。这个概念最早是由美国社会学家萨姆纳（W. G. Sumner）提出的。我们在日常生活中，常常会用"我们"代表内群体，用"你们"或"他们"代表外群体。

内群体就是成员身处其中，并对其有忠诚、合作、亲密感的群体。成员因对群体有心理上的认同，所以对于群体内他人的行动意义的理解、对群体目标和价值观的认同，都是较为容易的。成员在这种群体内能感受到信任、安全、合作，对群体的各种事情都有很好的理解，因此，通常都会以团结忠诚的态度积极承担群体的责任。在群体内,成员具有相互友爱的情操,如同在自己家中一样感到自然自在。在社会生活中,一个人总是分属于各种不同的群体,也就是说归属于多个内群体。

外群体泛指除了内群体之外的其他任何的群体。外群体可能只是虚构的一个对立面,是群体内的成员为了突出自己的身份,为了群体的凝聚力,为了内部的统一和情绪上的安定感觉而建构的。内群体中的成员对外群体及其成员普遍抱有怀疑和戒心,没有心理上的归属感。

内群体和外群体作为一对相对的概念是互不可分的,它们从其对立面获得自己的全部内容。双方往往处于隔离乃至对立的地位,这种敌意和偏见在双方有严重的利害冲突时,会以激烈的形式表现出来,比如斗争等。一般来说,冲突越剧烈,成员就越能感受到外群体的压力,因而也就越具有内群体的特征。

4. 所属群体和参照群体

以成员的归属性质为标准,可以将社会群体区分为所属群体和参照群体。

所属群体是指个体实际参加的群体,是身份的归属。而参照群体是指被成员作为行为的参照,并对成员的态度、认知发生重要影响的群体,是成员心理上的归属,它对成员的成长和发展起着非常重要的作用。参照群体具有对照比较功能和价值规范功能。成员将参照群体的状况与自己对照和比较,进而评价自己的地位、品格、智力以及受欢迎的程度;或是将参照群体的规范视为自己的行为标准,努力培养与参照群体一致的价值观和态度。

我们对自身的估价受到我们选择的参照群体的有力影响,参照群体能为我们提供基本的价值观和行为规范,以避免生活变动带来的心理困惑和冲突。在现实生活中,人们总是身处多个群体之中,以满足自身多方面的需求;而当人们感到某种需要不能在自己的所属群体中获得满足时,他就会被其他群体所吸引。"人往高处走"就是选择较高标准的参照体系来要求自己,从而更有力地塑造个人的行为和个性,达到自身更好的发展。

第二节　社会群体结构及作用过程

社会群体成员之间的互动,总是伴随着群体结构的形成过程和结构内部要素的完善和整合过程。规模、凝聚力、规范、领导等都是结构中的要素。我们如何才能维持群体的有效运作,这就需要探讨群体的内在结构及其作用过程。

一、群体规模与成员交往

每个群体都是由一定数量的人所组成的,群体规模是群体结构中最外在、最明显的要素。随着规模的变化,群体成员间的互动关系也在发生改变,会出现不同的特征。群体越小,相互作用就越密切,个人性的关系就越强。最小的群体是由两人组成的二人互动群体。最典型的例子就是由一对夫妻组成的家庭。二人群体与其他群体的区别就在于其成员必须顾及对方,互动的内容就是群体活动的全部内容。对群体目标的达成,情感交流的实现,互动双方几乎承担对等的权利和义务,从而保证群体活动的实现。在二人群体中,每一方的观念和行动必须有另一方成员的响应,如果其中的一个成员不理会另一个成员的谈话,而去想别的事情,相互作用就会中断;而如果一个成员退出了这一群体,这一群体就不复存在。在二人群体中,两人之间的关系状态直接影响群体的生存与否。

"我知道我将在没有学术继承人的情况下死去,也该这样。"

——齐美尔

(Georg Simmel)

由于第三个成员的加入,两人关系就成为一个三合体,情况也就发生了重要的变化。在社会学家齐美尔的研究中,第三人扮演着非常重要的角色,包括:(1)中间人。也就是联系其他二人的关系,其他二人依赖与中间人的共同关系而相互影响。有时这两人完全通过第三者来进行互动,有时也可以彼此直接接触。虽然中间人起到连接其他两人的作用,但并不解决其他两人之间的冲突。(2)仲裁者。一般而言,中间人在双方冲突时是无权判定双方对错的,必须由二人自己来达成协议;然而在两人意见无法达成一致的情况下,就需要通过仲裁者来解决冲突了。(3)渔利者。意指第三者利用其他二人之间的矛盾和冲突来获取自己的利益。渔利者可以通过支持冲突双方的任何一方来对双方施加压力,以获得自己的最大利益。(4)分裂者和征服者。分裂者和征服者的角色和渔利者有点相似。分裂者和征服者不仅利用双方的冲突,而且故意激化冲突双方的矛盾为自己服务。随着群体成员的增多以及成员间的关系、气氛的协调,群体活动的特征也持续发生变化。群体对成员观念的影响更为多元化,价值观念的协调更为突出,成员间面对面的联系也逐渐减少。群体规模对人际关系性质的作用可以通过下面公式反映出来:

$$\frac{群体内成对交往}{平均时间} = \frac{总交往时间}{成对关系数} = \frac{K \cdot N}{N(N-1)/2} = \frac{2K}{N-1}$$

在这个公式中,N 代表群体人数,K 代表每个成员在给定时间内用于同其他成员进行成对交往的平均时间,由于 K 值的变化范围有限,可视为常数。显然,要想加大分数值,必须增加 K 值,减少分母数值。因此当人数 N 趋向无穷增值时,分数值也就不断缩小,即群体成员面对面交往时间缩短,从而使人际关系趋于疏远和表面化。

当群体的规模较小时,群体成员的互动形式往往是直接的,成员的参与程度很高,群体的维系和约束主要依靠感情上的需要和日常习惯,群体通过协商产生共同规则、角色规范和群体目标,这时,群体通常有高度的一致性。但是,随着人际交往界面的拓展,群体规模就会不断扩大。在大群体内,群体成员之间的个人关系由于缺少经常性的互动而缺乏亲密感,甚至可能互不相识。因此,成员对情境、他人行动的期待等方面都会出现多种理解,异质性增大;而成员之间对情感的依赖和对义务的期待都开始减弱,协调性弱化。于是随着群体规模的扩大,就有必要建立一系列超越个体之上的正式的规则,通过正式关系的建立,在成员间确立某种一致性和统一性,以此来维系和发展社会群体。而且,群体规模的扩大还容易导致群体内亚群体出现,从而使群体成员之间的整合难度加大,这就需要关注如何在群体规模和凝聚力之间找到平衡点。

二、群体凝聚力与群体内部冲突

群体凝聚力又称群体的内聚力,是指群体吸引其成员,使成员固守在群体之内的全部力量。它既包括群体对其成员的吸引力,也包括成员对群体的向心力,同时还包括成员与成员之间的相互作用、相互交流,是个体与群体之间关系的反映。群体凝聚力不仅是群体内部的团结,还包括可能出现的排斥其他群体的倾向。凝聚力的形成是通过一系列群体成员的活动表现出来的,是群体成员对群体的目标、价值等的认同。群体凝聚力不仅是维系群体存在的必要条件,而且也是增强群体功能、实现群体目标的必不可少的条件,有助于保持群体的整体性、协调性,控制群体成员,保证成员的自信心与安全感。

影响群体凝聚力的因素有成员的状况、群体内部结构以及环境等方面。从成员个人的角度看,是否具有内在一致性或互补性对群体凝聚力有着较大的影响。群体成员在需要、动机、信念、兴趣爱好、认识水平上的相似程度高,成员之间就有较强的凝聚力;而成员在这些方面如果可以恰到好处地相互补充,也有助于形成良好的内部凝聚力。从群体的结构来看,凝聚力与群体内部的规模、信息沟通渠道、目标结构、领导方式也密切相关。群体自身对其成员是否具有吸引力以及成员个人是否感受到这种吸引力,都会对群体凝聚力发生重要影响。如果一个群体对其成员确实具有吸引力,而其成员又自觉地意识到了这点,就可能诱发出成员对群体的忠诚感,从而增强群体凝聚力。群体的规模太大,或人数太多,成员间相互接触的机会较少,就容易造成意见分歧,从而降低群体的凝聚力;但群体规模太小,又会影响任务的完成。在信息畅通的群体中,成员具有较多的共同性或相似性,相互间较少产生隔阂和矛盾,凝聚力较强;反之,信息不易沟通的群体,成员间意见交流少,容易产生疏远和隔阂,凝聚力较差。把个人与群体目标有机结合起来的群体,成员间的目标任务关联程度高,容易增加群体的观念和凝聚力;反之,群体成员的目标任务互不关联,则容易降低群体的凝聚力。成员与群体、成员与成员之间的关系必须遵循互惠原则,即共同获得利益,才可能长久维持。如果成员通过遵循群体的规范,通过在群体中活动来充分满足自己的各种需要,就会刺激其积极性,提高群体凝聚力。另外,民主型的领导小组比专制型和放任型的领导小组更有友爱、思维更活跃,凝聚力更强。从外部环境来看,当群体遭到外部压力时,其成员会更紧密地结合在一起抵抗外力,对付其他群体的竞争,这能使群体内部团结一致,从而提高群体的凝聚力。科塞(Lewis, Coser)曾仔细分析了群体的外部压力和群体内部凝聚力的关系[①],发现群体内部的团结和整合随着对外部群体敌视和冲突的加剧而加强,群体内部凝聚力的提高又使群体和其他群体之间的区别更加明显。

与群体凝聚力相关的另一个概念就是群体内部冲突。冲突双方往往因为目标体系、价值观念或是资源分配上的差异而引发行为上的对立。

互动各方因在目标取向上产生差异而影响他们对群体目标的看法。比如说,生产人员(短期性和材料加工性质的任务)同科研人员(长期性和科研性质任务)之间由于各自活动在目标取向上存在较大差异,因而二者对群体目标的看法上的不一致程度常常高于生产人员之间或科研人员之间的差异程度,前者发生冲突的可能性高于后者。在价值资源分配上,任何群体在其内部对各种有价值的资源(信息、权力等)通常都不会采取平均分配的方式。长期、稳定的资源分配的差异格局通常会得到大多数成员的认可;但是当群体打破或调整原先的差异格局时,差异程度发生变化,就可能引发相对剥夺感,从而产生冲突。

为了更好地认识冲突的作用,我们需要分析其产生的原因,多视角考虑。功能正常的冲突,支持群体的目标,并能提高群体的工作绩效,具有建设性的作用。这时冲突的双方目标一致,只是在方法、手段问题上意见不同,双方都很关心共同目标并努力去实现它,通过争论可以找到最合理的解决办法。科塞认为,在一个社会系统中冲突越频繁,其激烈程度越低,则它越有可能增强系统各群体的革新精神,从而缓解系统各群体之间彼此的敌意,使它们不至于完全对立。社会中的压力、冲突是不可避免的,但它并非都是"一种破坏性现象"或"一种功能失调的社

---

① D. P. 约翰逊:《社会学理论》,国际文化出版公司,1988 年,第 614 页。

会现象","一定程度的冲突是群体形成和群体生活持续的基本要素"①。在一定条件下,冲突可以缓解社会中的不满和危机,增强社会的适应性,促进社会的变革。当然,冲突有时也会引起社会系统的改变,这种功能失调的冲突,会阻碍群体的工作绩效,其结果具有破坏力,必然导致群体凝聚力的下降,从而影响群体目标的达成。

三、群体规范与群体压力

群体规范是指在某一特定群体中,经由群体所确立的行为准则和行为标准,被认为是对合适的群体成员行为的一种期待。群体规范有的是正式规定的,如一些规章制度、法律、法令等;但大部分是非正式的、不成文的,或是约定俗成的,如风俗、习惯、群体舆论等。无论哪种规范,都具有约束和指导群体成员行为的效力,都是一个群体能保持一致的基本准则。

群体规范的形成受模仿、暗示、从众、服从等心理因素的制约。群体成员在共同的生活中,将外界事务的经验加以格式化、规范化,从而达到彼此接近、趋同,使人们在遇到此类事件时能够做出快速的反应,并在这种过程中逐步形成群体的规范。

心理学家 M. 谢里夫(M. Sherif)的试验验证了群体规范的形成过程。实验在暗室里进行。让被试者分别坐在暗室里,面前的一段距离内出现光点,光点出现几分钟后熄灭,然后让被试者判断光点移动的方向。实际上光点并未移动,但如果在暗室中观察的话,每个人都会觉得光点在移动,这是一种典型的视错觉现象。这样实验几次后,每个人都建立了自己的反应模式,有人觉得光点向上移动,有人觉得向下移动,还有人觉得向左右方移动,不同的人反应模式各不相同。然后,再让大家一起在暗室内看出现的光点,大家可以相互讨论,确定光点移动的方向。试验反复进行,过一段时间后,大家对光点移动方向的判断逐渐趋于一致,形成共识。这表明,群体的规范代替了个人的反应模式。最后,再让被试者分别重新单独作判断,结果每个人没能恢复原先建立的个人反应模式,也没有出现新的反应模式,而是一致保持群体形成的规范。这表明群体的规范会形成一种无形的压力,对群体成员的行为起着制约作用,尽管这种制约作用可能并没有被群体成员意识到。

群体规范在群体成员的共同活动中一经形成,便具有一种公认的社会力量,并通过群体成员依从、认同到内化的过程,成为成员对各种言行的判断标准,为成员提供行为预测及行为评价的可能。同时,群体规范由于能促使群体成员的行为

---

① 科塞:《社会冲突的功能》,华夏出版社,1989 年,第 12、16 页。

一致和协调,从而也发挥了维系群体生存的功能。

群体压力是指已经形成的群体规范,对其成员行为构成一种无形的压力,使得群体成员不得不顺从群体行动,如果成员违背群体的规范或一致意见,不仅会感受到不同意见的压力,更主要的是担心群体的负向道德评价和惩罚,他会感到孤立无援并有所顾忌。成员在群体活动中或多或少会感受到来自群体的压力,因此愿意与群体保持一致。美国心理学家阿希(S. E. Asch)发现,如果人们看到群体其他成员对现实的理解与自己不同,他们就会自愿推翻自己感觉到的证据。

群体压力的作用过程一般包括几个阶段:(1)合理辩解阶段。在这一阶段,允许群体成员自由发表意见,如果有分歧就会形成多数派和少数派;(2)劝解说服阶段。多数派会劝说少数派接受大家赞成的意见。(3)攻击阶段。如果少数持不同观点的人不肯改变,那么群体成员会对他们进行攻击。(4)心理上的隔离阶段。如果少数人的态度和观点仍然不改变,大家就会采取孤立的措施。使其觉得群体成员对他的冷淡、拒绝。当然,在群体中少数派有时也能改变多数派的意见,它往往发生于下列情况:已证明少数人的意见优于多数派的意见;群体缺乏凝聚力或成员彼此不团结;群体成员缺乏信心。有时个别领导人物由于其地位和声望带来的影响力,其意见也易被接受。

四、群体领导与群体决策

群体的既定目标能否实现,归根到底是成员的积极性能否得到充分的发挥。就影响成员积极性的因素来说,领导行为是最为重要的一个因素。领导的本质就是被领导者的追随和服从,这种关系并不完全都是通过正式制度来赋予的,而是取决于追随者、服从者的个人意愿。通常情况下,领导由于具备了某些个性特征方面的优势,就能够坚定地左右别人的行为。

较早研究群体领导的社会学家罗伯特·贝尔斯(R. F. Bales)认为,在群体中有两种基本的领导方式:工具性领导和表意性领导。前者提出行动方针,并对群体成员施加影响,使其依照这些方针行事;后者关心的是保持高昂的士气和尽量减少冲突,并深受群体的爱戴。当要求一个新的群体选出一位领导来时,这两种角色往往会集中在一个人身上,而随着时间的推移,却常常是由两个领导人分别承担两种角色。

不同的领导人,其领导作风也不尽相同,典型的领导作风可分为三种:权威型、民主型和放任型。权威型的领导独断专行,依靠发号施令开展工作,下属只能服从其指挥,权力定位于领导者。民主型的领导试图在行动方式上达成一致,注意倾听下属的意见,允许下属参与决策,但主要是通过个人影响力而不是职位权力来推动工作。放任型的领导放弃权力,几乎不对群体加以指导或组织,权力分散在下属手中,决策由他们自己做出,这就要求下属具有较高的成熟度。领导者的不同风格,没有绝对的孰优孰劣,需要考虑的是实施决策的具体环境,在不同的情境下,采取灵活的方式。例如,面对紧急突发情况,权威型的领导采取果断的措施,往往效果比较明显,如在消防、抢险等应对突发事件的部门。

领导工作的实质就在于领导者的影响力,即领导者通过自己的行动影响一个群体尽其所能实现自己的目标。一般来说,领导者是通过自身的能力、才干、经验、胆识,吸引一批志同道合的追随者,使他们团结在自己周围,并给予充分信任,以此来创造一个和谐、融洽的氛围,从而形成群体共同的远景,达成最终的目标。就影响力的性质来说,可分为强制性影响力和自然性影响力。前者是随领导者所担任的职务而来的,它的特点是对人的影响带有强迫性、不可抗拒性,使人在心理和行为上表现为被动、服从。后者主要产生于领导者自身的专长、品格和魅力,与职位没有太直接的关系。领导者具有某种专门知识、技能和才干,并在与他人的交往中获得了他人的了解和信任,因而就容易赢得他人的尊敬和信服。领导者对人们所产生的心理影响越自然,由此带来的行动意识也越积极。

群体决策指决策形成过程中的集体参与。通过群体决策,一是可以集思广益,博采众长,避免主观性,从而提高决策的质量,加强彼此间的相互作用。通过这种相互作用,运用大家的信息和知识,既可更正判断误差,还可产生多种可供选择的行动方案,进行比较优化。二是可以调动更多人的积极性,有利于决策的贯彻执行。

然而在群体背景下,群体内存在的压力会影响个人的态度和行为。在群体决策中,群体规范和群体压力起着很大的作用。在群体压力的作用下,会导致两种降低决策质量的倾向:一是群体思维,二是群体转移。

群体思维是指一个团结得很紧密、凝聚力很高的群体,由于群体压力等这样那样的原因,往往会做出脱离实际的决议,造成不良后果。表现为在决策过程中片面追求一致而忽视决策质量,或是在表面一致的现象下强行通过不正确的决策结论。这是美国心理学家贾尼斯(J. Janis)在分析美国历史上若干重大决策成败的案例后发现的一种现象(见表3.1)。

表 3.1　群体思维的形成模式

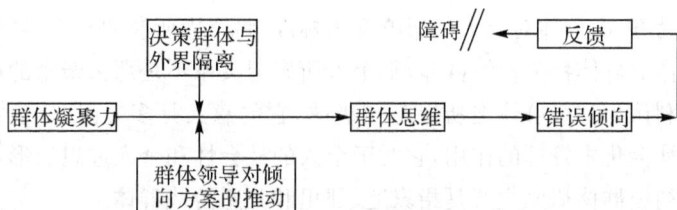

模式图表明,高凝聚力,加上决策群体与外界隔离以及群体领导的影响,三种力量的综合作用,就导致了群体思维的产生。

群体转移是指在群体决策过程中,群体成员倾向于夸大自己最初的观点和立场。有时,谨慎态度占上风,形成向保守倾向的转移,更多情况下,群体更容易向冒险倾向转移。针对发生这类现象的原因,人们提出了一些假设:(1)责任分摊论。群体决策的后果可以由群体全体成员分担,决策失误的责任不会仅由一个人承担,这就减轻了个人的心理负担,因此,成员比较容易服从群体提出的决定。(2)领导人物影响论。群体中的领袖人物在群体中起到特殊作用,他们对成员有较大的影响力,在决策中有较大的发言权,他们会采取各种方式证明其决策是有根据的,因而他们的决策倾向易为群体所接受,变成群体的决策。(3)社会比较论。在许多群体内,提出有根据的冒险决策往往会受到好评。因此,群体中的个人在提出自己的决策意见时,往往会与别人的意见进行比较。如果个人的意见在冒险水平上低于群体中其他人的平均水平,他就会感到不安。基于这种考虑,个人在参加群体决策时提出意见的冒险水平要高于单独作决策时的冒险水平。(4)文化放大论。群体所处的文化背景影响群体的决策。如果社会文化中占主导地位的价值观崇尚冒险,则这种价值观会扩散并反应到该文化中的群体决策中去。当然,并不是所有的群体决策都会表现出冒险的倾向,有时群体的决策也会比个人更谨慎。

第三节　初级群体

初级群体是自古以来人类社会生活最基本、最普遍的一种结构形式,个人社会化一开始就是在家庭这一初级群体中进行的,并逐渐在邻里、伙伴、工作群体中获得新的内容。随着社会的发展以及社会组织的迅速扩张,初级群体的性质和地位也发生了重要的变化。

一、初级群体的特征

初级群体是一个人最早加入、最先归属的群体。美国社会学家库利在 1900 年出版的《社会组织》一书中,采用二分法,以个人为中心,以个人与群体的关系、群体成员间的互动方式、群体对个人的影响等为标准,将个人所属的具有亲密的、面对面的交往和合作的群体称为初级群体,把个人所属但关系不是那么亲密的群体称为次级群体。库利认为初级群体之所以是初级的,它的意义是多方面的,最主要的是它在个人早期社会化中发挥的作用,它对于个人的社会性和个人理想的形成是最基本的。这时的初级群体概念主要是指家庭、邻里和儿童游戏群体。

自库利以后，初级群体成了社会学的重要概念，并经久不衰，它泛指一切面对面亲密交往的群体。按照群体成员联系的纽带，可以将初级群体划分为血缘型、地缘型、友谊型和业缘型。血缘型初级群体是指建立在婚姻、亲子、血缘关系基础上的群体，如家庭；地缘型初级群体是指建立在紧密相连的地域空间基础上的群体，如邻里；友谊型初级群体是指建立在友好、信任基础上的群体，如儿童的游戏群体、成年人的朋友群体；业缘型的初级群体是指建立在工作联系基础上的志同道合者，如合作伙伴、工作小组。

相对于次级群体来说，初级群体具有一些明显的特征：

（一）成员交往富有感情。这是初级群体交往的最本质的内容。从初级群体的形成来看，

"人们彼此都是一面镜子，映照着对方。"

——库利

（Charls Horton Cooley）

初级群体是自发形成的，这种自发性表现在人与人之间感情的自然交流上。任何人通过与他人的交往，或者投入自己的感情，或者接受他人的感情，达到内心的相容，交往逐渐对象化、固定化，形成了一个小圈子。群体的维系和控制，也是通过成员间持续的感情交流，而不仅仅只是停留在就事论事的层面上。一旦由于某种原因出现感情的破裂，交流无法进行，初级群体就失去了控制的手段，就会面临瓦解。

（二）规模小，成员有限。初级群体一般是小型群体，人员较少就使成员间有足够的机会进行相互接触和交往，每一成员在其他成员心目中都有明确的位置和形象，能够建立比较亲密的情感联系。随着群体规模的扩大，成员间直接的、个性化的交往就可能减少，而不得不依赖于正式的规章制度，这样，也就失去了初级群体的特征，而向次级群体演变了。

（三）面对面的直接的互动。在初级群体中，成员之间通过面对面的直接的交往，相互之间对个性、兴趣等都有较为全面的了解，人与人之间基于情感的交流，彼此关心，富有人情味。正是通过成员间的经常性的互动，初级群体才得以形成和维持。短暂的、一次性的交往形成不了初级群体。而通过正式规定的角色和地位进行的间接的互动，人们投入的感情也往往只是处于较为陌生或是疏远的状态。

（四）成员交往涉及各自完整的人格特征。初级群体成员的互动会涉及多种

角色和多个方面,成员彼此分享经验和感受,体会和学习他人的行为模式,还相互支持帮助。也就是说,成员之间的感情联系往往涉及各个方面,需要表现自己的全部个性,包括兴趣、爱好、性格、气质、习惯等。这不仅对个人的人格影响会比较持久和深远,而且也会促进强烈的群体归属感的形成。

(五)成员角色的不可替代性。这是初级群体与次级群体的明显区别之一。在初级群体中,人们之间不仅只是角色关系,而且还有强烈的情感联系。个人在群体中的角色和地位通常并不明确,一人往往担负多种角色,这不仅使得个人的全部个性得以展现,也使得成员之间可以相互进行多方面的评价。正是成员间的多重关系使初级群体的成员角色具有了一种不可替代的特殊性。群体中成员的缺失和置换就会引起整个群体的动荡和不安。在家庭中,亲人的离去就会让相关的成员受到很大的震动。

(六)依靠非正式制度实行控制。初级群体内成员互相遵循的规范往往不是很严格、明确的,一般来说不是明文规定的,而是依赖于风俗、习惯、伦理道德、群体意识等非正式的制度来进行控制和维系。初级群体的成员彼此熟悉,关系复杂而密切,整合程度很高。通过约定俗成的群体规范,从而达到行动、价值观上的高度一致。

二、初级群体形成的条件

初级群体是在人际交往中自然形成的。其形成一般需要具备以下几方面的条件:

第一,交往各方社会地位之间的差异较小。如果交往各方角色身份差异很大,相互之间在思维方式、生活方式、兴趣、气质等方面往往就会有较明显的差异,而这些正是影响成员间感情维系比较重要的因素。初级群体的建立,本身就是对群体中成员全方位的认同,当然这是在求同存异基础上的认同。

第二,互动持续久,接触时间长。只有在频繁、长久的人际互动中,人们才可能比较深入全面地相互了解,并在彼此之间建立稳定、亲密的人际关系。只有通过多方面的交往,个人的兴趣、爱好、能力等才可能充分展现,也才可能在共同分享彼此经历的同时进行更加有效的合作。

第三,交往各方活动空间相近。不同的地域有着不同的文化,所谓"一方水土养一方人"。地理位置的接近,在传统风俗、习惯方面有着共同的文化背景,便于相互接触和了解沟通,为彼此间价值观的建立和融合提供合适的土壤。这种相互熟悉的基础,为初级群体的形成提供了必要条件。

以上这些条件为初级群体的建立在空间、理念上奠定了基础。随着成员间联系和交往的密切深入,成员之间才能相互融合,共同维系着群体的运作,促进群体的发展。

三、初级群体的功能

初级群体是连接个人和社会的第一道桥梁。随着时代的变化、社会的发展，初级群体的功能也发生了很多的变化，但归纳起来，其基本功能主要有以下几个方面：

首先，承担着社会化的功能。个人在成为社会人的过程中，离不开家庭、邻里和伙伴等初级群体的影响。初级群体在早期社会化过程中更是发挥着重要的作用。通过初级群体，个人获得了最基本的日常生活的常识、基本的生活技能和起码的道德规范以及简单的价值观念，形成了履行角色行为的初步知识。

家庭是个体早期社会化的主要承担者。个体出生后有一段较长的依赖期，适应生活的能力很弱。正是在家庭中，在与父母及亲人的互动过程中，个人建立起最初的亲密感情关系，开始学习基本的生活技能和本领，如吃饭、穿衣等；学习最基本的社会常识和社会规范；并在家庭中通过与父母和亲人的亲密交流，开始将文化规范和价值内化，以指导自己的行为。

邻里是因居住地接近而形成的人际关系较密切的初级群体之一，它对个人人格品质的形成有着重要影响。邻里之间的相互帮助、照顾、扶持和友好往来，强烈影响着个人，使其感受到他人的同情心。而邻里中德高望重的老一辈人以及其他成年人和同辈人的思想观念、为人处世、待人接物，对个人也起着耳濡目染、潜移默化的作用。

在同辈群体或是游戏群体中，个人按照特定的规范承担角色，为未来正式承担社会角色作一些必要的准备；个人可以干自己愿意做的事，有助于个体独立身份和角色意识的培养；同时，还开始接受亚文化的影响，意识到社会的复杂性，从而增强对未来社会适应能力。早期社会化的成果，为个人的成长，继续社会化奠定了基础，并深刻影响着个人以后的发展历程。

其次，情感交流的功能。初级群体本质上是亲密交往的群体，这就决定了初级群体的本质功能就是满足群体成员的感情交流的需要，使成员在其中得到安慰、温暖和承认。初级群体在历史上承担过许多功能，例如生产、社会控制、教育等，而今这些功能都逐渐被专门化的社会组织所代替；只有满足深度情感的交流这一功能始终是由初级群体来承担的，没有任何一个组织或是机构能够替代这一功能。初级群体将成员个人的需求放在首位，积极关注个人的愿望，重视成员的喜怒哀乐，使个人在其中得到慰藉和满足，获得精神愉快和幸福。研究证明，初级群体与人们的感情密切相关。1971年，社会心理学家索洛蒙就生活事件与人的情绪压力之间关系的研究表明：每当个人的情绪、心理出现大的震荡，很大程度上是由于初级群体发生了重大变故(见表3.2)。

表 3.2　生活事件对个人的影响

事件对个人影响的顺序	生活事件	平均值(100%)
1	配偶死亡	100
2	离婚	73
3	夫妻分居	65
4	监禁时期	63
5	家庭近亲死亡	63
6	个人患病	53
7	结婚	50
8	被解雇	47
9	夫妻和好	45
10	退休	45

表3.2中"平均值"表示事件发生后,每100人中出现情绪变化的人数。由此可见,在对个人影响最大的十件事中,有七件是由于初级群体发生变故,占了70%。初级群体对于人们情感需要的满足起着非常重要的作用。

再次,社会稳定和社会整合的功能。社会的稳定,一方面依靠法律法规、规章制度等一系列正式制度;另一方面则依靠风俗、习惯、道德等非正式制度。后者往往是通过初级社会群体来实现的。

初级群体提供了基本的价值观和行为规范。初级群体成员在互动和进行情感交流的过程中,潜移默化地将价值观念、文化模式和风俗习惯传承了下来,内化为指导行动的规范和准则。初级群体运用非正式制度来影响成员,使其遵守群体的规范。对社会规范的违反,群体会通过劝说、告诫的方式进行教育;而初级群体作为整合度很高的群体,其成员对规则的违反,也往往要考虑到群体内部潜在的压力。初级群体为成员提供了情感交流的场所,是个人感情的依靠,也具有稳定社会秩序、社会整合的作用。

当然,初级社会群体成员间的亲密关系,也可能导致成员在群体压力下,不敢发表自己的意见,压抑了个性的发展;害怕在群体中由于一些不被大部分成员认可的言行而被孤立;从而不利于成员积极性、创造性的发挥,难以谋求自身更大的发展。同样,对在正式组织中存在初级群体的现象,也要进行具体分析。如果二者目标的一致性程度较高,就应该努力发挥初级群体的积极效应。

四、社会组织的兴起和初级群体的衰弱

自工业革命以来,随着城市的发展和社会分工的日益发达,人类需要在更大范围内进行相互合作。工厂、学校、工会、政党等各类社会组织迅速发展起来,并对生活产生了重要的影响。伴随社会组织地位的不断加强,初级群体的性质发生了较大的变化,出现衰弱的趋势。

初级社会群体的功能开始外移。随着社会的发展,社会组织的大量出现,原先由初级社会群体承担的许多功能正在逐步移交至正式社会组织,社会组织开始履行作为社会专门机构的职责。尤为明显的是家庭功能的转移。原先的家庭承担着多种功能,包括生产、消费、娱乐、教育等。在现代社会的社会化大生产背景下,生产的功能由工厂、公司这些经济部门来承担;正规化、专业化的幼儿园、学校,则开始把家庭的教育功能接手过来。

初级社会群体关系松懈,一些群体名存实亡。在现代社会中,随着初级群体功能的外移,社会流动的加快,人们参与初级群体的活动减少了,成员之间的交流时间和深入程度逐渐降低。价值观念的多元化发展,人们功利性行为的增多,也为初级社会群体的形成和维持增加了难度。居住环境的变化,以及社会保障部门、社会福利和社会服务部门的出现,为社会成员提供了各方面必要的支持和帮助。这些都使邻里间的交往和相互扶持功能降到极低的程度,邻里关系几近解体。

对初级社会群体的这些变化及其对社会发展的影响,需要从两方面来认识:

一方面,我们应该看到,社会组织的发展和初级群体的衰弱,是社会交往领域扩展的重要标志。首先,初级群体的衰弱,使人们得以更大范围和更大规模地组织起来,促进分工和协作的发展,有利于更高程度的整合,从而使人类能够更有效地从事各项活动。其次,初级群体的衰弱,扩大了个人生活的空间,增加了社会的有机联系。由于初级社会群体对其成员全方位的关照,抑制了个性的发挥和个人思维的发散,在个体发展上往往适得其反。而社会组织的发展,则可以使成员在个人与个人、个人与组织、组织与组织之间加强协作和依存的意识。再次,初级社会群体的衰弱和社会组织的发展,使人与人的交往,更多地依靠正式的规章制度,降低了私人关系和感情联系的原则,更有助于实现组织目标,是社会更趋完善和合理的表现。

另一方面,初级社会群体的衰弱,也带来了一系列的消极影响。人们满足感情需求的难度加大,增加了初级群体的不安定因素。现代社会的社会组织在为成员提供成就需要的同时,却难以保证成员感情需要的满足。生活和工作压力的增大,又使个人更需要有力的感情寄托。而人际关系的冷漠、疏远,又严重影响了人

们的情感交流,互助关系变得松懈,从而带来了一系列社会问题。吸毒、自杀、单亲家庭的增多等都是初级社会群体衰弱的表现。同时,社会控制仅仅依靠正式的规章制度,而缺少道德的指引,也会增加社会整合的难度。

初级社会群体的衰弱是现代社会发展的一种趋势,但这个结论是在和早期的初级群体比较的基础上得出的。伴随着社会组织的发展,我们更要关注当代初级群体的各种变化,尽可能地发挥它在现代社会的重要基础作用。

思考题:

1.什么是社会群体?社会群体具有哪些特征?

2.社会群体的分类及其标准是什么?

3.社会群体内部的运作机制是怎样建构的?

4.什么是初级群体?初级群体具有哪些功能?

5.初级群体随着社会的发展,其趋势如何?

第四章
家　庭

虽然如今预言家庭将归于解体灭亡的不乏其人，如今的家庭也确实已不像从前的那样稳定、牢固，但是，一个不可否认的事实是，迄今为止，家庭依然是社会生活中最普遍、最稳固、最持久的基本单位，也是绝大多数社会成员生活中最重要的初级群体。它是个体生长的摇篮，也是其他许多大型的、复杂的社会组织或社会结构的起点和基础，因而是社会的"细胞"。社会学要理解社会生活，研究社会运行，当然不能不关注家庭。

第一节　家庭概述

一、家庭的内涵

家庭的形态多种多样，但不管其形态如何变化，作为社会最基本的单位和个人生活中最重要的初级群体，它具有自身一些基本恒常的特征[①]：第一，它是由以某种方式相互联系在一起的一群人组成的。第二，它的成员长期生活在一起。第三，这一群体中的成年人要对他们的全体后代负责。第四，家庭的成员组成了一个经济单位——它常常要生产商品和服务，并总要消费商品和服务（如食品和住房等）。家庭是建立在姻缘关系和血缘关系基础上的人类共同生活的社会群体，是人类的生育体制，是姻缘关系和血缘关系长期演变的产物。家庭是通过婚姻、血缘以及收养等关系而组成的社会群体。但是，一定家庭的产生和存在，又并非仅仅建立在婚姻、血缘以及收养关系之上的；有婚姻、血缘关系的人，也不一定都会组成为一个家庭。

二、亲属与家庭

在日常生活中人们常常把家庭和亲属网络联系在一起，并通常将它们总称为"家庭"。但社会学家和人类学家在这两者之间还是作了重要的区分。"亲属"，通

---

① 　伊恩·罗伯逊：《社会学》（下册），黄育馥译，商务印书馆，1994 年，第 454～455 页。

常是指一些有着共同的祖先或血缘的人，或是有姻亲关系或养育关系的人组成的社会网络。在许多传统社会中，亲属关系是社会组织的一个重要的、甚至是最重要的基础。它可以包括父母、兄弟姐妹、姑姨叔舅、祖父母、姑舅祖父母、叔伯祖父母、堂（表）兄弟姐妹、远房兄弟姐妹等等。亲属网络中的确切成员是由特定的文化规范决定的。有人曾对人类的亲属关系作过一项统计，一个人最亲近的或一等亲属共有 7 种可能的类型，而二等亲属即一等亲属的一等亲属又有 33 种，而如果进一步把三等亲属即二等亲属的一等亲属也包括进来，那么，亲属的网络里就又多了 151 种，这些亲属关系总计达到 191 种，同时又由于在这些位置中，每一个位置上可以有好几个人，因此，事实上一个人的亲属可以有数百甚至上千人。[①] 这样庞大的亲属网络，人们是无法一一交往的。因此，人们常常设法武断地把某些范围的亲属排除在其亲属的概念之外。如只承认父亲或母亲一方的亲属是家庭的亲属，或者只把最亲近的如父母、兄弟姐妹及妻儿和部分二等亲属看成是自己的亲属，以此来解决亲属人数过多的问题。

家庭是我们人类的出发点

家庭在一个比它大得多的由亲属或家族组成的社会网络中，只是一个单位。它是亲属关系中相对较小的户内群体，是一个相互合作而发挥功能的单位。在现代社会中，家庭通常是一个由父母和子女组成的小群体。当然，也存在着包括了三代或三代以上亲属的家庭，中国传统的四世甚至五世同堂就属于这种情况。

对于大多数人而言，一生中的大部分时间都是在两个家庭中度过的：生长家庭即他们出生并进行大部分社会化的家庭；生育家庭即通过结婚生子而建立起来的家庭。通常我们把生长家庭和生育家庭都看做是"家庭"，但事实上，我们主要还是忠实于生育家庭。

三、家庭的类型

家庭作为社会最基本的初级社会群体，自产生到如今已经经历了许多变化，

---

① 伊恩·罗伯逊：《社会学》（下册），黄育馥译，商务印书馆，1994 年，第 456 页。

产生了许多不同的形式。这些形式,我们可以从两个方面对其进行分类:第一个方面,从人类家庭在不同历史发展阶段出现和存在的历史形态进行分类;第二个方面,从家庭结构的形式进行分类。

人类很早就对家庭作了有关历史形态的分类研究,其中影响较大的是美国早期学者摩尔根的"摩尔根模式"。摩尔根模式把人类家庭的历史形态分为四大类型,即:血缘家庭、普那路亚或群婚制家庭、对偶家庭、一夫一妻制家庭,并在后两类家庭之间插入一个过渡性的家庭历史形态:父权制家庭。摩尔根认为这些历史类型是循序演进的:最先为血缘家庭,次为普那路亚家庭,再次为对偶家庭,最后通过父权制大家庭而进入一夫一妻制家庭。摩尔根对家庭的分类模式,是以婚姻方式为分类标准的。这种分类模式影响极大,但并非完美无缺和无懈可击,因为摩尔根的这种分类模式是建立在他自己和他那个时代的人们对原始民族及近代社会的有限观察和经验描述的基础之上的。后来发现的实际资料和对之进行的研究表明,摩尔根所说的血缘家庭和普那路亚家庭,反映的只是两种不同的婚姻方式和制度,而不是两种家庭历史类型。更有学者指出,人类家庭历史形态的演变是多元和多线的,而并非如摩尔根所指出的那样,仅仅是单一的或单线的。

对家庭结构的分类主要是根据家庭成员的构成情况、数量多少及关系如何这几个方面的情况来进行的。比较流行的观点是按照每家夫妻存在的对数及包含代数和是否有直系或旁系亲属等状况,区分为以下这些类型:

(1)核心家庭。它通常是由一对夫妻和他们的子女两代人组成的家庭,一般不和别的亲属住在一起。这种家庭模式由于其结构和内部关系都十分简单,因此,在现代文明社会中,是一种最普遍的家庭模式。但这种家庭的变异也很普遍。丧偶和离婚使许多家庭只剩下父亲或母亲,从而成为"单亲家庭",而非核心家庭。

(2)扩展家庭。它是在核心家庭的基础上演化而来的直系双偶家庭,或鳏夫寡妇与其已婚子女组成的家庭。在西方特别是美国,扩展家庭主要存在于下层社会中。在我们中国,这种家庭模式较为普遍,这与我们整个社会的历史文化环境与经济条件有很大的关系。

(3)联合家庭。它主要是由父母和几个已婚子女甚至包括已婚的孙子女组成的家庭。这种家庭模式其内部关系较为复杂,成员间矛盾容易经常发生,故其维系要依靠坚实的经济基础和家长权威。在我国过去的乡村社会中,一些大的地主为避免财产分散和家境衰落而常常采用这一家庭模式。在现代社会中这种家庭模式已非常少见。

(4)其他家庭。如"单身家庭"、"残缺家庭"、"丁克家庭"等。这些家庭由于其家庭结构等方面的不完整,使其很容易向其他家庭形式转变从而成为一个完整的家庭。

需要指出的是,家庭类型的划分并不是绝对的,而是可以互相转化的。

第二节　家庭的功能

家庭之所以是社会生活中最普遍、最稳固、最持久的基本单位,成为绝大多数社会成员生活中最重要的初级群体,是因为它对个体和社会均有着极为重要的、其他社会组织无法替代的作用。在许多有文字以前的社会里,家庭基本是自给自足的,因而能满足大部分家庭成员在生理上和感情上的需求。在现代工业社会中,虽然家庭作为整个社会结构的一小部分,更为专门化,发挥作用较小,但家庭仍处于关键的地位。正如 W. 古德所说的"假如没有这个看来原始的社会机构所做出的贡献,现代社会就会崩溃,这是确实无疑的"[①]。家庭在现代社会中的功能主要表现为四个方面:

第一,社会化。新生儿在被社会化以前不能成为完整的社会人,而社会化的主要背景就是家庭。在家里,孩子们学会认识他们是谁,他们能够和应该期望在生活中得到什么,应该怎样对待别人,等等。在许多方面,家庭都是承担社会化任务的理想场所。它是一个小群体,在这里群体成员享有很多面对面的接触的机会。孩子们的生长进展状况能得到密切的关注,其行为可以得到必要的调整。父母在培养孩子上也会投入很多的感情,他们会特别注意指导孩子的行为,并将语言、价值标准、规范和文化、信仰传给孩子。虽然在现代社会中,许多社会化的功能已被其他制度接替——如学校、教会或传播工具,但家庭仍然是最早的也是最重要的社会化场所。

第二,情感需要。满足家庭成员的情感需要是家庭的另一个重要的功能。感情对孩子就如学习一样重要,而且在其整个一生中都始终是这样。有证据表明,一个从小缺乏关怀的孩子,在以后的生长发育过程中,无论是身体还是智力及其他方面,都会受到影响。而成年人虽然不会因为没有爱而死去,但每个人都有结伴生活的需求,需要亲密的感情和伴侣。尽管由同学、同事、朋友、邻居结成的小群体可以在一定程度上满足个人的感情需要,但这些关系毕竟不如家庭关系亲密。在家庭中,不管是夫妻之间的关系,还是兄弟姐妹之间的血缘关系,都是非常密切的。在家庭的互动中,家庭成员将自己的全部人格都投入进去,也可以将自己的喜怒哀乐都表现出来。

第三,性的规则和社会安置。性的差异和对异性的追求是家庭的生物基础。当然,从生物学方面考察,男女满足性欲的要求并不一定必须通过婚姻形式;但作

---

① 　W. 古德:《家庭》,社会科学文献出版社,1986 年,第 4 页。

为一种社会的动物，人具有社会属性，为维持社会秩序，就有必要把男女之间的性行为纳入夫妻关系。尽管支配性行为的观念在不同的社会中、不同的历史时期有着极大的差异，但就我们所知，还没有一个社会提倡过完全的性滥交。全世界有关性的观念多种多样，但没有一个社会将有关性的事情完全看成是与社会无关的事。这其中，一个主要的原因就是存在着女性怀孕的可能性。一个婴儿降生后，他的父母有义务为他提供食品、居所和爱。对性行为规范的制度化，主要就是为了保证儿童能够得到应有的照顾，实现代际之间的平稳过渡，因此，大部分社会都提倡合法生育。合法性的社会压力同样有助于确保每个孩子都能得到适当的社会地位。一个人如果是合法地出生在一个家庭中，他在社会上就有了一个稳定的位置：我们从我们的生长家庭中继承的不仅仅是物质条件，还有我们的社会地位。我们和我们的父母同属于一个种族或民族群体，通常还同属于一个宗教和社会阶级。我们的家庭背景通常是决定我们的社会地位的重要因素之一。

第四，经济合作。在农业社会中，家庭是社会生产的主要单位。它经常被定义为一群人为追求经济目的而合作形成的经济单位。到了现代社会，大多数生产活动都在家庭之外进行，但是，家庭仍然是经济活动的重要单位，只不过家庭的主要经济行为已由生产转为了消费。现在，以家庭为单位正进行着主要的购买消费，如购买房屋、汽车，等等。

强调家庭的社会正功能主要是功能主义的立场和倾向，但一些持冲突论、批判理论立场的人士也指出了家庭及家庭关系的负面作用。冲突论者认为，两性以不同的方式彼此竞争，有些家庭成员比其他人对家庭的贡献要多。在他们看来，家庭的历史，同样也是女人被男人统治的历史。恩格斯曾论证说，婚姻代表了"在历史上出现的最初的阶级对立——在这个时代中——一些人的幸福和发展是通过另一些人的痛苦和受压抑而实现的"[1]。他提出，正是在婚姻中夫妻关系模式的基础上，出现了后来的种种压迫形式。这种观点对激进的女权主义产生了有力的影响，女权主义冲突论者注意到，许多法律、观念或政府的政策都支持男性统治，男性统治的观念已深深植入我们的文化之中，以至于大多数人把家庭中妇女的传统附庸角色，看做不但是可以接受的，而且也是自然的。这种从属角色在传统的称谓上就表现得非常充分。在西方，女子结婚后称谓一般由"小姐"变为"太太"，并且放弃了她们的父姓。而在传统中国社会中，女子婚后一般被称为"×××家的"。事实上，许多社会中的妇女都由于实用的和合法的目的被作为其丈夫的财产。这一原则在古罗马的法律中就已有所体现，并以多种形式在西方文化中

---

① 恩格斯：《家庭、私有制和国家的起源》，《马克思恩格斯全集》（第 21 卷），人民出版社，1965 年，第 78 页。

一直持续至今。例如,直到 20 世纪 60 年代,美国有些地方的法律仍旧认为已婚妇女没有她们丈夫的书面允许就不能签订合同或获得贷款。这与未成年人若无其家长或监护人的批准就不能行使这些权利完全一样。

有学者认为,家庭内这种性别不平等的最初基础来源于家庭内部劳动分工的不同。在人类历史早期,妇女所具有的生育孩子的能力决定了她们的工作角色,她们的大部分时间是在家庭范围内度过的,职责是喂养和照料孩子。在人类社会相当长的一段历史时期内,大多数婴儿都很难长大成人,这就要求每个妇女一生中要生育和照料 6~8 个孩子,以保证他们这个社会的人口不会下降。基于上述原因,加上传统社会中人们的寿命很少超过 35~40 岁这个事实,严格地限制了妇女工作的选择。另一方面,由于男人没有受到必须呆在家庭附近的约束,也由于他们拥有更强壮的体力,因此,在早期社会中,男人的工作是打猎和参与部落反击食肉动物和敌人的侵袭。他们这种强壮与获得食物的能力使得男性成为占统治地位的性别。这种统治地位慢慢地在社会价值观、行为规范和社会角色中变成一种制度化的安排。家庭内这种工作角色的划分成为性别不平等的最初基础,而且在较大程度上这种划分和不平等今天仍然存在。家庭在造就身体健康、教育良好和有生产力的公民方面投入了大量的时间和金钱。尽管通常认为是由整个家庭做出了这些贡献,但其中大部分工作是妇女做的——特别是照顾孩子、老人和病人。而这些家庭内部的繁琐事务事实上严重影响了女性在社会上寻找其它工作或在事业上做出成绩的可能性。在冲突论者看来,家庭是展现性别不平等的主要舞台。这种不平等反映在母亲、父亲所扮演的不同社会角色上,也反映在家庭内部的权力分配上:多数情况下,父亲处于统治地位。

性别角色问题上出现的紧张只是家庭冲突的一个方面,另一个方面是家庭成员之间使用暴力。尽管家庭的功能之一是向它的成员提供照顾和保护,然而,许多的调查研究却表明,夫妇之间、手足之间和亲子之间十分频繁的暴力在折磨着现代的家庭。正如斯坦迈兹和默里·斯特劳斯所说的:在美国社会中很难找到一个其每天内部发生的暴力比家庭暴力还多的群体或制度。美国大约有 1/5 的谋杀是有由受害者的亲属干的——其中有一半是配偶干的。据调查,每年大约 750 万对夫妇经历暴力事件,在这样的事件中,夫妇中的一方试图使另一方遭受严重痛苦或受重伤。在大多数夫妇之间非致命的肉体暴力活动中,妻子往往是受害者,人们正日益认识到"打老婆"是一个普遍存在的非常严重的问题。另外,每年还有大约 230 万儿童用枪或刀来对付他们的兄弟或姐妹,有 170 万儿童遭到父母的拳打脚踢甚至口咬,有 75 万儿童遭到父母的痛打,还有父母甚至用刀或枪袭击他们的孩子。在一个我们今天似乎太过于溺爱孩子的时代里,虐待儿童似乎已经不可想像,但它确实比我们想像的要普遍得多、严重得多。

家庭,这个由彼此关爱的成员组成的群体里,暴力行为竟如此严重,原因也许是多方面的,但其中一个非常重要的因素也许就是夫妻之间的暴力行为是发生在一种普遍的社会背景之下,即社会观念强调男性具有统治权甚至是侵犯权而女性只能是顺从,在这种观念中,女人往往被看成是占有物,家庭暴力便是这种观念的产物。同时,在另一方面,现代社会给我们每个人所造成的超负荷的压力也是造成家庭暴力的一个因素。人们在受到外部的挫折后又不能对造成挫折的根源进行还击,这种侵犯性就有可能转向家庭成员。这时候,孩子往往是现实的"替罪羊"。种种情况表明,现代家庭正承受着它不能承受的压力,面临着前所未有的危机。

第三节　家庭的变迁和未来趋势

一、两百年来家庭的核心化

自有家庭这种人类生活的组织单位以来,其结构、模式、形态一直处于变化之中,但这种变化是平稳而缓慢的,甚至是很难觉察的。但自产业革命以来大约200 年左右的时间里,家庭模式却发生了显著的变化,古老的大家庭制度普遍瓦解,全世界的家庭结构正在朝核心家庭的方向发展。与此相应的是,新居制代替了从父居或从母居,父权家庭变得更加平等,亲属在社会生活中的重要性日益下降,人们越来越多地从个人目的的角度来看待婚姻,而不再把婚姻当作是一种经济安排或亲属联盟。当然,这只是一种总的趋势,并不意味着没有例外。

核心家庭发展的趋势是与城市化、工业化以及全世界范围内的社会现代化密切相关的。在传统的前工业社会中,大家庭具有很强的功能,它作为一个自给自足的生产单位,将生产任务分配给各个家庭成员,以保证他们在农业、狩猎、手工业或其他谋生手段方面进行最恰当的经济合作。由于每一个身强力壮的成员都是一份经济财产,人们非常希望家里人丁兴旺。同时,儿童、老人和残疾人,虽不能与健康成人干同样的活,但每个人都能为整个家庭单元的经济福利贡献自己的力量。当工业取代农业成为社会生产的主要形式之后,社会生活的许多方面都发生了根本的变化,正是这些变化推动了家庭的核心化。[①] 首先是工业社会的生活要求地区性的流动:人们必须到能找到职业、有晋升机会的地方去,这就需要在很大程度上摆脱亲属关系和亲属义务的束缚。其次,工业社会提供了广泛的经济机会,随之而来的是人们有了改变其社会地位的机会。流动社会中的人们接受的教

---

① 　参见伊恩·罗伯逊:《社会学》(下册),黄育馥译,商务印书馆,1994 年,第 470 页。

育、兴趣和生活经验都与那些有着传统的和固定不变的地位的人不同。在大家庭中,亲属们过着非常相似的生活,有着共同的兴趣。而在工业社会中,这些纽带都已不复存在了。第三,在城市环境中,正规的非亲属性的机构如公司、学校、医院、政府、福利机关等承担了许多曾经是家庭特有的功能。第四,工业化社会强调以个人努力而不是个人的出生环境作为成功之路,这使得亲属关系不再是一个决定社会地位的重要因素。个人的目标比亲属的义务更重要,人们更期望得到自由的选择。第五,在现代社会中,儿童成为一种经济负担而不是一种财产。父母为养育子女需花费大量的时间、金钱和精力,而几乎得不到任何回报,因为儿童几乎不能为家庭贡献什么,但却有和有贡献的人一样的消费需求。由此可见,在工业社会扩展家庭可能是一种负担而不是一种实惠。在现代社会典型的城市环境中,大家庭愈来愈显现出其反功能,而核心家庭则具有更多的正功能,于是孤立的小型核心家庭正在迅速变成或已经变成理想形式。

当然,核心家庭在具有许多优点或者说正功能的同时,也不可避免地存在它的弊端。比如,虽然个人从众多责任、义务的束缚中解放出来了,但是同时,别的家庭成员也不再对他负有责任了。再如,由于家庭变小了,因而个人从中获得的感情和经济支持也就更有限了,结果就可能导致无助感和孤独感的增加。

二、家庭的未来趋势

随着社会的进一步发展,随着工业社会向后工业社会的转变以及相应的文化价值观念的变化,家庭也呈现出了新的变化趋势。这些变化趋势主要包括:[①]

1.高离婚率、低结婚率

在目前最发达的资本主义国家美国,1980 年代离婚率已经达到这样的水平,如以当时的结婚率为准,则差不多一半的婚姻要以离婚而告终。与这样高的离婚率的同时,结婚率则呈下降趋势,据 20 世纪 80 年代中期的统计,以年龄在 25 岁至 30 岁之间的妇女为例,在这年龄组中根本不想结婚的比例达到 15%。然而,也有人认为,"高离婚率、低结婚率"并不能概括美国当前婚姻的特点,应该说"高离婚率、高再婚率"才是确切的。上个世纪 70 年代以来,美国的再婚率提高了,再婚率和离婚率的增加几乎相等。有研究表明,在如今的美国,大约有一半婚姻中,夫妇的一方或双方是再婚者。[②]再婚率的增加,反映了人们期望而且认为再婚可以实现更美满的婚姻,组织更幸福的家庭。"结婚——离婚——再婚——离

---

① 参见潘允康:《变迁中的美国家庭》,载《国外社会学》,1987 年第 6 期。

② Glick P. C.: American Families: As They Are and Were. In: *Social Science Research*, 1990, No. 3.

婚——再婚……"被有些学者称为"连续的多配偶制"。

需要指出的是,就离婚率的提高而言,美国的情况只是一种总体趋势的代表而已,事实上,在其他许多国家,包括我们中国,都同样处于这样一种总体趋势之中。我国于20世纪80年代修订颁布的新的《婚姻法》加入了"感情破裂原则",改变了长期以来坚持的"对有资产阶级思想的人提出离婚,原则上是不准离"的做法,随后,离婚率就迅速上升。有人还分析指出,今后我国离婚率将在长时间内缓慢地、持续地增长,并且,再婚率也将与离婚率同步增长。[①]

2.单亲家庭和继父母家庭的增长

离婚率和再婚率的提高直接带来单亲家庭和继父母家庭的增加。当然有些单亲家庭是由未婚母亲和其非婚生子女组成的。在20世纪80年代初期,单亲家庭占欧洲和北美的经济合作与发展组织国家中所有户数的20%或更多一点。以后这一数字继续增长,比如在1980~1993年间,美国单亲家庭的比重就从20%上升到了26%。同样的趋势在其他很多国家中也很明显,而且官方的数据很可能被低估了,因为如果家庭中有一个超过15周岁的男性,妇女即使是主要的挣钱养家者都不算家长,因而也不算作单亲家庭。[②] 由于一般情况下离婚后男子的再婚机会多于女子,故单亲家庭多为以妇女为户主,据统计,以妇女为户主的单亲家庭占了美国家庭的19%。单亲家庭要克服许多经济的、社会的和心理的问题。这些家庭经常会遇到经济不稳定、家庭角色和责任的转换、情感紧张等问题。

因为多数离婚者都再婚了,所以继父母家庭或称混合家庭的数量也大为增加。1990年,美国有530万混合家庭,生活在这种家庭中的孩子有730万。在混合家庭数量激增的同时,目前却没有什么良策或建议可以帮助成功建立一个和谐幸福的混合家庭。在这些家庭中,比较普遍地存在着子女和成人之间的紧张对立乃至仇恨敌对情绪。

3.生育率的下降

生育率的下降也是家庭变迁的一个明显的趋势。自20世纪以来,美国的生育率一直在下降。在20世纪初,美国家庭平均有4个孩子,到20世纪30年代,下降到平均3个孩子,到20世纪末期,则只有2个孩子了。如今,许多人甚至自觉选择不生孩子,选择"丁克"家庭模式。不独美国如此,在其他国家也是如此。我国近来生育率下降固然主要是由于国家计划生育政策之缘故,但相比于从前,特别是在城市中,人们也越来越自觉选择少生孩子,有人甚至也自觉选择不生孩子。

---

① 参见徐安琪:《离婚心理》,中国妇女出版社,1988年。

② 联合国社会发展研究所:《全球化背景下的社会问题》,北京大学出版社,1997年,第120页。

4. 未婚同居者增加

在以前,未婚同居被认为是伤风败俗,未婚同居者往往会遭到周围人们的道德谴责,承受舆论的压力。但如今,这种行为已越来越被人们所宽容、接受或不被人们理会了。与此同时,未婚同居者的数量也呈直线上升趋势。据调查,这种现象在大学生中尤其普遍,美国如此,今日中国也是如此(在今日中国,另一未婚同居者比较多的社会群体是出外打工者)。同居与结婚有某些相似之处,这表现在双方相互之间往往也有较深的感情和较多的义务,他们之间的性关系也往往是排他性的。当然,同居和正式的婚姻毕竟不同,既缺乏社会的承认,也没有法律的保护,并且由于某些原因,同居者还会谨防承担正式婚姻的责任和义务。事实上,同居在很多情况下都起着"试婚"的作用,双方在明确决定开始正式婚姻生活之前先试验一下是否能和谐相处。随着社会观念进一步走向开放和宽容,随着人们生活条件(比如单身住房)的进一步改善,未婚同居现象可能还会继续增长。

5. 单身户增加

所谓单身户是指一个家庭只有一个人。据调查,1980 年美国有将近 23% 的家庭是单身户。它主要由两个年龄组的人组成,没有结婚的年轻人和以前结过婚的人,还包括一些失去了配偶的老年人。当然,现在的单身户也和过去有不同的意义,即单身不单,事实上很多单身的人或者与别人同居,或者与别人保持"某种联系"(包括一些与亲属的联系)。尽管目前我们不知道这些单身的人群以后是否会结婚,但有一点可以肯定的,即这些所谓的"独身"的人事实上并不一定都是"独身"的。

6. 妇女在家庭中地位的变化

一直以来,妇女主要充当贤妻良母的角色,将其绝大部分的时间用于家务劳动之中。但由于她们没有独立的经济收入来源,她们的这种贡献往往得不到承认和公平的对待。如今,这种情况已经有所改变,并还将继续发生变化。许多妇女外出就业,在工业化国家里,她们占到了正式劳工的 40%。妇女的外出就业使她们有了独立的经济收入,在有些家庭中,她们的收入还是家庭的主要收入甚至惟一经济来源。这自然提高了妇女在家庭中的地位,加强了她们的独立性。妇女的外出就业,一方面是由于她们受教育程度的提高从而增加了就业的竞争力和机会,另一方面也与现代社会产业结构的变化有关,新出现的许多职业事实上都更适合于妇女去从事。不过需要指出的是,妇女外出就业一方面固然提高了其在家庭中的地位,另一方面也在某种程度上更加强了她们的角色紧张。

7. 性、婚姻、家庭和生育的分离

一方面是由于避孕工具的发展和普遍可得,一方面是因为道德观念的变化,

总之,性、婚姻、家庭和生育这些原本密切相关的方面如今日趋分离。在性交势必导致怀孕的时代,把性关系限制在已婚夫妇之间是有其社会意义的。但是,如果性交和怀孕之间的必然联系不复存在了,那么,对于以性行为为娱乐的许多禁令也就会趋于失效。许多研究表明,美国人的现实行为已经否定了性、婚姻、家庭和生育诸者之间的联系。性可以在婚姻之外,性行为的直接结果或目的不在于生育而在于寻求快乐;人们可以不结婚而同居,成立家庭的目的在于浪漫主义的爱和生活,而不一定要生育;甚至,生育也不一定要通过性交。事实上,不仅在美国,许多发达国家也是如此。在世界许多国家,性、婚姻、家庭和生育之间原先那不可分的联系也正日益趋于瓦解。

思考题:

1.试述家庭的功能及其演变。

2.请分析家庭的未来发展趋势。

第五章
社会组织

虽然社会组织在人类社会中已经有了很长的历史,但只是到了近代以后社会组织才成为高度分化社会的主要的支配性因素、力量和机制。在现代社会,我们的生活空间充满了组织,我们在组织中生活、工作,组织是不可避免的。组织是如此的普遍和重要,因此,研究组织就成为我们了解、适应和改变社会的一个必要的条件,也成为社会学等社会科学的一个重要研究领域。那么,什么是组织? 组织是怎样产生的? 人类为什么要创造组织? 组织产生以后,人类又怎样对组织进行管理? 组织对我们的工作、生活和彼此联系的方式产生什么样的影响? 这是本章要讨论的问题。

第一节　社会组织概述

一、社会组织的概念

1.组织的定义及特征

要对组织作出明确、清楚的定义,并非易事。因为,其一,现实社会中的组织的种类实在太多了;其二,从不同的角度会对这些组织作出不同的概括。最近,美国组织社会学家斯科特(又译斯格特)把所有关于组织的界定归纳为理性系统视角的界定、自然系统视角的界定和开放系统视角的界定三种[①]:

从理性系统视角得出的定义为:组织是意图寻求具体目标并且结构形式化程度较高的社会结构集合体。简言之,组织被视为寻求特定目标的、高度形式化的集合体。

从自然系统视角得出第二个定义:组织是一个由寻求各种利益的各种参与者组成的集合体。但是,这些参与者也认识到组织作为一项重要资源存在的价值。在参与者之间发展起来的非正式结构,为理解组织行动提供了比正式结构更丰富、更精确的指导。简言之,组织是由一致或冲突而产生的、但始终寻求生存的社

---

① 斯格特:《组织理论》,黄洋等译,华夏出版社,2002年,第22页。

会体系。

从开放系统视角得出第三个定义:组织是与参与者之间的相互联系、相互依赖的活动体系;该体系植根于其行动的环境之中,既依赖于与环境之间的交换,同时又由环境建构。简言之,组织被视为在环境的巨大影响下,有着不同利益关系的参与者的联合。

我们这里给组织下一个统一的定义:组织是人们为了达到某个共同目标,而将彼此的行为联合并协调起来所形成的社会群体。

与一般的社会群体比较,组织具有如下特征:第一,组织具有明确表达的共同目标。这一点对组织来说意义重大,通常人们主要根据共同目标来给组织下定义。第二,存在着为更高效率地实现群体目标而进行的劳动分工和权威分配,这些结构是制度化的。第三,权力相对集中于上层管理者的手中,他们使用权力控制组织成员的活动并将它们导向组织目标。第四,在组织内部具有普遍化的、正式的即书面明文规定的规章制度。第五,组织成员的更替通过制度化的方式和程序来进行。

由于这些特征,相对于其他社会结构而言,组织具有其独特的优越性。[1] 首先,组织比其他社会结构更具有持续性。稳定的内部制度、文化和正式结构,使组织在参与者不断变动的情况下,保持组织体系的持续性。这种持续性使组织比个人和其他群体能够更好地保存经验和技术。[2]

组织的第二个优势是可靠性。由于组织的形式化、权威结构、具体规章制度、强烈的文化色彩和具体机制的使用,组织擅长于重复地以同样的方式完成同样的事,从而提高了工作的可靠性。

第三个优越性是组织具有可控性。组织的行为发生在一定的规则范围内,这些规则为决策与行为提供了指导和合法性,为参与者对其行为的评价提供了理性基础。规则确保权力的行使得到限制。尽管形式化的理性模式具有局限性和缺陷,但是在这个非完美的现实世界里,为组织中的人们提供行为指导的各种规章制度仍然是值得称颂的。

2. 组织的构成要素

组织是由人所组成的集合体,但是这种集合体并非个人的简单的机械加总,组织所涉及的因素也并非只是人,而是多种因素;组织是通过一定方式把各种相

---

[1]　Hannan Michael T., and Glenn R. Carroll: An Introduction to Organizational Ecology, in *Organizations in Industry: Strategy, Structure and Selection*, ed. Glenn R. Carroll and Michael T. Hannan. New York: Oxford University Press, 1995. pp. 20~21.

[2]　周雪光:《组织社会学十讲》,社会科学文献出版社,2004年,第315页。

关要素结合起来而成的集合体。因此我们要描述组织和对各种组织进行比较,就有必要对这些构成要素以及它们之间的相互联系进行分析。

1965 年,美国组织学者利维特提出一种由社会结构、参与者(社会行动者)、目标和技术四个要素组成的组织"钻石结构"①。后来,斯格特又加入环境作为外部因素(见图 5.1),②因为组织是在环境中生存和活动的,它们的各个方面都受到环境的影响。环境对组织具有极其重要的影响,以至于对组织环境的关注成了20 世纪 60 年代后期以来组织研究的焦点,并出现了诸如资源依赖理论、种群—生态学理论、新制度主义等等以解释环境为目标的组织理论。③

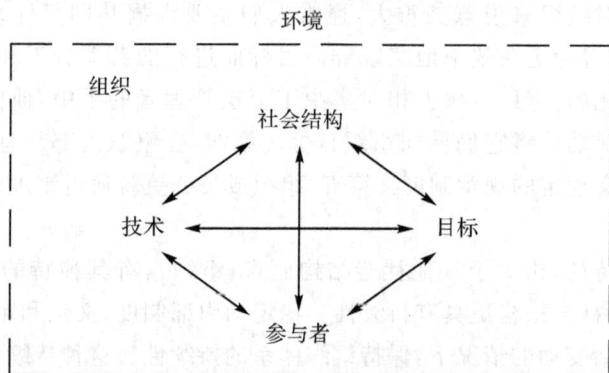

图 5.1 对利维特组织"钻石结构"的斯格特修正模型

在这些要素中,组织的"目标"一般指的是组织要达到的目的。对此所作的详细讨论我们留到第二节进行。"技术"是组织完成任务、进行工作所必需的各种工具、机器、设备和知识、技能等的总称。

"社会结构"指的是组织参与者关系的模式化和规范化,表现为组织的价值观、规章制度、角色期待等。在组织中,价值观体现在行为标准上;规章制度是普遍遵循的规则,用以规范人的行为以实现组织的目标;角色期待是评价具体社会地位的人的行为时所采用的期望或评判标准。社会结构要素是一种把各种要素联系起来的方式,它必须与其他要素相联系并通过其他要素才能发挥它的作用。

---

① Leavitt Harld J. Applied Organizational Change in Industry:Structural,Technological and Humanistic Approaches, in: *Handbook of Organizationgs*,*ed*.James G. March. Chicago: Rand McNally,1965,p.1145.

② 斯格特:《组织理论》,黄洋等译,华夏出版社,2002 年,第 16 页。

③ 提出这些理论的最初的论著,见 W. Richard Scott(ed):*Organizational Sociology*, Dartmouth,Publishing Limited,1994。本书收集了 20 世纪 60 年代至 90 年代后期发表的各种组织社会学理论的主要代表性论文。

组织的"参与者"是指那些出于各种原因、带着各种目的进入组织的个人。这些人的人口特征(例如年龄、性别、受教育的背景、民族/种族)会对组织产生重要影响;反过来,组织的结构特征也会影响到这些参与者。最重要的是,这些人是社会行动者,他们将通过自己的行动去实现他们自己的目的和愿望。正是通过他们的行为,组织得以建立;同样,组织任务的完成又决定于这些行动者对组织规则和权力的遵守和服从。总而言之,社会行动者有两个方面的作用:一方面保持组织的连续性,即结构的再生产;另一方面,也带来了变化,即创新和改革。

由于环境相对来说是外在于组织的,即使把它看做组织的一个因素,也不能说它是属于组织的。因此有必要另外单独讨论环境及其与组织的关系。

二、组织的环境

1.环境的概念

环境是指影响组织的各种外部因素。通常把它区分为一般社会环境与具体任务环境两类。其中一般社会环境指所有组织所共同面对的社会环境,包括技术条件、法律条件、政治条件、经济条件、人口条件、生态条件和文化教育条件等①,它们只对组织的内部运行构成间接影响。具体任务环境指某个组织所面对的特殊环境,它们对组织运行具有直接的影响。具体环境包括消费者、供应商、竞争者、政府管制、工会以及与该组织的运行和活动直接相关的技术等。

与上述分类不同,新制度主义组织理论把组织环境区分为制度环境与技术环境两大类。其中制度环境指与组织的活动相联系并且组织必须面对和遵循的有关社会规则和要求;技术环境指组织的运行所面对的技术条件和要求。这种理论认为技术环境制约组织的效率和效益,而社会环境则衡量组织活动是否具有社会合法性。它强调组织长期在相同或相似的环境中活动会导致一种他们称之为"同构"(isomorphism)的同化趋势②。

2.环境的特征

可以从不同的角度来分析环境的特征。美国学者汤姆森从环境的复杂程度和变化程度对环境进行交叉分类,得出平稳而简单的环境、相对平稳而复杂的环

---

① 卡斯特和罗森茨韦克:《组织与管理:系统方法与权变方法》,李柱流等译,中国社会科学出版社,1985年,第154页;Hall, Richard H. *Organizations: Structures, Processes, and Outcomes, Prentice—Hall.*, 1999, pp. 207~214。

② Scott W. Richard, and John W. Weyer. The Organization of Societal Sectors: Propositions and Early Evidence. in *The New Institutionalism in Organizational Analysis, ed.* Walter W. Powell and Paul J. Dimaggio. ,1991。

境、相对动荡而简单的环境和动荡而复杂的环境四种环境特征。①

阿尔瑞契则从环境容量(capacity,指环境中对组织而言的资源的多少或有效性)、环境的同质—异质性(即环境的相似或分化的程度)、环境的稳定—不稳定性(即环境的要素或构成成分的更替的程度)、环境的集中—分散性(即环境中的要素在地理区域上的分布范围)、领域的一致—不一致性(即环境中的不同组织所从事的生产或服务的领域是否相同或相似)以及环境的动荡性(turbulence,指环境受到日益增加的环境相互联系所干扰的程度)六个方面来分析环境特征。②

后来,有人把这六个方面缩减为三个方面:环境的丰裕性(munificence,即容量)、复杂性(complexity,包括同质—异质性和集中—分散性)和动态性(dynamism,包括稳定—不稳定性和动荡性)。霍尔则从环境特征(他称为环境的"分析范畴")与环境内容条件(content condition)两个层面来对环境进行交叉分析,认为每一个环境内容都可以从上述三个特征上来考察,见表5.1。③

表 5.1　环境指令度

环境条件	环境特征		
	丰裕性	复杂性	动态性
技术条件			
法律条件			
政治条件			
经济条件			
人口条件			
生态条件			
文化条件			

3.环境与组织之间的关系

那么,组织和环境之间是如何相互影响的呢? 在现实中,我们也许很难区分究竟哪些是组织对环境的影响,哪些是环境对组织的影响,而且在理论上也存在许多争论。例如,权变理论和资源依赖理论强调组织有意识地采取各种方法和步骤去适应环境,通过改变组织结构以更好地符合环境的要求。而种群生态理论则

① 参见钱平凡:《组织转型》,浙江人民出版社,1999 年,第 212 页。

② Alrich, Howard E.: *Organizations and Environments*. Englewood Cliffs, NJ: Prence Hall, Inco, 1979. pp. 63~69.

③ Hall, Richard H.: *Organizations: Structures, Processes, and Outcomes*, Prentice-Hall., 1999, p. 217.

强调组织的结构惯性,认为大多数组织很难改变自己的结构,因此如果环境改变了,组织就会面临严重的生存问题,原有组织就会消失,新的组织就会出现。因此,种群生态理论注重的是环境对组织的选择和淘汰,而不是组织对环境的适应。下面,我们从两个方面来讨论。

(1)环境对组织的影响

环境对组织的影响,一般要通过影响组织的主观认识而影响组织,但在许多情况下,不管组织在主观上是否有所认识,环境的影响客观上是必然存在的。当然,在现实中,这两个方面往往相互关联并且很难分开。

首先,环境的影响通过组织对环境的感知和注意而产生。组织中的人,特别是管理者对环境的感知在环境影响组织的过程中具有重要意义。霍尔说,"作为信息的环境进入组织中是服从于已经被识别过的沟通和决策的问题,环境的信息是将被处理的信息"[1]。也就是说,是一个组织选择那些它将要处理的环境的方面。不同组织对环境压力感知的敏感性是不同的,这与一个组织对其环境的依赖性存在联系。一般说来,组织对环境的实际依赖越大,那么它对环境压力的感知就越敏感。例如,一个有着强大的财经资源的组织对经济波动的敏感要比没有财经资源的组织的敏感要小。当一个组织对环境敏感时,它就会对环境作出反应。对环境过于敏感的组织,如果它不能成功地革新,那么它面临的失败风险就更大。

组织通过设定环境特征来认识环境。维克提出的"设定"这个概念,强调管理者对环境的许多"客观"特征进行建构、重组、挑选甚至破坏,它是主体在一定程度上与客体相互作用并构成客体的过程。通过这个过程,组织降低或消除环境的不确定性或模糊性,从而改变环境。在此基础上,马奇等人又引入了"注意力结构"概念。这个概念关心的是组织决策者如何以有限的时间和精力分配其注意力。研究发现,决定决策者注意力的因素有最后期限、他人的创造精神、明确界定的选择权、失败的根据、个人的职位和身份、组织规则、关于不确定性的信息等。[2] 另外,组织结构对建构组织的注意力也具有重要性:组织的注意力集中于某些通过自己的信息系统搜集和加工的信息,因而必然限制了组织对其他方面的信息的注意。

其次,不管组织是否认识到环境的影响,环境的影响也必然会产生。

我们不能从上述分析得出这样的结论:所有环境都是被感知和设定的。因为无论组织是否对环境有所认识和理解,也不论这些认识和理解的程度如何,环境都会对组织产生客观的影响。其一,每一个组织都在某些方面和一定程度上依赖

---

[1]　Hall, Richard H. *Organizations: Structures, Processes, and Outcomes*, Prentice-Hall, 1999, p. 217。

[2]　斯格特:《组织理论》,黄洋等译,华夏出版社,2002 年,第 130 页。

于它的环境。从组织是一个开放系统这样的观点来看,没有哪个组织是可以自给自足的,任何一个组织都需要从环境中输入自己所需要的各种资源,例如人力资源、资本、技术等等。其二,不管组织是否认识、主动接受来自环境的要求或压力,环境都要对组织提出某些要求和施加某些压力。其三,一般情况下,组织会主动接受环境的要求和约束,因为组织本身就是一种社会系统。按照功能主义的观点,组织作为一个社会系统,意味着它具有任何一个社会系统都具有的基本性质:组织是更大的社会系统的一个功能子系统,那个更大的系统构成了组织运行的环境;组织的特征将决定于它在其中运行的社会环境。[①] 当然,组织并非每时每刻都能够做到循规蹈矩,当资源稀缺或外部监控较弱时,组织也可能采取一些非法的行为。实际研究发现,在宽松的环境中,大公司更可能发生非法行为。其四,环境对组织的影响还表现为组织的环境嵌入性和环境对组织的渗透上。组织的环境嵌入性,是受到经济的社会嵌入性概念的启发而提出的一个概念。按照格兰诺维特等人为代表的新经济社会学家的核心观点,经济的社会嵌入性是指一切经济活动和经济形式都受其所在的社会结构的限制和决定,经济行动是社会行动的一种类型、经济制度是社会制度的一种类型、经济制度是一种社会性的建构。[②] 同样,组织也是被嵌入到社会环境中的,组织的结构和活动也都受到它所在的社会环境的限制和决定。环境中的各种制度性因素,例如社会信念、概念范畴、组织模式等,都会渗透到组织中,被组织所吸收。

(2)组织对环境的影响

首先,组织可以通过选择环境来应对和控制环境。组织可以改变产品或服务,可以退出某桩生意而参与另外生意,或在保留原有经营活动的同时增加一些新的活动,从事多种经营。总之,它会采用各种策略去应对、控制环境。

其次,组织能够建构环境。对于规模大而强有力的组织来说,这种影响是十分明显的。例如,一些组织试图通过广告来影响环境对其产品的需求。组织通过与供应商或批发商签定合同来减少某些不确定性,甚至可以通过有关合并或取得重要的竞争者或交易伙伴来改变与环境的关系。组织还可以通过游说、获取有利的法规或反对某些规章、寻求某种特许或委托代理权等方法来影响制度环境。

三、社会组织的起源

社会组织是如何产生的?准确地说,人类最初是怎么会想到把个人结成组织这样一种办法的?由于人类有一段很长的史前历史,而有文字记载的历史只是人

---

① 帕森斯:《现代社会的结构与过程》,梁向阳译,光明日报出版社,1988年,第17页。
② 朱国宏主编:《经济社会学》,复旦大学出版社,1999年,第110页。

类历史长河中的很短暂的一段,因此我们很难确定组织起源这个问题。但是我们可以把这个问题转换成另外一个问题:人类为什么需要把无数个个人结合成组织?或者说,人类没有组织不可以吗?前面我们说到组织的优越性时已经涉及了这个问题,下面再介绍一下对于这个问题的几种解释。

1.分工协作的高效率

关于组织起源最广泛和最有说服力的观点是劳动分工论。这个观点的经典论述来自政治经济学家亚当·斯密1776年对别针生产的著名论述。他观察到,一个非熟练工人,即使竭力工作,也许一天也制造不出一枚别针来,但是如果将这个工作分解成若干部分,就会产生非常不同的结果。他所观察的这家作坊把整个别针的生产过程分为18个专门的工种,每个人只从事其中一种或两三种工作,结果10个工人每人每天就可以生产出4800枚。为什么分工能够提高生产率?他认为原因有三:第一,劳动者的技巧因专业而日进;第二,由一种工作转到另一种工作,通常须损失不少时间,而分工则可以免除这种损失;第三,许多简化劳动和缩减劳动的机械的发明,使一个人能够做许多人的工作。① 劳动分工和专门化并非只局限于生产组织,其他组织也同样存在。例如韦伯就特别强调科层制中技术专家与官员之间的固定分工,并认为这是科层制比传统组织更有效率的重要原因。② 分工是如此的重要,以至于组织理论家古力克说:"劳动分工是组织存在的基础,甚至是组织产生的理由。"③

2.降低交易成本

这是经济学的交易成本理论的观点。交易成本理论源于康芒斯1934年出版的《制度经济学》,后在科斯1937年发表的《企业的性质》一文中得到重大发展;而威廉姆森在《市场与等级体系》(1975)、《资本主义经济制度》(1985)等著作中,赋予交易成本理论以新的含义并使之系统化。这种理论的目的就是要解释组织的存在和运作。它对组织(企业)起源的解释有着深远的影响。在交易成本理论看来,企业起源于市场的失败。它认为,市场作为一种交易的协调机制,在有限理性、机会主义行为、环境不确定性和参与者的小数目等因素的综合作用下会失灵。企业组织就是为了解决市场的失败问题而产生的。企业组织之所以能够解决引起市场失败的问题,是因为:(1)企业组织通过决策的专业化和沟通费用的节约来

① 亚当·斯密:《国民财富的性质和原因的研究》上卷,商务印书馆,1972年,第6、8页。

② 韦伯:《经济与社会》上卷,林荣远译,商务印书馆,1997年,第248页。

③ Gulick L and L Urwick. *Papers on the Science of Administration*. New York: Institute of Public Administration,Columbia University,1937,p. 3. 此引自斯格特:《组织理论》,黄洋等译,华夏出版社,2002年,第144页。

降低理性有限性的影响。(2)企业组织提供各种激励和控制技术,从而可以对付机会主义。(3)企业组织用协调的方式使相互依赖的单位之间具有可预见性,从而减少彼此之间交易的不确定性。(4)企业组织通过命令来解决小数目者讨价还价的不确定性。(5)企业组织通过审计等手段促进了内部信息的沟通,从而缩小了自主单位获得信息的差异。(6)与市场不同,企业组织之间的交易不仅仅是基于算计,它们之间存在更多的共同目的,因而更能够获得令人满意的氛围。正是这一切,使企业与市场不同,在某些交易上比市场更有优势,更能够节约某些交易成本。① 但是注意,组织和市场都各有其优势,也都各有其劣势,它们之间是一种互补的关系,而不是替代关系,不能任意和无限地看待组织相对于市场的优势。

3. 监控代理人

经济学的代理理论认为,组织的出现是为了支持和维持复杂的协作系统。代理理论源于这样一种情形:当两个或更多的人为一个共同的任务而工作时,每个人如何能够确定其他人也做了同样的工作?换成代理理论的语言,被称为委托人的一方试图达到某种结果,需要作为代理人的另一方予以帮助才能实现。但是因为双方都有自己的利益,而且有可能他们的利益之间是矛盾的。那么,如何来设计一种结构,能使双方的合作得以实现?这就涉及建立组织的问题。在组织中,建立特定的激励系统使代理人的利益决定于服从委托人的利益;也就是说,代理人通过服从委托人利益的程度来获得奖赏,从而使双方追求自身利益的行为能够限制在双方都可以容忍的范围内。当然,建立组织本身的代价很大,因此怎样以最低的成本建立和维持组织就成为一个关键的问题。

4. 对生态系统的模仿

当代法国哲学家、社会学家莫兰认为社会组织起源于人类对作为"生态系统"的环境的规律的把握和模仿。他指出,社会的组织来自人脑所具有的组织上的潜在可能性,但不是自然而然产生的;这些潜在的可能性只有与外部世界即环境发生交互作用时,才会发生作用。环境是个"生态系统",它不仅以随机的或偶然现象的形式表现出来,也以有规律的、周期性的(日夜的交替,天体运行,季节周期,生物刻板的、具有礼仪性质的行为)现象的形式表现出来。一些周期性的运动,首先是太阳和月亮的运动,变成了信号、符号,并构成了组织原则。社会组织有一部分就是人类掌握了"生态系统"的客观规律和常数而创造出来的。作为"生态系统"的关键之所在的太阳和月亮,就这样变成了社会系统的关键之所在。太阳和月亮不仅是外部的时钟,也调节着社会内部的新陈代谢。按照太阳或月亮的运动

---

① Williamson Olive E. *Markets and Hierarchies*;*Analysis and Antitrust Implications*. New York:Free Press,1975,p. 257.

确定的历法,在事件的进程中不仅可以作为一种标志,也起着确定和启动社会生活周期的作用。对人类社会与自然之间联系的把握和理解,过去是由占星术来表达的。但是,按照科学的立场,占星术是非科学的东西,是根本不值得采信的,因此,莫兰认为,如今我们已经忘记了或不再相信人类社会组织的首要原则是在天上。①

四、现代组织的出现

1.现代社会结构与前现代社会结构的区别

只有在现代工业化社会里,组织才处于统治地位。作为一种无处不在的、具有重要意义的社会基础,组织的出现、扩散和联合,是一场巨大的社会变革,并由此将现代社会与前现代社会区别开来。但这并不是说,现代社会之前的社会结构是无组织状态。事实上,前现代社会在某些意义上还表现出更高的秩序性。因此,二者的对比只是基于不同类型的、有序的社会结构之间,而非在有序与无序的社会结构之间。现代社会结构与前现代社会结构的主要差别可以从两个方面来看:一是个人与团体之间的关系;二是团体之间的关系。②

在前现代社会,社会团体(如庄园、行会、村庄)控制着它的成员,并对他们拥有绝对的权威。个人享有的权利和利益都来自其成员资格。而且团体本身也是按照严格的等级制度组织起来的,组织的独立性不高,存在各种依附关系。

随着时间的缓慢推移,这些关系也在逐渐改变。最后,到现代社会,团体不再控制它的个体成员,而只控制所有者或投资人投入的特定资源;不再完全支配其成员,而只支配那些同意成为它的参与者或代理人的人,并通过契约与其订立具体的行动范围。个人只是部分地卷入到这些组织中,与此同时个人往往归属于多个团体。同样,这些组织之间的依附关系没有了,而是能够比较独立地运作,为赢得个人的忠诚和资源而相互竞争。

2.有利于现代组织出现的社会条件

那么是什么引起这些变化?组织学者斯廷奇康比在韦伯、涂尔干、帕森斯、艾森斯塔特等人的研究成果的基础上,指出现代组织的发展得益于现代社会的一些普遍的社会因素的帮助。他认为,这些因素主要有:(1)教育的发展。个人受不断增强的读写能力的促使而加入组织,这种能力又推动对新角色的学习,并加强了人们对法律和规则的遵守和对记录的保存。(2)城市化。城市化也促进了个人对组织的加入,因为城市化加剧了社会的分化,并且促进了用于调节陌生人之间关

---

① 莫兰:《社会学思考》,阎素伟译,上海人民出版社,2001年,第309页。
② 斯格特:《组织理论》,黄洋等译,华夏出版社,2002年,第140~141页。

系的机制的形成。(3)货币经济。它解放了资源,使经济关系变得与个人无关,并且简化了收益与未来状况的计算。(4)组织革命也促进个人加入组织,打乱了传统利益的正常秩序,并解放资源使其具有新的价值,等等。①

第二节 社会组织的目标

我们通常主要是根据组织目标来定义组织的,由此可见组织目标对组织所具有的重要意义。首先,组织目标是组织的灵魂。组织是依靠特定的目标来维持其存在的,组织内部的一切活动也是围绕着目标而进行的,它是组织活动的依据。其次,组织目标是确定组织活动路线的基础。对内,组织在制定和贯彻路线、方针和战略时,要以是否有利于组织目标的实现为准绳;对外,组织目标是使社会认识和了解这个组织,并决定是否及如何与这个组织发生关系的依据。再次,组织目标是衡量组织效率与效益的标准。因此认识组织目标是认识组织的一个重要方面。本节讨论组织目标的概念、组织目标的确定和评估三个问题。

一、组织目标的概念

不同的人对组织目标有不同的看法。我们这里直接给组织目标下一个简单的定义:组织目标就是组织所希望并努力去实现的未来状态。

每个组织不会只有一个目标,而是有多种目标,这些目标相互联系成为一个目标体系。从不同的角度可以对组织目标作出不同的划分。

从结构上划分,包括组织的总目标、分目标和岗位目标。组织总目标通常被称为组织的宗旨或使命,是组织最高领导层以及全体组织成员的共同目标。使命描述组织的理想(vision)、基本价值观、信念和存在的原因,它对组织具有强有力的影响,是对组织力图实现的结果和范围的正式说明,所以又叫官方目标。组织的分目标即组织内部各个单位、部门的具体目标。岗位目标即组织内部各个单位、部门中的具体岗位的目标。

从时间上划分,组织目标包括长远目标、中期目标和短期目标。一般把组织在 5 年以后要实现的目标称为长远目标,2~5 年的目标称为中期目标,2 年内要实现的目标称为短期目标。当然这些时间界限并非是绝对的。

从目标对组织的重要性进行划分,有主要目标与次要目标之别。当然这种区分也是相对的,何为主要何为次要,要根据组织的宗旨以及组织在不同时期所面临的主要任务和问题来决定。

---

① 斯格特:《组织理论》,黄洋等译,华夏出版社,2002 年,第 142 页。

在认识组织目标时,一定要注意这样一个事实:组织内部不同单位、部门和个人之间的目标会存在差异甚至冲突,而且组织的目标可能与外部环境的目标存在冲突。因此,在现实社会生活中,组织目标的确定和实现,对组织内部各方以及社会环境中的各个社会行动者来说,并非都是一致的。组织学家卡斯特和罗森茨韦克曾经指出要注意环境层次——社会环境强加于组织的限制、组织层次——作为一个系统的组织和个人层次——组织的参与者,这三个不同的层次的力量在目标上可能存在的差别和冲突对组织目标所造成的影响,认为如果组织要生存下去,它就必须在这三个层次的目标之间存在和形成最低限度的一致性。[①]

二、组织目标的确定

组织目标是如何确定的? 首先看组织目标确定的过程。

不同组织因内部和外部情况的不同,其目标的确定的过程也不同。但一般来说,组织目标的确定要经过这样一些基本步骤。首先,是掌握情报信息。这里既要清楚组织内部的基本情况,也要了解外部环境。实际上这两个方面是密不可分的,因为内部情况是相对于外部环境而言的情况,如果不了解环境情况,是难以知道本组织在环境中的地位的;反之亦然。第二步,在此基础上,初步拟订目标方案。初步目标方案一般有几个,可供选择。第三步,评估目标方案。主要是比较提供的每一个方案是否恰当和是否具有实现的可能性。第四步,确定最终方案。

其次是组织目标确定的原则。一般说来,组织目标的确定应该遵循三项原则[②]:一是互惠原则,即目标对所有参与者都有利。二是评估原则,即运用能够进行测量的技术特征以评估目标的实现程度。制定的目标必须具有可度量的特征,不能笼统和抽象。三是选择原则,即组织在确定目标时要遵循最优目标的科学程序。这些程序包括正确阐明组织目标的意图,详细说明目标之间的关系;说明目标的重要性,并制定详细的目标战略;确定实现目标的行动计划,使目标具体化和操作化;确定测量工作执行情况的衡量标准;分析和预期可能会发生的问题,使目标具有灵活性和伸缩性;执行目标所需要的各种资源的预算;选择组织目标与个人目标相互作用的方式;建立一套考评机制以对目标实现情况进行科学评估。

三、组织目标实现评估

我们如何知道组织目标是否实现和实现的程度? 不同组织评估自身目标实现的标准和体系是存在差别的。但一般来说,对现代组织目标实现的评估应该考

---

① 卡斯特和罗森茨韦克:《组织与管理:系统方法与权变方法》,李柱流等译,中国社会科学出版社,1985年,第180~181页。

② 于显洋:《组织社会学》,中国人民大学出版社,2001年,第105页。

虑三个层次的标准。这三个标准是：有效性标准、效率标准和人道主义标准[①]。

1. 组织目标的有效性标准

组织的有效性指的是组织实现其目标的程度。[②] 有效性的测评，要考虑组织本身的需求和目标，但从根本上来说，决定于组织是否和在多大程度上满足了它所服务的对象人群的需要。例如，政府等公共组织所提供的服务是否和多大程度上是公民和有关组织所希望的；企业所提供的产品或服务是否和多大程度上是消费者希望的那种质量、数量和价格。有效性是组织目标首先评估的普遍性标准，它告诉我们组织是否达到了预期的目标，并告诉我们这些目标是否直接或间接地与组织的主要受益人群相关。

在认识组织目标实现的有效性时，有必要对"有效性"和"效能"作出区分。组织理论家和管理大师巴纳德认为这种区分是极其重要的：当组织的行为达到了某一追求的目标，该行为是"有效的"，但有效的不一定是"有效能的"。如果该行为所产生的"未追求后果"比"欲追求的结果"更为重大而且是消极的，那么即使该行为虽然是有效的，但却是"无效能的"。如果未追求后果是不重要的或微不足道的，则该行为才是"有效能的"。[③] 也就是说，在衡量组织的有效性时，要考虑到是否有消极后果以及这些消极后果的影响有多大。

不过，在现实中对有效性进行评估并非是件容易的事情，因为有些组织（例如政府）的目标本身就很笼统、含糊，因此测量起来不容易。所以，对各个组织而言，为了使自己的目标实现评估更具有可操作性，应该在制定组织目标时要尽可能地细致和具体。

2. 组织目标的效率标准

效率是一个比有效性更有限的概念。它指的是组织的投入、耗费与它的产出、结果之间的比较关系。它用投入产出率来衡量。产出率越高，说明效率越高；反之，产出率越低，则效率越低。

效率和有效性之间并不存在必然的联系。效率不一定产生有效性，一个组织可能具有效率但不能实现其目标即没有有效性，因为它生产的产品或提供的服务可能是不需要的。同时，有效性也不一定带来效率，一个组织可能实现了目标但可能是缺乏效率的，因为他是通过大于产出的投入即损失来实现的。通常所说的

---

① 鲁品越编译：《社会组织学》，中国人民大学出版社，1989 年，第 207～211 页。

② Etzioni Amitai. *Modern Organizations*. Englewood Cliffs, NJ; Prentice Hall, Inc., 1964，p. 8.

③ 巴纳德：《经理人员的职能》，孙耀君等译，中国社会科学出版社，1997 年，第 16～17 页。

"不计一切代价"就是这个意思。

对于组织的生存和发展来说,这两个标准都是要达到的。如果一个组织仅仅顾及有效性,而不顾效率,在亏本的状态下运行,那么短期内是可以的,但不可能长期如此。同样,如果一个组织仅仅考虑效率而不顾有效性,即通常所说的只算经济账而不管是否实现目标,那么组织的运行就失去了它存在发展的实质性意义,毕竟,归根到底效率只是达到实质性目的的手段或阶段性目标。所以,如何处理好有效性与效率两者之间的关系,是组织目标实现的评估乃至组织的一切活动都必须认真对待的。

3. 组织目标的人道主义标准

注重人的需要和要求,即人道主义标准,是 20 世纪后半期组织管理和研究的一种趋势。各种社会力量和法律迫使组织及其管理者要认真对待作为个人的组织成员,要承认他们的特殊需求和愿望,要求每个组织都要遵循人道主义标准,履行自己应尽的人道义务。应该说,人道主义标准既是生活在社会大环境中的组织员工对组织及其管理者所提出的要求,也是组织所在的社会环境对所有组织所提出的一般的、共同的要求。而且,在全球化逐渐深入的背景下,这些要求就不仅仅只是一个地方、一个民族—国家范围的社会要求,而且是全世界的人类已经达到的文明水平所提出的要求。

人道主义标准要求组织及其管理者要修正组织的效率和有效性标准及内容,充分考虑组织成员作为人的基本要求;要求组织及其管理者改变过去那种把员工只当成经济人、甚至更严重地把员工只当做劳动机器的看法和做法,以社会人来对待员工,并满足他们作为社会人的各种要求;要求组织和它的管理者要根据社会环境和时代的发展变化,来提高本组织内部的人道主义标准。

因此,在当代,组织和它的管理者所面临的任务,不仅是要处理好组织的有效性与效率之间的关系,而且还要正确处理有效性、效率与人道主义之间的关系。这就意味着对组织和它的管理层发生实际影响的社会环境越来越宽广了,而且它们的影响力也越来越强大了。

第三节　社会组织的结构

组织结构是指组织内部构成要素之间相互联系的相对稳定的方式。每个组织都有自己的正式结构,同时也会伴生出非正式结构。因此对组织结构的认识必须从这两个层面进行研究。

一、组织的正式结构

1.组织正式结构的定义和内容

正式结构是指由组织制度明确规定的组织内部结构,主要涉及组织对工作任务的分工、协作以及权力的划分和制衡。它主要通过规则、角色和权力关系来联系。

组织正式结构涉及六个关键内容[①]:

专门化:把任务分解成多少各自独立的工作是工作专门化或劳动分工所涉及到的问题。它的实质是:不是由一个人完成一项工作的全部,而是把工作分解成若干步骤,每一步骤由一个人独立完成。每个人所从事的只是工作活动的一部分。

部门化:对工作进行分组的基础是什么?分成多少个部门?一旦通过工作专门化来完成任务细分之后,就需要按照类别对它们进行分组以便使共同的工作可以进行协调。工作分类的基础是部门化。部门化可以根据活动的职能,也可以根据产品的类型来进行,还可以根据地域或顾客的类型来进行。

命令链:谁向谁汇报工作?它是一种不间断的权力路线,从组织顶层扩展到最底层。它要求发出的命令得到执行,也要求命令的统一性,即一个人应该而且只对一个主管直接负责。

控制跨度:一位管理者可以有效地指导多少个人?如果多,说明管理跨度大,反之则管理跨度小。

集权与分权:决策权放在哪一级?如果决策权集中于一个人或一个层级、部门,则集权的程度高;反之,如果决策权分别于不同的个人或层级、部门,则分权的程度高。

正规化:又称为形式化。指组织在多大程度上利用规章制度来约束管理者和一般员工的行为,也就是说,组织中的工作实行标准化的程度。

在现实中,各个组织采取什么样的组织结构,是一个实践问题,没有一种被认为是最好的、最有效的组织结构。而且,一个组织在不同的时期可能采取不同的组织结构,而一个曾经被实践证明是好的组织结构可能在另一个时期却是无效的。

2.组织正式结构的形式

迄今出现的组织正式结构,究竟有多少种形式?根据不同组织在正式结构内

---

① 罗宾斯:《组织行动学》,孙建敏、李原等译,中国人民大学出版社,1997年,第423页;达夫特:《组织理论与设计精要》,李维安等译,机械工业出版社,1999年,第8页。

容上存在的程度差别,我们把迄今已经和正在出现的各种组织正式结构划分为三种形式:简单结构、科层制结构和新型组织结构。

(1)简单结构

简单结构是小型组织常用的结构形式。它的特点是,不复杂,内部部门分化程度很低,管理和控制的跨度宽,权力集中在一个人手中,正规化程度较低。它是一种扁平式组织结构形式,通常只有 2~3 个垂直层次,员工之间的联系也比较松散。

简单结构的优点在于它的简单。它简便易行、反应敏捷、费用低廉、责任明确。它的缺点在于这种组织结构形式很难适用于大型组织。因为随着组织的扩展,这种组织结构形式由于正规化程度低,高度集权导致信息滞留于组织上层,使组织的决策日渐迟缓甚至停滞。它的另外一个不足在于它的风险性:一切都取决于一个人,如果这个人发生错误,就会给组织造成灾难性的后果。

(2)科层制结构

科层制(bureaucracy),又译为官僚制,虽然这个词早就存在,但只是在韦伯对它进行系统讨论后才成为一个专门的术语。在《经济与社会》一书中,韦伯是把它作为现代社会理性化的一种典型的组织形式提出来的。在讨论统治类型时,韦伯把统治定义为在一群人所组成的群体中,命令得到服从的机会。[①] 那么统治的手段是什么? 即命令是如何得到它所指向的人的服从的? 或者反过来说,人们是根据什么来服从一项命令的? 人们服从命令时服从的是什么? 韦伯把使人们愿意服从的命令称为权威,并区分出三种类型的权威:传统权威、个人魅力(直译卡理斯玛)权威或法理权威。他认为,现代社会的组织结构就是依据法理性权威而建立起来的,并把这种组织结构称为科层制。

按照韦伯的观点,科层制作为一个正式、理性地组织起来的社会组织结构,具有以下主要特征:明确的劳动分工以及高度的专业

"在技术的意义上,科层制是实施统治的最合理、最完善的形式。"

——马克斯·韦伯
(Max Weber)

---

① 韦伯:《经济与社会》(上卷),林荣远译,商务印书馆,1997年,第238页。

化,每一个人都有效地履行各自的职责;工作范围内的权威等级制度,每一个职员都能够在上级面前对自己和自己下属的决定和行为负责;明确规定的、正式的规则系统,规定了组织中的每一个成员的职责和相互关系;非人格化,确保公职人员平等公正地对待所有的人;组织中的每一个人员都必须符合特定的技术要求,而且不能被随意地解雇等。①

科层制组织结构的主要优势是它的高效率,即能够高效率地进行标准化操纵。它对组织中低层管理人员的创新能力、工作经验等的要求不高。另外,按照它的理想状态来讲,它也具有保障公正、防范徇私舞弊的优点。

但是科层制的不足在于,第一,专门化可能导致各个部门之间的冲突,部门的目标有时会凌驾于组织整体目标之上。第二,规范化也会带来对规则的过分遵从,而导致手段与目标的置换。第三,正如韦伯早就指出过的,官僚制具有信息垄断、抗拒变迁、行为专断的缺点。

(3)新型组织结构

因为科层制存在这些缺陷,所以人们一直在攻击它,并探索创建新的组织结构形式。这些新的组织结构形式有很多种,这里主要介绍团队组织和虚拟组织。②

当管理人员运用团队作为协调组织活动的专题方式时,其组织结构即为团队结构(team structure)。它的主要特点是,打破部门界限,并把决策权下放到工作团队成员手中,而这些员工也被要求既是全才又是专才。从实际来看,在小型公司中,可以把团队结构作为整个组织的形式。而在大型组织中,团队结构一般作为典型的科层制结构的补充,这样做的目的是既能够得到科层制结构标准化、高效率的好处,又可以因团队的存在而增强组织的灵活性。

虚拟组织的特点是通过契约关系把组织基本职能都移交给外部力量,组织的核心只是一小群管理人员。这些管理人员的工作是集中精力做好自己最擅长的业务,直接督察组织内部的经营活动,协调本组织进行生产、分配以及其他重要职能活动之间的关系。实际上,虚拟组织的主管人员主要是通过计算机网络联系的方式,把大部分时间和精力用于协调和控制外部关系上。这种组织结构形式的主要优势在于它的灵活性。

---

① 韦伯:《经济与社会》,林荣远译,商务印书馆,1997年,(上卷)第248、242~251页和下卷第九章第二节;布劳和梅耶:《现代社会中的科层制》,马戎等译,学林出版社,2001年,第17~21页。

② 罗宾斯:《组织行动学》,孙建敏、李原等译,中国人民大学出版社,1997年,第434~436页。

二、非正式结构

组织的正式结构总是以非正式结构为补充的。组织的非正式结构指组织内部一定数量的个人之间经过长期工作和生活的相互交往而形成的社会群体。因为这种关系不是由组织的制度规定建立的,也不受到制度的规范和保护,因此被称为非正式结构。从非正式结构或群体的内部来看,它通常有自己的自然领袖,有一系列的群体目标,有自己的群体规范。

在组织研究历史上,对非正式结构的正式关注,与 20 世纪二三十年代由梅约等人主持的霍桑实验有着密切的关系。这个实验最大的发现有两点:一是发现组织中工人并非只是理性的经济人,而是有着各种动机和价值观的复合体,他们同时受到感情、情绪和利益的驱使。二是发现工人并非单独的个人,而是社会团体的成员,对团体具有强烈的义务和忠诚,在组织中工人之间的非正式关系对工人的思想和行为有着重要的影响。

但是对于非正式结构的功能是好是坏,一直存在着争论。简言之,既有积极作用,也有消极影响,这要看它针对的是组织的哪个层次或群体而言。我们把它的作用区别为积极的和消极的,然后看对谁和什么是积极的或消极的。[1]

首先它对一般员工有积极意义。它可以为这些人提供另外一种宣泄的途径,以减轻工作中的单调、厌烦和疲劳等;它通过在非正式结构中的较高的或受人尊敬的地位而给那些在正式结构中地位低下的员工提供另外一种补偿;另外,非正式结构中的非正式性本身可以使人们获得独立和自由发展的机会。

其次,它对管理者也有正面作用。由于它具有灵活性,可以通过私人关系网络办理一些组织正式渠道所难以做到或不能快速做到的事情,从而帮助管理者完成工作任务;非正式结构有助于组织适应千变万化的社会环境,否则组织效率可能降低、目标难以完成;如果管理者能够恰当利用非正式结构中的宽松、信任、友好的特点,则可以提高组织的工作效率。

然而在有些情况下,非正式结构也产生消极性影响。例如,如果非正式结构变成了一个强大的利益集团,足以左右组织的行为,并且这个集团的目标和利益正好是危害组织整体目标和利益的,那么这将对组织产生灾难性后果。还有,如果非正式结构的规范对其成员的影响很大,以至于超过了对组织正式规范的遵从,那么非正式结构的存在将会削弱正式规范的权威性格。

---

[1] 于显洋:《组织社会学》,中国人民大学出版社,2001 年,第 187~189 页。

第四节　社会组织的消极后果

如前所述,现代社会是高度组织化的社会,我们的一切事务几乎都是由组织来承担的,可以说,离开了组织,现代社会的生活将不可设想。但是,与此同时,组织也给我们带来了许多问题。在本章最后一节,我们专门来讨论组织的消极性后果。我们这里只讨论三个现象:异化、寡头统治和组织目标置换。说这些现象是消极的,是针对特定的对象而言的。针对参与组织的人们来说,异化是一种消极现象,因为参与组织和组织的运行偏离或损害了这些人的需要;针对基于彼此的共同利益而建立组织的人们即组织的委托人而言,寡头统治是一种消极现象,因为组织的运行不能服务于委托人的利益;而针对组织的根本或整体目标来说,组织目标置换是消极的,因为组织的运行偏离了或损害了组织自身的根本利益和整体利益。下面,我们来进一步讨论这些问题。

一、异化

长期以来,学者们投入许多时间和精力来研究组织对参与组织的个体特征的影响。他们指出,组织生活对个体参与者造成了许多有害的影响。"异化"就是一个重要的消极影响。

异化(alienation)指既来自人自身也来自社会的丧失和离异。但因为马克思对资本主义组织的异化分析的巨大影响,自他之后,异化这个概念就基本上特指资本主义社会条件下产生的工人对社会和经济过程控制的丧失和离异。[①] 在《1844 年经济学—哲学手稿》中,马克思认为异化是资本主义经济关系和社会关系所特有的现象,也就是说,异化的根源在于资本主义私有制。他论述了在资本主义条件下的四种不同的劳动异化形式:(1)劳动者同其劳动产品相异化,即劳动者的劳动成果被他人(资本家)所占有;(2)劳动者同劳动过程自身相异化,劳动不仅不是劳动者自我实现的一个领域,反而成了被迫的行为;(3)劳动者同他人相异化,因为资本主义的社会关系实质上是竞争关系;(4)劳动者同自己的"类本质"即人类的本质特征——与动物比较,人类能够有意识地控制环境——相异化。[②]

当代美国社会学家西曼在《论异化的涵义》(1959)、《异化研究》(1975)两篇文章中区分出六种异化[③]:(1)权力丧失,即对事件几乎没有控制权;(2)意义丧失,

---

①　迈克尔·曼:《国际社会学百科全书》,袁亚愚等译,四川人民出版社,1989 年,第 11~12 页。

②　马克思:《1844 年经济学—哲学手稿》,人民出版社,2000 年第 3 版,第 50~64 页。

③　斯格特:《组织理论》,黄洋等译,华夏出版社,2002 年,第 309 页。

即对个体和社会事物缺乏理解力;(3)规范丧失,即用未经社会认同的手段去实现目标;(4)文化隔离,即拒绝普遍坚持的价值观和规范;(5)自我隔离,即从事那些从本质上讲并不有利的活动;(6)社会隔离,即排斥或拒绝。西曼认为,无权和自我隔离是工作场所中最有意义的两种异化,这与马克思的观点最吻合。

后来,布劳纳在《异化与自由》(1964)一书中发展了西曼的这一观点,主张是生产技术的不同形式导致了不同程度的异化。在手工劳动比例较高的地方,异化程度远远低于大规模生产的企业。而在生产高度自动化的生产线中,人们对异化的感觉也不很突出。根据他的"异化倒 V 型曲线"规律,随着工业化的兴起,异化的作用在量上迅速增长,并在典型的手工劳动成为一种分工协作的整体的地方上升到顶点。而随着自动化生产的出现便开始下降。这种情况发展的必然结果,很可能是社会内聚力和社会和谐的普遍增长,因为劳动者将被整合到工厂的社会结构之中,这样,他们将会发生某种责任感、安全感和较多的劳动满足感。他的这种观点因为带有明显的技术决定论而受到了批评。[1]

关于异化的研究和争论还在进行中。总的来说,对异化的讨论基本上是把它作为一个组织内部问题来对待的,而且都承认工作性质和工作环境确实能够对人的个性造成重大的影响,这是大家的共识。但是已经有人对异化的根源提出了异议。例如,斯科特就强调,"一方面我们主张组织不应该是异化的源头,也不应该是与其参与者保持隔离的源头。但另一方面,我们也不赞成把组织作为当代社会的意义、道德、社会整合的中心舞台"[2]。虽然他没有直说,但我们可以推测他的言外之意是,我们应该从更宽广的社会条件来讨论异化问题。

二、寡头统治

德国政治社会学家米歇尔斯在 1911 年出版的《现代民主制度中的政党社会学》一书中提出一种使他一举成名的"寡头统治铁律":只要存在组织,就必然存在少数人统治多数人,必然存在组织自身的利益,这种利益不同于组织的委托人的利益。这是一条铁的定律。[3]

他的这个结论来自他对德国社会民主党的研究。研究中他发现,作为工人阶级政党的社会民主党是为了争取工人阶级的整体利益和促进德国社会民主的根本目的而建立起来的,但是这个政党建立后却逐渐转变成为一小撮官僚(党的官

---

① 迈克尔·曼:《国际社会学百科全书》,袁亚愚等译,四川人民出版社,1989 年,第 13～14 页。

② 斯格特:《组织理论》,黄洋等译,华夏出版社,2002 年,第 313 页。

③ 米歇尔斯:《寡头统治铁律——现代民主制度中的政党社会学》,任军锋等译,天津人民出版社,2003 年,第 339、351 页。

员)服务的机器,由选民选举产生来为选民服务的机构反而变成对选民统治的工具。

为什么为了自己的利益和目标而建立起来的组织会变成与自己的利益和目标不一致甚至相反的利益群体?米歇尔斯认为这是因为组织是由少数精英来管理和支配的,而大众由于各种原因很少有能力或有兴趣参与组织的日常管理活动,这为组织管理者提供了谋求自身利益的便利。就拿他所研究的德国社会民主党与德国工人之间的关系这个例子来说。虽然党是工人阶级的政党,但组成和管理党的并非所有工人,而只是工人阶级的代表即领导人和少数积极分子。这些领导人和积极分子的组织程度和积极性大大高过一般工人大众,因此,他们能够支配工人大众而不是反过来被工人大众所支配。他指出,首先在结构上,大规模组织给予公职人员对权力近乎垄断的地位。任何大规模的组织都倾向于形成一种科层制结构,即一种理性化、等级式的组织结构,组织科层化的必然结果是,组织的权力逐渐集中到组织顶端,而组织的普通成员的影响力却不断受到削弱。领导者常常掌握许多资源,这使他们具有相对于其他普通成员的绝对优势。领袖们的优势主要表现在:(1)丰富的知识。例如他们可以及时获得保证自己的计划实现的信息。(2)控制着与组织成员进行沟通的正规途径,即具有对内信息垄断上的优越性。例如控制组织的出版机构;作为领取薪金的专职官员,他们可以到处游说推销己有利但却以牺牲组织的集体目标为代价的主张。(3)在政治方面的技能。例如,他们在对外政治谈判、演讲、写作、组织集体活动方面具有比群众熟练得多的知识。其次在心理上,大众没有能力参与决策过程,所以他们渴望强有力的领袖。领导者所具有的这些职业技能构成了他们的权力资本,而这一资本由于"大众的无能"而进一步得到强化。另外,组织产生后,领导阶层产生了属于自身的特殊利益,而这种特殊利益往往与集体利益相冲突。

三、组织目标置换

从理论上说,组织的存在和运行应该服务于组织的目标,组织目标应该成为指导、评估和衡量组织内部一切活动的标准。但是在现实社会中,由于各种原因,组织目标会不同程度地被忽略或削弱。组织目标置换是其中的一个原因。所谓组织目标置换,简单地说,就是在组织运行过程中,组织更重要的目标被较次要的目标所取代、目标被手段所取代的现象。那么,形成组织目标置换的原因是什么?这里介绍两个研究。

1."官僚人格"与组织目标置换

美国社会学家默顿在 1940 年发表的"科层制结构与人格"一文中提出一种观点,认为组织目标的置换源于组织公职人员所形成的"官僚人格",即过分遵从规则的心理。本来,遵守规则是实现组织目标的一种手段,但逐渐地,官僚把遵守规则看做比实现目标更为重要的东西,甚至宁可牺牲目标也要死守规则,于是手段变成了目标。他说,"对规则的遵守,原本被设想为手段,现在却变成了目的本身;当'工具性价值变成终极价值',就会出现人们熟悉的目标置换"①。这种组织人员对规则的过分遵从心理就是"官僚人格"。官僚人格对公职人员的直接作用在于,这是他们最大化自身利益的最好方式。

默顿认为,这个问题有着组织结构方面的原因。② 第一,官僚制组织内部的升迁模式激励公职人员形成过分遵从规范的心理和行为倾向。在组织中,公职生涯是按照逐级提升的方式来设计的,组织在工资、养老金、年资工资等方面的设计都激励人们遵从纪律。这同时导致胆小、保守主义和技术主义对严守规则的过分关注。于是

"官僚人格是官僚最大化自身利益的最佳方式。"

——默顿
(Robert Merton)

手段(规则)的惊人的象征性重要意义促进情感从目的向手段的置换。第二,官僚制公职人员既存的共同利益促成一种集体团结精神,即通过他们所熟悉的科层制规则来保护他们的利益而不是为他们的委托人服务,并抵制变迁。但是,默顿提醒,把科层人员的这种对外部和变迁的抵制"仅仅归因于既得利益将是轻率的和部分是错误的"。他认为这种抵制还有另一个原因,即组织人员在情感上认同自己的生活方式,对自己的职业有一种自豪感,从而产生一种职业的神圣化。第三,公共官僚制组织的垄断性质加强了这种形势。第四,官僚制对关系非人格化的强调也对组织人员的过分遵从规则有一定作用。非人格的规则和一视同仁具有实现效率和公平的意图,因此遵守规则是对组织人员的期待和要求。在此意义上,非人格化不但不错,反而是个基本的要求。但是非人格化容易在组织人员与公众或者委托人之间的关系中产生冲突。因为在非人格化的结构中,个人情况的特点经常被忽略了,科层人员的刻板行为不适应个人问题的具体情况。

---

① Merton Robert K. *Bureaucratic Structure and Personality*;载竺乾威、马国泉编:《公共行政学经典文选(英文版)》,复旦大学出版社,2000年,第83页。

② 同上,第85～87页。

2. 权威授予与组织目标置换

稍后,默顿的学生、美国社会学家塞尔兹尼克也研究组织目标置换问题。与老师默顿从组织内部控制需要的角度来探讨组织目标置换问题的思路不同,塞尔兹尼克从组织权威的授予上来进行研究。他认为,科层制组织的劳动分工要求将权威授予下级单位,而正是这种授权形成了以不同工作任务来划分的利益群体。这些群体存在自己的利益,组织内部的摩擦由此产生,各个群体越来越把自己的行为定位在与本部门利益有关的狭隘的子目标上。①

组织的整体目标不仅受到内部利益群体的损害,而且还会受到这些内部利益群体与外部利益群体合谋的危害。现实社会中,组织为了实现自己的目标,有时也要吸收外部社会力量进来。由于这些外部力量具有自己的利益而组织又无法控制这些力量,结果造成组织的行为偏离了组织原来的目标。这个结论是塞尔兹尼克通过对罗斯福政府为解决田纳西河谷农业发展问题而设立的一个机构(TVA)进行研究而得出的。② 对于这个机构的运作,政府强调要坚持基层民主(草根民主)的原则,即中央政府不要把自己的权威强加给地区的人民,而应该让他们在这个机构的管理中有发言权。由于该地区的所有人都不直接参与 TVA 的管理和决策,所以这项原则在 TVA 决策的具体操作时变成了让地方强势机构的代表参与。由于 TVA 不能很好地控制地方关系网,因此产生了一些意想不到的后果:TVA 的行动有利于强势集团而不是有利于 TVA 的服务对象——整个地区的农户,TVA 组织的活动偏离或者改变了原有的目标。

思考题:

1. 同一般的社会群体比较,组织具有什么特征?
2. 简述关于社会组织起源的各种解释的基本观点。
3. 组织目标实现的评估标准主要有哪些?
4. 什么是组织正式结构? 它包括哪些主要内容?
5. 什么是科层制? 它有什么特点?
6. 试析异化、寡头统治和组织目标置换三种现象的成因。

---

① Selznick P. An Approch to a Theory of Bureaucracy, *American Sociological Review* 8 (1),1943.

② Selznick P. *TVA and Grass Roots*, *Berkeley*, University of California Press,1949,pp. 254—258

第六章
社　区

第一节　社区概述

一、"社区"一词社会学内涵的演化

"社区"是中国社会学界对英语"community"一词的意译,而"community"又是对德语"gemeinschaft"一词的意译。这个翻译的过程是否使这个概念的内涵发生了变化? 我们需要对它的演变作一简要的回顾。

1.滕尼斯:作为亲密关系共同体的"gemeinschaft"

一般认为,"社区"概念进入社会学,始于德国社会学家滕尼斯 1887 年发表的《共同体与社会》(*Gemeinschaft und Gesellschaft*)①一书。在滕尼斯这里,共同体与社会是两种不同的社会结构形式,区别是把人们相互结合起来的两种意志,即本质意志与选择意志(又译自然意志与人为意志)。本质意志主要基于情感动机,是人们在传统的和自然的感情纽带基础上的一致性。选择意志则主要基于理性动机,指人们的那种排除了情感因素的理性思考,个人目的性打算和利益考虑。② 人们之间依据本质意志结成现实的和有机的相互关系,就是共同体;而依据选择意志结合为思想的和机械的形态,就是社会。③ 通俗地说,共同体指的是由具有共同的价值观和习俗的人们结合而成的关系亲密、富有人情味、能够休戚与共、同甘共苦、守望相助的社会群体;而社会则是人们按照分工和契约结合而成的重理性而非情感的社会团体。共同体有三种类型:由亲属关系组成的血缘共同体、由邻里关系组成的地缘共同体和由友谊而结成的精神共同体。

2.芝加哥社会学学派:作为地域群体的"community"

20 世纪 20 年代,美国社会学界把滕尼斯的这部著作翻译为 *Community and*

---

① 滕尼斯:《共同体与社会》,林荣远译,商务印书馆,1999 年。

② 滕尼斯:《共同体与社会》,林荣远译,商务印书馆,1999 年,第 146 页。

③ 滕尼斯:《共同体与社会》,林荣远译,商务印书馆,1999 年,第 52 页。

"共同体是持久的和真正的共同生活，社会只不过是一种暂时的和表面的共同生活。"

——滕尼斯
(Ferdinand Töennies)

Society，从此 community 就成为英语对 *gemeinschaft* 的专门翻译，并成为英语社会学的一个基本范畴。在英语中，community 至少具有三层涵义：生活在一个地方、地区或国家的作为一个整体的人群；由共同宗教、共同种族、共同职业或其他共同利益的人所构成的团体；共享、共有、共同、相同。但是 community 变成世界社会学历史上的第一个学派芝加哥学派的一个专门术语后，它的内涵就具有了独特的规定，并成为这个学派观察社会的专门研究对象。芝加哥学派的代表人物帕克是这样定义 community 的："占据一块被或多或少明确地限定了的地域上的人群的汇集。……一个社区不仅仅是人的汇集，也是组织制度（institutions）的汇集。社区与其他社会群集的最终的、决定性的区别是组织制度，而不是人。"[1]而且，在帕克这里，society 和 community 是社会的两个不同的层面，society 更加强调的是社会的和谐、一致的一面，而 community 则更强调社会中人们为了生存而相互竞争、相互利用的一面。[2] 总之，帕克的 community 的内涵不仅主要由地理区域来界定，而且他主观地认定 community 代表的是人类社会的竞争性、功利性方面，这正好与滕尼斯的作为亲密关系的共同体的 gemeinschaft 的原意相反。

　　虽然芝加哥学派对社区的理解和研究有着重大的影响，但是人们对 community 的理解仍然存在很大的分歧，以至 1955 年美国社会学家希勒里统计出关于 community 的各种定义竟有 94 种之多。不过，对 community 的有重要影响的理解主要是三种：(1)作为地理位置——表示在一个特殊的地域中生活的人类群体的地理位置。这不是一个社会学的定义，因为它没有涉及居民或他们之间的交往。(2)作为地域性的社会系统，即全部或大部分地发生于一地域内的一系

---

　　① 帕克、伯吉斯、麦肯齐：《城市社会学》，宋俊岭、吴建华、王登斌译，华夏出版社，1987年，第110页。

　　② 北京大学社会学人类学研究所编：《社区与功能——派克、布朗社会学文集及学记》，北京大学出版社，2002年，第29～30页。

列社会关系。(3)作为一种关系类型,即作为个体间的认同感。[①]

3. 中国社会学界:作为地域社会或地域群体的"社区"

虽然曾有一些中国社会学者,也把 community 翻译为"人群"或"地群"[②],或者直接从德文把 gemeinschaft 翻译为"共同体";但"社区"一直是中国社会学界对 gemeinschaft 和 community 的主导性翻译,并已成为中国社会学的一个基本范畴。在这个过程中,吴文藻和他的学生费孝通发挥了重要的作用。"社区"这个词是 20 世纪 30 年代由费孝通等几个社会学青年学生翻译帕克的 community 时创造的,而这个创造则与他们的老师吴文藻的研究思路相一致,或者说是由吴文藻的研究思路所决定的。吴文藻当年曾经解释说:"'社区'一词是英文 community 的译名,是和'社会'相对而称的。我所提出的新观点即是从社区着眼,来观察社会,了解社会。因为要提出这个新观点,所以不能不创造这个新名词。"[③]吴文藻认为,滕尼斯虽然没有提及地域特征,但他将社区概念降到社会之下,已有地域意义。

这显然是吴文藻对滕尼斯的误读,因为在滕尼斯那里,共同体和社会所代表的是两种不同的社会关系和社会结构的理想类型,两者之间是并列关系而非从属关系。[④] 由于"社区"这个词是从帕克的 community 翻译过来的,而帕克的 community 的涵义正好与滕尼斯的 gemeinschaft 的原意相反,所以中国社会学对社区理解就一直存在偏颇。然而这种误读和偏颇,由于吴文藻、费孝通等人坚持认为社区是切入社会研究的恰当的单位,从而促使中国社会学一直重视对社区的研究。中国的社会学家们坚持认为,这种地域群体或区域社会意义上的社区研究比较符合现代社会的情况,因为不管是在现代社会,还是在传统社会,都存在社区这个社会层次。

4. "虚拟社区":对共同体的回归?

"虚拟社区"是对英语 virtual community 的翻译。Virtual 一词除了"虚拟的"之外,还有"实际上起作用的、实质上的"之意。虚拟社区存在于和日常物理空间不同的电子网络空间(cyberspace),社区的居民为网民(netizen),他们在一定的

---

① 迈克尔·曼:《国际社会学百科全书》,袁亚愚等译,四川人民出版社,1989 年,第 99 页。

② 袁亚愚:《普通社会学教程》,四川大学出版社,1997 年,第 192 页。

③ 吴文藻:"德国的系统社会学派"(1934),见《人类学社会学研究文集》,民族出版社,1990 年。

④ 胡鸿保、姜振华:"从'社区'的词语历程看一个社会学概念内涵的演化",《学术论坛》,2002 年第 5 期。

网际空间围绕共同的需要和兴趣进行交流等活动,并且形成了共同的文化和对社区的认同感与归属感。虚拟社区是与传统的实在社区(real community)相对应的,但它也具有实在社区的基本要素——一定的活动区域、一定数量的人群(网民)、频繁的互动、共同的社会心理基础。

虚拟社区与实在社区最大的差别在于,实在社区存在于一定的地理空间中,而虚拟社区则没有物理意义上的地域边界,它的非空间组织形态以及成员的身体缺场,使其成员可以超越空间的障碍而生活在好几个虚拟社区里。它更强调的是作为共同体的社会心理基础而不管其地理区域。正是在这个意义上,有人把它理解为"隐性的共同体",并认为虚拟社区的出现解构了人们对社区是关于地域性生活共同体的传统认识,认为"如今互联网为本质意志和礼俗社会的回归带来了新曙光",认为虚拟社区的出现可能是对这个概念的实质精神的回归。①

5.本书的社区定义

我们认为,今天所使用的社区与共同体虽然有联系,但是两个不同的概念。共同体是基于特定共同利益(不一定要达到同心同德)而形成的社会群体或集团,而共同的地域可能成为人们结成共同体的一个纽带,因此共同体包括后来意义的社区。但是,在后滕尼斯的意义上,社区却不一定是共同体,因为不仅很难期望现代社区还能够具有滕尼斯意义上的特点和功能,即使是仅仅要形成利益集团也已相当困难。我们这里把社区界定为:

社区是以一定地理区域为基础而形成的、具有一定共同意识和共同利益的社会群体。简言之,社区就是地方社会或地域群体。

二、社区构成要素、类型和结构

1.社区的构成要素

是否凡存在人类的地方就是一个社区? 如何在操作意义上来确定社区? 社区应该是指可以满足居住和生活在其中的居民的基本需要的居住区。② 就是说,一个居民点是否是一个社区,应该以它是否具备基本上满足居民基本需要的条件为标准。这是确定社区的最重要的依据。当然,这个基本条件是根据不同社会条件下居民的基本生产和生活的需要的差异相对而言的,没有一个可以适用于所有时代和所有社会的所有居民点的统一标准。例如,在现代城市中,居民区的基本需要和要求肯定不同于远离城市的偏僻山村的基本需要和要求,反过来也一样。

---

① 胡鸿保、姜振华:"从'社区'的词语历程看一个社会学概念内涵的演化",载《学术论坛》,2002 年第 5 期。

② 丁元竹:《社区研究的理论与方法》,北京大学出版社,1995 年,第 69 页。

在这个标准的基础上,我们再来讨论社区的构成要素。我们只能说需要哪些类型的基本要素,而不能统一规定这些要素的具体特征和内容,因为相同类型的要素在不同条件下会有不同的特征和内容。通常认为社区应该具备下述这些类型的构成要素,这些构成要素之间存在着相互联系:

(1)一定数量的人群。人是社区的主体,没有了人当然也就无所谓社区。只有一个人也不会成为一个社区,必须具有一定数量的人口并通过各种关系组成各种群体,才成为一个社区。就是说,社区作为社会的一个层次,它始终表现为一种由一定数量的个人之间,以一定社会关系为纽带的互动和联系所组成的社会结构状态,而不是没有任何联系的一些或许多孤立的个人。

"在城市环境中,邻里关系正在失去其在更简单更原始的社会形态中所具有的重要性。"

——帕克
(Robert E. Park)

(2)一定范围的地域。社区虽然不能仅仅从地域来界定,但一定的地域是社区存在的重要基础,因为人类的社会活动是在一定的地域范围中来进行和展开的。

(3)一定的生产和生活服务设施以及其他共同资源和共同利益。只有具备一定的生产和生活服务的设施和条件,才能满足居住和生活于其中的人们生产和生活的基本需要。而其他的共同资源和共同利益则是社区得以持久存在的基础,因为人们赖此为生。

(4)一定的共同活动和互动以及相应的公共管理权威和社会规范。社区要借助于人们之间的共同活动和持续的互动才能产生和存在。这些活动和互动需要一定的公共管理权威和社会规范来维持,至于这些公共的权威和规范是什么,则因社会条件不同而不同。

这里我们没有把对社区的归属感列为社区的构成要素。如果按照滕尼斯的观点,那么这个要素无疑是必需的;但是,作为地域群体或地域社会的社区概念,这个要素就不是必需的了。在现代社会中,如果把归属感这个因素列为社区的必备要素,那么我们将很难发现社区。

2.社区类型

任何分类都依赖于一个明确的划分标准,从不同的标准就会得出不同的分

类。社区的分类也一样。

按照社区功能不同,可划分出经济社区、政治社区、文化社区、军事社区和特殊社区。经济社区指主要从事经济活动的社区,它又可以进一步根据经济活动的不同具体内容划分成工业社区、商业中心社区、服务性社区等等。政治社区指作为各级国家政权和管理机构的所在地。文化社区指教育、科学研究、文化艺术组织比较集中的社区。军事社区指军事机构所在的社区,例如军营、军事基地所在地。特殊社区指监狱、劳动改造场所、精神病医院、传染病隔离区等。

按照社区的社会总体发展水平不同,可划分出传统社区、发展中社区和发达社区或现代社区。传统社区通常指尚未受到或很少受到现代生产和生活方式影响的社区。发展中社区指正在由传统社区向现代社区转型的社区,兼有传统社区和现代社区的特点。现代社区或发达社区指在社会生产和生活方式上基本或完全现代化了的社区。① 当然,什么是传统,什么是现代,这是一个难以界定的问题,我们只能根据一般的社会观念来做区分。

按照社区形成和维持的途径不同,可划分为法定社区和自然社区。法定社区指由国家行政力量划定边界的社区。自然社区则指在社会发展过程中自然形成的社区。这两种社区可能重合,也可能是不重合的。

根据经济结构、人口特征等综合特征的不同,可以划分出农村社区和城市社区两大类型。农村社区指社区居民主要从事农业经济活动、人口的密度低、聚集规模小而同质性高(异质性低)的社区。城市社区指社区居民基本上或完全从事非农业经济活动、人口的密度高、聚集规模大而异质性高(同质性低)的社区。集镇社区指居民中从事农业经济活动和非农业经济活动的比例都比较大的社区。通常我们只划分出农村社区和城市社区两大类型,这是社会学对社区最基本、最主要的分类。我们将在后面的第二、三节专门讨论。

3.社区结构

那么,这些要素是怎样结合成社区的? 这就涉及社区的结构问题。所谓社区结构,指的是社区的各个要素相互联系的相对稳定的方式以及由此而形成的一个相对稳定的系统或整体。我们认为,社区结构是社区研究的核心问题,但是关于社区结构,并没有惟一正确的答案,因为在不同的社会和历史条件下,社区的结构力量以及由此形成的社区结构是不同的,而且从不同的观察和分析视角也可以发现不同的结构力量和社区结构。

要分析社区结构,必须解决两个相关的问题:其一,把人们结合成为一个社区或划分成为不同的社区的力量、因素、方式、机制是什么? 这些力量或因素一方面

---

① 郑杭生主编:《社会学概论新修》,中国人民大学出版社,1994 年,第 350 页。

是社区内部的黏合剂,同时,也可能是社区之间区分和排斥的隔离带。因此,它实质上涉及的是社区的整合或冲突问题。其二,这些要素通过一定的方式而结合成为什么样的社会结构单位? 这些单位之间又是如何联系的? 由此,每个社区内部由哪些层次或方面来组成?

这里提出一个基本的社区结构分析框架。我们的出发点是,作为一种生命体,人必须生活在一定地理空间中,他们的行为和活动必须在这个空间中展开,并与别人形成各种各样的关系。一般而言,社区的结构单位主要包括家庭、劳动组织、利益保护群体或组织、社区公共权威组织。此外,国家权威在任何社区中的客观存在和影响都是不容置疑的,虽然国家不属于社区,但必须把国家包括在内。同时,外部市场体系也对社区结构有着影响,因此也需把它考虑在社区结构中。这样,社区结构分析框架就包括五个层次的结构单位。这些社区结构单位之间的关系,可以大致分为社区内部关系和社区与外部的关系两大方面,其中社区内部关系又可以分为家庭、血缘群体或组织、劳动组织、利益群体或利益保护组织、各种其他性质的社会团体、社区公共权威组织等多种性质多个层次的组织之间的关系。而社区与外部的关系主要涉及社区与社区之间的关系以及社区与国家和市场之间的关系。从这些结构单位的社会权威影响力来看,从低到高的排序如图6.1所示。这些结构单位的主要功能和作用范围各不相同,它们之间相互关联,从而使社区变成一个结构整体。

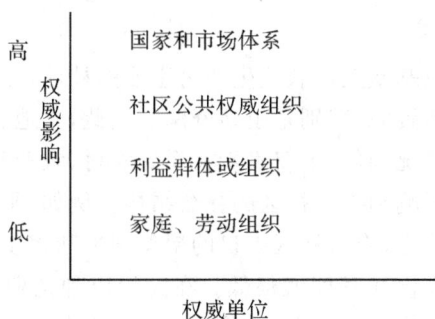

图 6.1　社区结构单位的社会权威

第二节　农村社区

农村社区是人类历史上最早形成的社区类型,而且,迄今全世界的人类不论是在时间跨度上还是在人口总数上都主要生活在农村社区中。我国至今仍然有大部分人口生活在农村社区。因此,了解农村社区就成为社会学研究的一个重要课题。在讨论社区类型时,我们已经对于农村社区的定义和基本特征有了基本的了解,现在直接讨论"人们如何聚合而成为一个农村社区"这个问题。下面的讨论主要立足于我国的农村社会。

一、农村社区的结构要素

在农村社会,通常一个自然村庄就是一个社区。显然,把人们结合成为一个村庄的因素是多种多样的,但是在不同的村庄,各个因素所发挥的结构性作用是存在差别的。大致说来,下列这些因素或力量在村庄结构中发挥重要的影响。

1. 血缘关系

农村人往往形成一种聚族而居的格局。在其他条件相同或接近的情况下,血缘关系的亲疏远近成为农村人划分人我界别的天然准则。农村人往往以自己为中心,按照血缘关系的亲疏远近来处理自己与别人的社会关系,不存在一种普遍的社会准则。这就是费孝通在《乡土中国》中所说的"差序格局"。① 因此我们认为血缘关系是制约农村社区社会结构的一个主要因素。不同的血缘关系结构会对村庄的结构产生影响。例如在只有一个姓氏的单姓村,与在由多个姓氏所组成的多姓村之间,社区的结构会有所不同。在单姓村,因为都是一个姓氏,人们之间的关系属于宗族内部关系,竞争和合作主要以家庭为单位。同时,血缘组织(宗族)往往就是社区权威公共组织。而在多姓村,姓氏之间的关系往往成为一种关键性的关系,因此,宗族和社区公共权威组织是两个不同性质和层次的组织。

2. 自然资源和环境

农村社区是完全或基本上以农业生产为主业的社区,而农业和农民的存在也完全或基本依赖于自然资源,特别是土地资源。因此,土地、河流、森林、地形等等自然资源和环境条件状况如何,不仅直接关系到农村、农业和农民的生存和发展,而且会在一定程度上影响到农村社区的社会结构。例如,平原、盆地、丘陵这些适合人类居住和生活的地方,农村社区人口的聚集规模和密度往往很高,而在山区,农村社区的人口聚集规模和密度就很低。在完全以种植业为生的农村和主要或相当大部分以水产品为生的农村之间,其社会结构也存在差异。农村对自然资源的高度依赖,一方面使对自然资源的分配和争夺成为农村社会的主要问题和矛盾,并由此产生了一些特殊的社会组织,例如,为解决水的分配和争端而形成的专门组织;另一方面也使农村的社会结构变化很慢,人口的流动性很小,正如费孝通所说的:"直接靠农业来谋生的人是粘着在土地上的","以农为生的人,世代定居是常态,迁移是变态"。②

---

① 费孝通:《乡土中国生育制度》,北京大学出版社,1998年,第24页。
② 费孝通:《费孝通学术论著自选集》,北京师范大学出版社,1992年,第352、353页。

总之,自然资源既是把农村社区的人们聚合起来的一个重要因素,又是被人们激烈争夺的重要生存资源。在前一个意义上说,对共同的自然资源的依赖使农村社区中的人们客观上具有一个最大的永久性的共同利益;但从后一个意义上来说,对共同资源的依赖却又是一个使农村人发生利益分歧和矛盾冲突的最大的永久性的因素。正是由于这个原因,包涵着特定自然资源意义的地理条件始终是农村社区的一个最基本的结构性要素。

3. 权威与规范

如果说血缘关系和自然条件是农村社区与生俱来的、不可改变或难以改变的结构性要素,那么权威和规范则是农村社区的社会性要素和可以改变的结构性要素。但是这并不意味着它们是不重要的,恰恰相反,它们不仅是不可缺少的,而且也是相对稳定的因素,离开了权威与规范,农村社区的存在和维持将是不可能的。

根据这些权威和规范在农村社区中的影响和适用的范围不同,我们可以把它们划分为三个层次:最小一个层次的权威和规范是血缘群体或组织(如宗族)的权威和规范,它只能对这些群体或组织中的人们具有约束力。另外一个层次是社区内部按照非血缘的其他关系所结成的组织的权威和规范。

接下来的一个层次是社区的公共权威和规范。这是整个社区的共同的权威和规范。作为社区公共权威的,既有作为过去农村社区的民间权威的长老之类的人物,也有作为制度性权威的组织及其领导人。作为社区的公共规范,既有通过人为制定而产生的公共规范,例如村规民约,也有在长期的社区生活实践中自然而然形成的习俗。但是它们都是农村人处理各种关系所必须或应当遵循的准则和程序。正是由于这些公共规范的存在和发挥作用,才使人们相对相安无事地共处于一个地方而成为一个社区。

农村社区内部的权威和规范与城市相比较,具有非正式的表现特征,就是说它们往往不是明文规定的,而且它们作用的发挥也主要依赖于社会舆论和社会化,而非强制力。除了上述这些内部规范外,在讨论农村社区规范时还必须把法律包括进去,因为虽然法律不是属于社区的规范,但是对全国范围内的相关人和组织都有效力的最高规范,当然也是农村社区的最高规范。

4. 市场

一般的观念认为,农村是一个自给自足的社会,但这仅仅是相对于城市社区而言。实际上,很少存在完全自给自足的农村社区,农村社区总是不同程度地与外部市场存在各种各样的联系。美国经济人类学家施坚雅于 1964～1965 年在《亚洲研究杂志》(*Journal of Asian Studies*)上发表的研究中国成都平原农村的系列成果——《中国农村的市场与社会结构》中,提出一种观点,认为是"市场体系"而非村庄应该成为(中国)农村社会研究的恰当单位。他指出,村落必需的各种商品和服务都必须到附近的集市上才能获得,而这些集市又与更大的市镇相联系。① 不同地区的农村社区与市场联系的程度和方式是不同的,例如,施坚雅对成都平原的农村的研究发现这个地区与市场有着密切的联系,而黄宗智对华北农村和长江三角洲农村的研究发现,②相对于长江三角洲,华北农村与市场的联系要少些,市场对农村的影响要小些。一些山区的村庄就可能与市场几乎没有联系。与市场的不同关系会在一定程度上影响到农村社区的结构。

二、农村社区的结构单位

上述结构性要素之间通过不同的组合,就形成不同性质和不同层次的社会结构单位。而这些不同性质和不同层次的社会结构单位相互之间又发生各种各样的相互关联,由此而结成特定的社区总体结构。

这些结构单位大致可以分为社区内部结构单位和社区外部结构单位两大类型,前一类单位包括家庭、劳动组织、宗族、各种利益团体和其他性质的社会团体、社区公共权威组织,后一类主要指其他社区和国家。这些结构单位之间的关系也可以分为社区内部结构单位之间的关系和社区内部结构单位与社区外部结构单位之间的关系两大类型。这些结构要素之间和结构单位之间的相互联系,有可能形成村落共同体。下面我们按照范围的大小,由小到大地介绍这些结构单位。

1. 家庭

农村社区最基本的、最小的结构单元是家庭,与城市社区不同,对于农村社区中的个人而言,除了极少数人(所谓鳏寡孤独者)以外,家庭始终是他们人生中的惟一一个最稳定、最重要的群体。家庭也是农村社区惟一一个始终存在、最不可或缺因而也是最重要的结构单位。另外,在农村,特别是传统的农村中,家庭不仅是生活、繁衍、抚育、赡养、性爱、休息和娱乐等的单位,而且也是劳动生产的单位。在这种情形下,家庭和劳动生产组织是合二为一的。即使是雇佣他人、与家庭活动和地点分离开来的劳动组织,其活动也仍然与家庭存在着密切的联系,而不像城市劳动组织那样独立于家庭。最重要的是,农村的其他社会组织基本上是以家庭为单位来建立的,而且这些组织往往具有与家庭相似的结构特征,或者说是家庭关系的扩展和家庭规则的推广。

2. 宗族

与家庭存在生物学上的直接联系的更大的结构单位是宗族或称为世系

---

① 施坚雅:《中国农村的市场与社会结构》,中国社会科学出版社,1998年,第6～7页。

② 黄宗智:《华北小农经济与社会变迁》,中华书局,2000年;黄宗智:《长江三角洲小农家庭与乡村发展》,中华书局,2000年。

(lineage)。所谓宗族/世系是指由一个男性或女性的多代后代们世代联系而形成的社会群体,或者反过来说,是指由具有一个男性或女性的共同祖宗(先)的多代的人们所组成的社会群体。它包括几个要素:一是有一个人们认可的共同的祖宗(先),可能是男性,由此而形成的宗族/世系是父系宗族/世系,这是世界各地存在最多的宗族/世系类型;也可能是女性,由此而形成的宗族/世系是母系宗族/世系,只有极少数地方存在;也可能是男女双祖宗,由此而形成的宗族/世系是双重宗族/世系,例如尼日利亚的雅科人(Yako)的宗族/世系既可以通父系也可以通过母系来计算。[①]

在中国农村,宗族是一个重要的社会结构单位,但是在不同的地区,宗族的重要性存在差别。一般来说,广东、浙江、福建、江西等南方省份的农村的宗族势力较大,在西南省份的某些民族,例如水族社会中,宗族的作用也十分强大。在这些地方,宗族不仅是家庭相互联系的重要纽带,而且不同宗族之间有组织的相互竞争和冲突往往成为这些农村社会的主要竞争和冲突,其影响甚至支配着社区公共权威组织的产生和运行,以至国家支持由宗族来解决社区的和社区之间的纠纷。[②] 相对而言,北方特别是华北农村的宗族势力则小得多。对其中缘由的解释,还没有权威的公论,许多人认为是因为北方特别是华北农村长期以来是国家政权统治的中心区域,民间组织力量受到了压制,而南方原来是中央统治的边缘,民间组织力量自然受到国家的干预较少。另外,东南方人口自南宋以来多有避难移民,这些移民为避难和自保,聚族而居,因此强化了宗族的影响。

3.各种社会团体

农村人维护自己利益和与他人联系的民间组织形式并非只有宗族一种,而且也可能不是宗族。这视各地和各国农村的条件不同而不同。例如与中国农村高度重视血缘关系的情况相比,日本农村的家族关系就显得相对松散。在日常生活中,日本农村最重视的是村内的地缘关系。因此如果说中国农村是血缘关系优先的话,那么日本农村则是地缘关系优先。日本农村存在一种被社会学家铃木荣太郎称之为"村落精神"的归属感。[③] 日本农村社区的社会团体相当发达。在那里,存在由天神讲、青年团、壮年团、妇女部、实年会、老人俱乐部等组成的年龄阶梯制团体,还有消防团、丧葬组之类的专门组织。这是日本自然村的社会秩序原理之

---

① 迈·克尔·曼:《国际社会学百科全书》,袁亚愚等译,四川人民出版社,1989 年,第360 页。

② 弗里德曼:《中国东南的宗族组织》,刘晓春译,上海人民出版社,2000 年,第 145、167页。

③ 李国庆:《日本农村的社会变迁——富士见町调查》,中国社会科学出版社,1999 年,第266 页。

一，对村落的形成和维持发挥着重要的作用。①

在中国，村民也有自己的民间组织。例如日本侵华时期由满铁—东京大学所进行的《中国农村惯行调查》(简称"满铁调查"或"惯行调查")发现华北农村存在看青、打更和搭套等组织。看青是防止庄稼被盗的一种看护组织。打更是村庄夜间巡逻、值夜班以维护村落治安的组织和行动。搭套则是户数不等的农民家庭之间进行合作生产的临时关系。② 老一代中国社会学家杨懋春 1945 年在对山东省胶州湾西南岸的一个村庄的调查时发现，存在三类村庄组织：遍及全村的组织(包括全村防卫组织、村学校、庄稼的集体看护组织)；限于一个街坊的组织和建立在家庭联合基础上的组织。③ 最近由中国社会科学院社会学研究员陆学艺主持对河北省三河市新集镇行仁村的调查时表明，该村从解放前到现在一直存在一种纯粹的村民自发形成的生活扶助组织——"忙头"。它的主要功能范围是村民婚丧嫁娶等生命礼仪，管理村民非日常的活动。这种组织遍及华北农村地区的村落，只是称呼略有不同。④

4. 社区公共权威组织

在农村社区内部，最高的公共组织是社区公共权威组织。它既是社区内部解决各种纷争和协调各种关系的最高机构，也是作为一个整体的村庄与外界，特别是与国家进行交往和联系的惟一合法的组织，而且通常是由国家所建立或得到国家支持和保护的，如旧中国的"保"，公社时期的"大队"、现在的"村"即行政村。

但是有时在这个层次上，由国家强加给村庄的行政体制与实际上也行使管理村庄事务功能的地域性群体可能并行存在。在费孝通的江村调查中，就发现同时存在作为民间地域群体的"村政府"与国民党通过保甲制度而强加在它之上的"保"两种体制，他把这两种体制分别称为事实上的体制和法定的体制。⑤ 在改革之后，在一些宗族势力影响很大的农村，法定的行政村和法外的宗族有时很难区分。在村级集体经济或村股份合作经济发达的农村，经济劳动组织与村公共权威组织往往是合二为一、一班人马两套班子。

但无论如何，一个或几个自然村庄要结合成一个作为整体的社区，就需要具

① 李国庆：《日本农村的社会变迁——富士见町调查》，中国社会科学出版社，1999 年，第 249 页。

② 内山雅生：《华北农村社会经济研究》，李恩民、邢丽荃译，中国社会科学出版社，2001年，第三章。

③ 杨懋春：《一个中国村庄——山东台头》，张雄、沈炜、秦美珠译，江苏人民出版社，2001年，第 143 页。

④ 陆学艺主编：《内发的村庄》，社会科学文献出版社，2001 年，第 207 页。

⑤ 费孝通：《江村农民生活及其变迁》，敦煌文艺出版社，1997 年，第 86 页。

有一个社区公共权威组织,不管这个权威组织是官方建立或承认的,还是社区居民自然形成、自己认可的,这是一个最基本的条件。如果没有这个条件,我们很难说这是作为一个整体的社区。

5. 作为一个共同体的村落社区

作为一个地域的村落可能会发展成为一个村落共同体,也就是说,整个村落具有共同的利益,拥有共同的权威,存在对于社区而不是或不仅仅只是对血缘共同体的共同的归属感和认同感,大家同甘苦、共命运。这种情况虽然在现代社会已经不多见,但并非不存在。例如我们刚刚提到的我国一些村级集体经济或股份合作经济发达的农村,形成了所谓"超级村庄"。在这些村庄,存在一个强大的、富足的村庄经济,人们的利益通过各种资源的入股而与村庄经济紧紧地捆绑在一起,村集体为所有村民提供各种各样的保障,并通过这些明显的经济和社会利益而将村庄与外部世界区别开来。[①]　而且,这种村庄具有明显的制度性封闭。所谓制度性封闭,指的是这种村庄在经济上属于发达的市场经济的一个部分,作为市场经济的参与者积极主动地投入到广阔的市场竞争中,但是在制度上它不像通常的公司那样是对外界开放的,而是通过各种制度设置了外人进入它内部的壁垒,在其中就业的外来劳动者并没有获得该社区居民的身份和权利。虽然我们不能预见这种村庄共同体可能存在多长时间,但在它存在的时间里它确实是一个共同体。

三、农村社区整体结构

由于不同村庄的结构性要素和单位的组合情况不同,所以它们的总体社会结构也不同。在本节的最后,我们来讨论农村社区的社会结构类型,作为对本节的总结。这里提供几种关于农村总体社会结构类型的分类模式。

1. 日本农村社区结构类型

1940 年,日本社会学者有贺喜左卫门根据农村社区家庭之间联系的因素是血缘关系还是功能关系,区分出"同族集体"和"功能集体"两类村落。前者是由有宗族关系的家庭按照上下等级关系构成的集体;后者是村落中非同族关系、处于平等地位的家庭所组成的具有各种功能的集体。

1949 年,日本社会学家福武直在此基础上,根据农村社区内部的结合是以家庭还是社会组织为单位,提出把农村社区分为"同族结合型"和"讲族结合型"。"同族结合型"村落是由在村的大地主即本家和佃耕农阶层中从属于本家的血缘

---

① 见折晓叶、陈婴婴:《社区的实践——"超级村庄"的发展历程》,浙江人民出版社,2000年,第三章。

或非血缘的旁系构成,是主从关系的纵向结合。而"讲族结合型"农村则是由基本平等的家庭构成的横向联系,产生于缺乏同族结合或同族衰落的村落。"讲族结合型"农村社区没有身份上的支配从属关系,各个家庭是平等的,因而没有形成单向的依存关系。各个家庭基本上独立于其他家庭,村落是这些独立家庭的集合形态。

10 年后,福武直和其他学者认为这一分类已经不能完全反映进入经济高速增长期的日本农村现状,必须考虑农地改革后土地所有状况、农业三春柳以及商品化、兼业化、城市化的程度。这促使农村社会学研究向地域社会学研究转化,要求超越村落结构分析理论的局限性,把国家公共政策、国际政治、经济的影响考虑进去。

2. 中国农村社区结构类型

(1)杜赞奇的村庄分类。美国社会史学家杜赞奇在 1988 年出版的《文化、权力与国家:1900—1942 年的华北农村》一书中,根据经济是富裕还是贫穷(作为横轴)、宗族和宗教组织是否在农村生活中起主要作用以及距离城市的远近(作为纵轴)三个标准把"满铁调查"的六个村庄划分为四个类型:相对富裕和临近城市的宗教社区、相对贫穷而临近城市的宗教社区、相对富裕而远离城市的宗族社区和相对贫穷而远离城市的宗族社区。[①] 这个分类的特点是对村庄外部因素给予了特殊的关注,但它的问题在于,是否临近城市就一定是宗教社区,而远离城市就一定是宗族社区。[②]

(2)王汉生等的分类。1990 年,王汉生等[③]根据村庄工业化水平和社区集体化程度两个标准,把改革以后中国农村社区划分为四种类型:高工业化且高集体化的村庄、高工业化而低集体化的村庄、低工业化且低集体化的村庄以及低工业化而高集体化的村庄。

(3)"百村调查"的分类。由陆学艺主持的"百村调查"提出两个分类框架:首先,在分析村落内部社会特征时,从家庭、家庭集体即宗族与村落三者的结合去分析。他们一方面从家庭与村落之间结合的方式来分析,看村落与家庭相互关系的强弱,以此作为分类的横轴;另一方面还要考虑村落内宗族的影响,看村落内部是否形成了宗族组织,以此为纵轴。由此得出宗族村落、族村合一村落、家庭村落和

---

① 杜赞奇:《文化、权力与国家:1900—1942 年的华北农村》,江苏人民出版社,1996 年,第 10 页。

② 陆学艺主编:《内发的村庄》,社会科学文献出版社,2001 年,第 26 页。

③ 北京大学社会分化课题组:"工业化与社会分化——改革以来中国农村社会结构变迁",《农村经济与社会》,1990 年第 4 期。

集体村落四大类型。其次,将村落外部的因素,主要是市场影响考虑进去,以家庭与行政村之间的力量强弱为横轴,以市场导向还是自给导向为纵轴,得出集团性强而开放的村落、集团性强而对外孤立的村落、内部分散且对外孤立的村落以及个体性强而开放的村落四个类型。[①]

第三节 城市社区

大约在四五千年前,在底格里斯河和幼发拉底河下游、尼罗河流域、印度河流域和黄河流域,出现了世界上最早的一批城市。从此,人类便多了一种与农村社区不同的社区类型——城市社区。与农村社区有明显的自然边界不同,城市内的社区界限很难划定,城市社区之间的关联更加密切,或者说,在城市里,给人以整体印象的并不是一个个社区,而是一座城市,所以城市社区分析将具有很大程度的区域分析特点。

一、城市社区的结构要素

那么,是什么要素和力量将城市人聚合或划分成一个个社区的?已有的研究往往强调某一个要素或力量,也许只有一个社会学家例外,他就是结构功能主义的代表帕森斯。帕森斯曾经提出一种由四个要素组成的城市社区结构分析框架。所以在提出我们的城市社区结构要素之前,了解帕森斯的分析是有益的。

(一)帕森斯的城市社区结构要素

在帕森斯的这个分析框架中,他不是把社区看做一种具体的社会单位,而是把它看成分析范畴。也就是说,社区表明的是每一个具体的社会集体或社会结构的一个"方面",它只是社会系统相类似的若干方面之一,这个方面与个人及其活动所处的区域位置相关。由于把社区看做社会系统的一个方面,所以社区研究就与角色概念存在联系。他要分析的主要问题是,社会结构的哪些角色范畴最直接涉及个人与区域位置的关系?对扮演角色的个人来说,区域位置的基本范畴是什么以及所有这些基本范畴是如何彼此相关的?他认为,社会系统的所有个体行动者都是居于其他事物之中的物质有机体,他们必须分布于物质空间,并且只有通过额外的物质过程(移动),才能改变其位置。所以帕森斯把社区置于社会系统与自然环境之间的关系来研究。从这个出发点,帕森斯推导出社区结构的四个分类范畴,它们是"住宅或居住位置"、"职业与工作场所"、"管辖权"和"沟通的综合

[①] 陆学艺主编:《内发的村庄》,社会科学文献出版社,2001年,第27~31页。

体"①。

帕森斯认为,人居住在住处,不仅仅只是作为生物有机体的人处于区域位置的范畴,而且还是一个社会结构的范畴,因为在住宅或家中人们所扮演的社会角色以及他们之间的互动是与在其他场所的角色和互动有所不同的。因此,住宅范畴可被看做是人类个体在物质世界的主要依托,住宅同时成了生物关系与某些社会结构之间的主要的连接点。

在现代社会,职业或工作的场所是从以住户为中心的家庭中分化出来的,而且,住宅和工作或职业场所在社会组织和地理空间上通常是完全分离的。当然,两者之间是否分离以及分离的程度如何,这与社会的技术发展条件有很大的关系。但是,两者之间的活动存在着密切的联系。例如,家庭的消费依赖于职业活动所获得的收入,而职业活动所需的劳动力在很大程度上依赖于家庭。如何解决这二者之间的关系始终是现代社区结构的一个主要的内容。我们已经看到,人类是通过交通、通讯等手段来解决两者之间的协调问题的。

国家和其他社会组织对特定类型的个人拥有合法权威,但它必须通过特定的时间和区域场所来行使,这就是管辖权。于是社区成为特定管辖权力的管辖区。社会秩序表现为特定区域疆界的秩序。而地方之所以重要,基本原因就在于地方是作为生物有机体的人的社会行动的具体空间;控制人们的社会关系,其中一个重要方面就是控制人们在区域位置上的移动。

沟通的综合体是指在社会系统的单位之间所进行的交换过程,以及支配这些过程的物质需要。它一方面涉及信息和物体从一个在场人传递给另外一个在场人所运用的物质媒介;另一方面涉及与社会角色沟通表现有重要关系的个人本身物质方面的位置移动。

(二)本书的城市社区结构要素

帕森斯的城市社区结构要素分析具有它独到的贡献,但是为了能够更全面、完整地反映社会学关于城市社区结构要素分析的已有成果,我们提出包括下列要素的另外一种分析框架。这些要素共同对城市社区的产生和维持发挥着它们自己特殊的作用,而且这些要素对城市社区所发挥的作用是它们之间相互影响、相互联系和相互制约而形成的社会合力,而非某个要素的单方面作用。

1.分工

与农村社会比较,发达的分工是城市社会最大的特点之一。所谓分工是指人们在社会中从事的工作和承担的任务越来越专门化。发达的分工必然带来一系列相应的社会变化。分工带来效率的提高,但也使人们之间的相互依赖程度越来

---

① 帕森斯:《现代社会的结构与过程》,梁向阳译,光明日报出版社,1988年,第八章。

越高,从而使越来越多的人们被绑在各种各样的权力链条或权力网络中:每一个人皆在不同程度上受制于人,但只有少数人对别人拥有权力。最重要的是,社会整合机制发生了变化:分工使原先基于共同价值和传统的社会整合逐渐瓦解,而功能上的彼此不可分割性虽然形成了一种平衡和自我调节机制,但各个领域的功能也越来越屈从于经济基础,整个社会的整合缺乏一种共同的道德基础,出现了道德和法律的"失范"状态。在这种情况下,职业群体即法人团体(corporation)成为了解决这种失范状态的必要条件,而且这种作用越来越重要。① 社区从地域关系中、从业缘关系或其他诸如阶级、阶层关系中获得自身的结构性力量,因此变得越来越复杂化,而且越来越不稳定了。

2. 区位

发达的分工以及因此带来的社会分化,必然要求人类及其活动所必须依赖的物质地理空间作出相应的安排。问题的关键是,作为多种社会要素和自然要素在有限地域空间中的高度聚集,城市如何把这些要素合理地组合到地域空间中才使它们联系而互不干扰。世界社会学历史上的第一个学派——芝加哥学派就是以城市的空间布局即他们所说的人类生态或人文区位(human ecology)为其研究对象的。② 在对城市的研究中,他们发现城市的区位结构具有功能分区和阶层住宅区分离的特征。

所谓功能分区,是指由于城市各个要素之间既相互依赖(共生)又相互竞争,因此在其发展过程中,逐渐形成这样一种基本趋势:具有相同功能的活动、群体、行业和组织单位以及相互支持却又各自不同的功能活动、行业和组织单位向某个区域集中,而那些功能性质不同并且相互干扰的活动、群体、行业和组织单位被安排到不同区域。不管是伯吉斯的同心圆理论,还是霍伊特的扇形理论、哈里

"在现存的土地利用模型中造成畸变和背离的不仅仅只是纯粹的经济原因……"

——伯吉斯
(Ernest W. Burgess)

---

① 冯钢:"整合与链合——法人团体在当代社区发展中的地位",《社会学研究》2002 年第 4 期;冯钢、史及伟主编:《社区:整合与发展》,中央文献出版社,2003 年,第 31～45 页。

② 帕克、伯吉斯、麦肯齐:《城市社会学》,华夏出版社,1987 年,第 48 页以下。

斯和厄尔曼的多核心理论,揭示的都是城市区位结构的安排所遵循的功能分区规则。这个规律已成为现代城市规划的一条基本规则。

而阶层住宅区分离,是指在功能分区的基础上,城市的住宅区遵循社会分层的规律,就是说,不同社会阶级或阶层的住宅区是分开的,分别居住和生活在不同的区位。不过,这个特征主要属于欧美等西方发达社会,中国的像北京这样以四合院为特征的老城市则不一定符合。①

3. 文化

文化也是城市社区结构的重要要素。按照同属于芝加哥学派的沃斯(L. Wirth)在"作为一种生活方式的城市性"一文中提出的观点,城市在文化本质上就是异质性的,即异质性是城市性(urbanism)的基本特性。② 但这只是就作为与农村社会比较的城市而言的,它只涉及了城市的共性,而没有涉及城市内部不同社区之间的差异。就城市的社区层次来说,不同的社区之间在文化上的差异是相当大的。文化上的相同、接近和相容可以把人们聚集在一起而成为一个社区,而文化上的不同或相斥则能够把人们分开。在像美国这样的多文化多种族社会中,城市是一个由不同群体所组成的"拼凑的社会世界",这些群体各自具有自己的亲属关系、民族、种族起源或阶级之类的亚文化③,由此形成各具特色的社区,例如唐人街、意大利西西里人社区、黑人社区。美国社会学家费希尔认为,城市生活不仅不损害亚群体的团结,反而强化了这种团结并提高其重要性,城市性与亚文化之间存在这样的联系:城市性→群体聚集→亚文化强度。④

4. 权力

权力始终是社会结构和运行的核心问题,在社区中也不例外,在城市社区中更是如此。谁有权力或更大的权力参与社区事务,以及如何行使参与社区事务的权力,这本身就是社区结构的一个主要组成部分,这在不同的社区中可能是不同的,并因此对社区的其他结构造成不同的影响。

社区的权力涉及两个层次:一是社区内部不同社会群体和组织对社区拥有和行使的权力,二是社区外部的社会群体和组织对社区拥有和行使的权力。如果社区权力由社区当地居民所掌握,则这个社区是独立社区,相反,如果社区权力完全或部分地由社区外部的力量所控制,则这个社区是依赖社区。

---

① 郑也夫:《城市社会学》,中国城市出版社,2002年,第69页。

② L. Wirth. Urbanism as A Way of Lifes, *American Journal of Sociology* (1938), p. 44.

③ 戴维·波普诺:《社会学》,李强等译,中国人民大学出版社,1999年,第531页。

④ 蔡禾主编:《城市社会学:理论与视野》,中山大学出版社,2003年,第79页。

5.技术

相对于农村社区来说,城市对各种技术的依赖要大得多。至少以下方面的技术对城市和城市社区的结构具有重要影响,这些技术作用的共同特征是,它们都是人类个体相互之间联系和互动的物质条件和现实方式,它们的存在与否和水平程度,将不同程度地决定社区的状况。

一是交通技术。这主要包括各种运输工具、道路交通技术以及与此相关的公开控制系统的技术。交通技术水平将直接决定城市的规模和密度,决定不同城市社区之间直接联系和互动所能够达到的距离和水平。因此也就成为制约城市社区结构的重要因素。

二是建筑技术。这主要包括建筑材料技术和建筑结构技术两个相互联系的方面。建筑技术对社区结构的重大影响可以通过单个建筑物所能够容纳的人口数量看得出来。在前现代社会,由于建筑技术的限制,我们不可能设想成千上万的人能够在一幢建筑物中生活或工作,而现在这却是普遍的现实生活情景。显然,人口的规模聚集程度必然引起社会结构的变化。

三是沟通技术。信息的传播和沟通是人类能够形成一个社会的又一个基本技术条件,沟通技术的发展水平也将决定城市社区的规模和范围。在信息化时代,社区更加开放了,它与外界的联系更加密切了,因此社区之间的关联以及社区与全国、全世界的关联更加密切了。所以,社区的结构受到外界影响的程度也就更大了。

6.法律和制度

我们通常说城市性的一个重要方面是正式化或形式化,这指的是城市中的行为、活动和互动大都是通过法律和制度来规范的。法律和制度作为正式的、具有全社会范围的权威和效力的规范,是城市能够得以正常运转的一个基本条件。

这与农村有很大的不同。农村可以甚至主要依赖非正式的各种传统来维持,因为农村是个熟人社会。但城市不同,由于人口规模大而且流动性高,对于个体而言这是个陌生的社会。因此,正式的明文规范就成为处理城市社会关系的主要方式。

法律和制度对城市和城市社区的结构性作用,主要表现为它们为人们的权利和义务,为人们的行为、交往和冲突处理等都提供了明确的、基本的正式规定,从而使人们对陌生人和社会的行为反应具有预见性。最重要的是这些法律和制度为冲突的解决提供了正式的、以国家强制力为基础的保障,当然也为城市社区的结构和参与作出了规定。在现代社会,离开法律和制度,社区的结构及其运行将是困难的,甚至是不可能的。

7.社区行动

如果说前面的这些因素更具有静态的特点,那么最后一个因素——社区行动则是一个表示动态的概念。社区行动这个概念表达的是社区居民为了解决大家所共同面临的社区问题而采取的共同行动。作为一种集体行动,它追求的利益是社区的共同利益,而这种共同利益的实现依赖于社区所有或多数群体的共同行动,也就是说,这种行动是有组织的。一般来说,社区行动并不是任何时候都存在和需要的,它只是当社区存在某个或某些比较严重的,并且被社区大多数居民认识到必须采取共同行动才能解决的社会问题时才可能发生。它是否发生,还必须以全体或多数居民是否愿意组织起来作为条件。

二、城市社区的结构单位

城市社区的结构单位与农村社区的结构单位存在很大的差别。这不仅主要表现为城市社区的结构单位的类型与农村社区的结构单位的类型存在很大的差别,而且表现在相同类型的结构单位在社区中的重要性发生了变化。下面我们来讨论城市社区的基本结构单位以及这些结构单位的作用。

1.家庭

像农村社区一样,家庭在城市社区中仍然是一个不可缺少的社区结构单位。家庭对社区的重要性主要表现在:家庭是社会化的重要场所。这不仅为城市社区和整个社会的秩序提供了最基本的保障,同样也是包括学校在内的其他社会组织所不可替代的。家庭是城市社区事务的一个重要参与者。不管人们是否对社区具有感情,只要他们在社区中生活和居住达到一定的时间,他们就会在社区拥有或多或少的利益,从而要求参与社区公共事务。家庭最起码是社区的一个重要消费单位,因此一个社区中家庭的数量(户数)、类型都会对社区结构产生影响。

2.劳动和职业组织

与农村社区比较,城市社区的劳动和职业组织数量更多,类型也更复杂,而且它们的活动和场所是与家庭的活动和场所分开的。城市人的收入不是来自家庭,而是来自劳动和职业组织。而且在城市人睡眠以外的时间里,他们大部分时间都是在劳动组织和职业场所中度过的。这就意味着,劳动和职业组织将对个人和社区具有比对农村更大的重要性。劳动和职业组织直接决定人们的就业,因而决定人们的经济基础,因此也将决定社区的经济基础。劳动和职业组织还成为与家庭、各种社会团体乃至国家分享和争夺人们的归属感和忠诚的重要竞争对手,因为与劳动和职业组织中的他人的交往和生活已经不同程度地成为体现和实现人的各种社会需要的重要途径和方式,因此也将影响到社区的非经济生活。

3.社会团体

社会团体是个涵盖内容广泛的概念，而且没有一个大家比较认可的定义。我们这里指的是社区中的一定范围的人们为了共同的需要或利益而在劳动和职业组织之外建立的社会组织。主要包括利益保护组织、各种兴趣协会、非营利组织（NEO）、非政府组织（NGO）等类型。一般来说，城市社区的各种社会团体要比农村社区的社会团体发达。因为，第一，城市社区的人口数量更多，竞争更激烈，而且也更具有陌生性，容易发生侵权行为。为了有效地保护自己的利益，人们建立了各种利益保护组织。第二，人口的大规模聚集，使具有特殊兴趣和爱好的人们能够找到较大数量的自己的同类，而且城市社会也承认甚至鼓励人们对个性的张扬和追求，因此各种兴趣组织得以建立和发达。第三，城市的人口规模大和流动性高，这也使各种意料中和意外的灾难和不幸的发生具有较大数量和频率，这些灾难和不幸可能是家庭、劳动和职业组织以及国家所不顾或难以顾及的。为了解决和缓解这些问题给相关人员带来的困难和痛苦，人们建立了各种非营利自愿组织。由于这些社会团体代表和体现了不同层次的社会需要，因此它们成为社区结构的重要单位。

"公共领域最好被描述为一个关于内容、观点，也就是意见的交往网络；在那里，交往之流被以一种特定方式加以过滤和综合，从而成为根据特定议题集束而成的公共意见或舆论。"

——哈贝马斯
(Jürgen Habermas)

4.公共领域

社区中还有一种由各个层次的社会力量通过互动和商谈而形成的网络和社会空间，这就是公共领域。按照哈贝马斯的说法："公共领域最好被描述为一个关于内容、观点，也就是意见的交往网络；在那里，交往之流被以一种特定方式加以过滤和综合，从而成为根据特定议题集束而成的公共意见或舆论。"[1]

公共领域有两个主要特点：第一，它具有最广泛的公开性，原则上向所有在场

---

[1]　哈贝马斯：《在事实与规范之间》，童世骏译，三联书店，2003年，第446页。

的或有可能加入的公民开放。第二,它是社区居民之间、其他类型的社会行动主体之间以及居民与其他行动主体之间的公共世界。大家由于某些共同的议题和其他纽带而共同生活在一个世界上,这在根本上意味着一个世界处于共同拥有这个世界的人群中间,通过这个世界,人们得以联系起来,同时又分隔开来。① 公共领域的形成和存在不是出于某种外在的需要和要求,而是出于人们自身的内在需要和要求。

公共领域对于社区的主要作用是,它是各个层次的社会力量之间沟通和表达自身利益和要求的一种中介和机制。通过这种网络、空间、中介和机制,可以使国家、市场主体和民间非营利组织相互之间以及它们与各个层面的其他社会主体之间得以顺利沟通,以协调相互之间的需求和行动。

5.社区公共权威组织和国家

每个城市社区通常建有自己的公共权威组织。社区公共权威组织主要发挥着行使社区公共事务管理权力、联系和协调社区各个层次的参与者在社区中的利益和要求、并把它们组织起来的职能。由于在不同的国家和不同的历史时期,国家与城市社区之间的关系是不同的,社区公共权威组织及其功能可能也是不同的。一般来说,在存在城市自治和城市社区自治的地方,社区公共权威组织和国家机构是两种不同的组织体系。但在没有城市自治和城市社区自治的地方,社区没有自己独立的公共权威组织,而是由国家机构或其派出机构来替代,或者由附属于国家的某种组织代替。

三、城市社区整体结构

由于不同城市社区的结构性要素和单位的组合情况不同,它们的总体社会结构也不同。城市社区整体结构可以从不同的层次来分析,这里提供两种最重要的分析模式。

1.社区治理者的范围:"金字塔型"、"委员会型"、"多元分布型"和"无定型"

1960 年,在前人研究的基础上,罗西根据社区治理者的代表范围和人数多少,提出有四种社区结构②:

(1)"金字塔型"。社区最高权力掌握在一个人或一个小集团手中,如"中镇"和区域性城市(regional city)。这通常被称为精英控制模式。社区权力的精英控制模式理论是由林德夫妇在 1929 年出版的《中镇》(Middle Town)一书提出的。他们发现,这个中镇社区实际上是由以一个富有家族为核心,包括当地富裕的工

---

① 汉娜·阿伦特:《人的条件》,竺乾威等译,上海人民出版社,1999 年,第 38～40 页。

② 蔡禾主编:《城市社会学:理论与视野》,中山大学出版社,2003 年,第 87 页。

厂主、银行家、全国性企业在中镇的部门主管以及一两位杰出的律师所组成的一个小团体所支配。而亨特尔对亚特兰大的研究发现,在这样的"地区性城市"中,权力由一个包括多个层次的社会精英所组成的权力结构来支配。

(2)"委员会型"。权力掌握在数量不小的一群人手中,而且决定于他们的一致意见。这种类型一般存在于小城镇或郊区的住宅区。

(3)"多元分布型"。权力仅仅局限在相应的领域内,而且权力背后是各种工商业社会团体、专业协会、自愿组织。相当于政治学家达尔所说的多元精英模式。1961 年,达尔在对一个有着 15 万人口的大社区纽哈文(New Hovern)的研究发现,这个社区存在着不同类型的领导者,他们的权力基础是他们在正式组织中的职位,而且不同领域的精英只能在自己的领域中发挥作用,离开了他或她的领域,对别的领域的影响就没有了或小得多了。维尔德斯基的研究证实了多元权力不仅存在于中小城镇,而且存在于大城镇。

(4)没有固定权力模式的"无定型"即以上三种之外的社区形式。

2. 社区是否自治:独立社区和依赖社区

据此有两种城市社区整体结构。如果社区权力由社区当地居民所掌握,则这个社区是独立社区或自治社区。相反,如果社区权力完全或基本上由社区外部的力量所控制,则这个社区是依赖社区或非自治社区。

在 1950 年出版的《人文区位学:一种社区结构理论》一书中,霍利就发现了存在独立社区与依赖社区的区别。独立社区是自给自足的、独立的、小规模的,而且是稳定的。而依赖社区则受到它周围的其他社区和更大的社会环境的影响。迪恩 1967 年发表的一项实证研究证实了这种区别确实是存在的。[①]

前面也曾经提到,帕森斯是把社区作为社会系统的一个方面来看待的,这就意味着社区与环境是不可分隔的。在 1963 年出版的《美国的社区》一书中,沃伦进一步提出社区的横向格局和纵向格局概念中的纵向格局概念就是用来表示社区与环境的联系的,而且认为地方社区正在受到外部社会经济环境的越来越大的影响,社区的凝聚力和自治程度日趋减弱。[②]

在我国清朝时,城镇是由自上而下的帝国中央集权辖区网和各种相互交叉的非官方组织两种不同的组织机构联合管理的。[③] 而在 20 世纪以后城市社区的职

---

① 蔡禾主编:《城市社会学:理论与视野》,中山大学出版社,2003 年,第 95 页。

② Warren R. *The Community in America*,Chicago:Rand McNally and Co.,1963.

③ 斯普伦克尔:"城市的社会管理",载施坚雅主编:《中华帝国晚期的城市》,中华书局,2000 年,第 731 页。

能日趋制度化,公共职能的范围也与日俱增。[①] 到了新中国,国家与城市社区之间的关系模式也经历了由没有社区的街道—居民委员会体制向政府主导下的社区居民自治体制的转变。

四、城市性的主导影响

自从城市产生以来,农村社区与城市社区之间就一直发生着联系和互动。但是不同的历史条件、制度条件和经济条件,使城乡两类社区之间的关系具有不同的性质。例如在工业化之前,城市基本上只是作为物资中转和商品交换以及消费的据点,而少有生产的功能,大部分商品都来自农村。因此,从根本上来说,那时的城乡经济关系主要表现为农村输出而城市输入。在那个时期,城市的生活方式与农村的生活方式差别不大,城市生活方式没有对农村和整个社会的生活方式产生主导性的影响。

自近代工业化以后,这种关系刚好倒转过来,城市生产的各种商品和提供的各种服务越来越多,成为最大的商品和服务的输出地,而农村所输出的商品和服务则小得多。从此"城市是整个社会的经济中心、政治中心和精神生活的中心,成为社会进步的主要动力"[②]。在这个过程中,作为一种生活方式的城市性,对农村社区具有主导性的影响。在这个意义上,整个现代化的历史就是一部城市性逐渐获得对农村社会和整个社会的主导性影响的历史。

在本章最后,我们就来讨论城市是如何逐渐影响农村和整个社会的。我们这里主要讨论造成这种影响的四个方面或四个机制,这四个方面或机制之间又存在着相互联系,它们是城市化、现代教育、交通网络和信息传播技术。

1.城市化

城市本身的存在和发展就是促进城市生活方式扩展的最重要的因素、方式和途径。这个过程通常被称为城市化。所谓城市化(urbanization),指的是城市的物质地理空间的不断扩展以及城市生活方式的不断扩散的过程。城市地理空间的扩展包括原有城市的规模(人口数和整个城市的所有建筑物所分布和占据的地域)的扩大和新的城市的产生两个方面。城市性即城市生活方式的扩散,主要表现在城市生活方式在地理范围和社会人群范围(这二者是一个问题的两个层面)上的影响的扩大。

---

① 黄宗智:"中国的'公共领域'与"市民社会——国家与社会间的第三域'",原载 *Modern China*,April(1993)。中译文见邓正来、亚力山大编《国家与市民社会——一种社会理论的研究路径》,中央编译出版社,1999年,第429页。

② 列宁:《列宁全集》第23卷,人民出版社,1990年,第358页。

城市化的产生和发展是一系列因素共同作用的结果。(1)农业生产力的发展是城市化的基本前提,因为只有在农业生产力发展到一定程度,使农业所生产出来的农产品总量不仅能够满足所有农业生产者及其家庭对生活资料和简单再生产的需要,而且能够满足非农业生产者及其家庭对生活资料的需要,城市的存在才成为可能。而要使城市化成为可能,就必须以大于农业的简单再生产的需要的发展作为前提。(2)从历史上来看,工业化是城市化的直接推动力。以各种技术革新为物质基础的工业化,不仅使人类单位时间的生产率得到迅猛的提高,而且需要把大规模的人口聚集在以机器为物质动力的工厂中以及与此相关的产业中,由此而产生新的城市或者使原有城市的规模得到扩大。(3)服务性产业的发展与城市的发展之间存在一种互为因果的联系。服务业的发展是工业化和城市化的结果,同时也是它们进一步发展的前提条件,服务业与城市化之间存在高度的正相关关系。(4)在许多国家(往往是晚发型现代化国家),由于看到城市化对社会和经济的发展所具有的巨大推动力,所以,政府直接介入到城市化过程中,人为设计和投入各种资源来推动城市化,政府成为城市化的主导力量。

城市规模的扩展和城市数量的增加,使越来越多的社会人口在城市生活和工作,按照城市的生活方式来行动。城市生活方式的影响还通过旅游、学校教育、大众传媒等途径进行传播。通过这些方式和途径,城市生活方式被直接或间接地、有意或无意地推广。随着时间的推移,人们不仅在客观上日益生活在城市中和受到城市的影响,而且在主观上也逐渐形成一种向往城市生活方式的社会心态。

2.现代教育

现代社会的教育在促进城市生活方式对农村和整个社会的影响方面,也发挥着极其重要的作用。现代教育通过系统的教育内容安排和组织化的教育活动方式,使生活在现代社会中的人类个体从进入学校的那一天开始,就按照城市性的模式来进行社会化。可以说,现代教育的过程就是城市性的再生产过程。这具体表现为:(1)现代教育的内容基本上或完全是以城市的社会生活和生产背景为内容。虽然我们目前缺乏有关现代社会教育内容的城市与农村的比较研究的材料(这是个值得研究的教育社会学或社会化课题),但我们每个人的受教育经历确实使我们知道自己被社会化的东西更多的是城市性的东西,而不是农村性的东西。(2)教育实施的组织化本身就是城市性的:按照受教育者的年龄和社会生活、生产的需要来设计课程、教学过程的组织化和教育承担者(学校)的高度组织化等,都是城市性的,而不是农村性。(3)教育主要以适应城市社会的各种复杂需要为目标如专门的角色、专业的知识和技能、组织纪律和观念等等。

3.交通网络和传播媒介

如果说现代教育对城市性的促进具有比较明显的自觉特点,那么交通网络和传播媒介这两种途径的自觉特点就要弱得多,或者没有这种自觉特点。不能否认,交通网络的建立和传播媒介的使用具有统治者的社会控制目的,但是城市通过交通网络和传播媒介对农村所产生的影响其内容要远远超过统治者的社会控制功能,而且这些影响往往是潜移默化的。

传播媒介的自我发生方式更具有广泛性。它通过反复不断地侵入人们的视觉、听觉、感觉而潜移默化地影响人们的心理和行为。因为正式的传播媒介都是城市的,所以它们主要体现的是城市性。

交通网络虽然并没有缩短城乡之间的客观地理距离,但它的存在与否和发达程度以及相关的交通工具的有无和先进程度,确实在影响和改变着人们感受城乡之间地理距离的心理距离。交通网络还通过促进人口流动、物资流通等,促进城乡之间联系和互动的水平。在这个过程中,城市性通过流动的人口、商品、交通工具等对农村和全社会产生各种影响。

思考题:

1. 简述社区的社会学涵义的变化。

2. 社区的基本构成要素有哪些? 什么是社区结构?

3. 农村社区的结构要素主要是什么? 农村社区的结构单位有哪些?

4. 城市社区的结构要素主要是什么? 城市社区的结构单位有哪些?

5. 讨论促进城市性的社会影响的主要途径和方式。

第七章
文 化

对个人来说,自我和人格要靠文化来塑造,思想和行动要靠文化来指导,意义和价值要靠文化来赋予;就社会而言,其存在有赖于文化的奠基,其稳定倚仗于文化的传承,其变迁得益于文化的革新。可以说,文化就像空气一样无所不在,渗透到我们生活的各个领域,对整个社会的运行产生极大的影响。因此,研究文化,分析其内部结构,考察其运作过程,讨论其与社会的互动关系乃是社会学的重要任务之一。

第一节 什么是文化

一、文化的界定

关于这个问题,英国人类学家马林诺夫斯基感叹道:"文化,文化,言之固易,要正确地加以定义及完备地加以叙述,则并不是容易的事。"[①]我国学者钱钟书对此也很困惑:"文化这个东西,你不问嘛,我倒还清楚;你这一问,我倒糊涂起来了。"[②]二人的困惑缘自文化现实的丰富性和文化概念的多义性,"据说有关文化的定义多达 260 种"[③]。不同的学科、流派、个人从各自的立场和观念出发,给文化概念赋予了不同的含义。

我们可以把各种文化定义大致归纳出以下四种类型。

第一种界定是把文化与自然相对应,认为凡属人类创造的事物都是文化,这与广义的社会概念相同。其典型表述,见之于各种"整体"说、"总和"说和"生活方式"说。例如,我国《辞海》的定义:"文化,从广义来说,指人类社会历史实践过程

[①] 马林诺夫斯基:《文化论》,费孝通等译,中国民间文艺出版社,1987 年,第 2 页。

[②] 庞朴:"文化结构与近代中国",载《东西文化与中国现代化讲演集》,浙江人民出版社,1986 年,第 98 页。

[③] 名和太郎著:《经济与文化》,高增杰等译,中国经济出版社,1987 年,第 41 页。

"一切文化要素，若是我们的看法是对的，一定是在活动中发生作用，而且是有效的。文化要素的动态性质指示了人类学的重要工作就在研究文化的功能。"

——马林诺夫斯基
(Bronislaw Malinowski)

中所创造的物质财富和精神财富的总和。"① 美国人类学家克鲁克洪的定义："所谓'一种文化'，它指的是某个人类群体独特的生活方式，他们整套的'生存式样'。"②

第二种界定把精神与物质对立起来，认为只有与人的精神相关的创造物及其表现形态（制度、组织等）才是文化，不承认有"物质文化"，这与狭义的社会概念类似。其典型表述就是所谓的"精神文化"。例如，《辞海》中所指的"社会意识形态，以及与之相适应的制度和组织机构"③。这种定义可能来自马克思的"上层建筑"概念，但又与之不同，因为，"经济基础"中也有"制度和组织机构"。英国人类学家泰勒的经典定义也注重精神文化内容，他说："文化或文明是一个复杂的整体，它包括知识、信仰、艺术、伦理道德、法律、风俗和作为一个社会成员的人通过学习而获得的任何其他能力和习惯。"④ 只是后来美国的人类学家嫌泰勒的这个定义不够全面，才加上了"物质文化"内容。⑤

第三种界定强调知识、思想、价值、心理等人类的内在意识和观念，认为文化就是指社会的意识形态或社会的观念形态。这一观点的最经典的表述者是毛泽东。他说："一定的文化是一定社会的政治和经济在观念形态上的反映"，并认为这一观点坚持了马克思关于"人们的社会存在决定人们的社会意识"以及列宁关于"能动的革命的反映论"之基本观点，强调指出"我们讨论中国文化问题，不能忘记这个基本观点"。⑥ 毛泽东的这一定义影响了整整

① 《辞海》（缩印本），上海辞书出版社，1979 年，第 1533 页；另见《中国大百科全书》（社会学卷），中国大百科全书出版社，1991 年，第 409 页。

② 克鲁克洪等：《文化与个人》，高佳等译，浙江人民出版社，1986 年，第 4 页。

③ 《辞海》（缩印本），上海辞书出版社，1979 年，第 1533 页。

④ 转引自《中国大百科全书》（社会学卷），中国大百科全书出版社，1991 年，第 409 页。

⑤ 司马云杰：《文化社会学》，山东人民出版社，1987 年，第 9 页。

⑥ 毛泽东：《新民主主义论》，载《毛泽东选集》第 2 卷，人民出版社，1991 年，第 694、664 页。

几代中国人的思想,成为当代中国社会占主导地位的文化观念。① 以至于一提到文化人们就往往把它和思想观念联系在一起。国外一些学者也将文化界定为意义和观念,如,德国社会学家 A.韦伯认为文化是精神的价值观念。② 美国社会学家索罗金和帕森斯强调象征、意义、价值和规范是理解社会文化的关键。③ 美国当代人类学家格尔兹把文化定为"从历史沿袭下来的体现于象征符号中的意义模式,是由象征符号体系表达传承的概念体系"④。

第四种是人们在日常生活中的用法,文化作为日常用语多指教育程度或文学艺术之类的雅事,这是文化概念的一种更狭隘且带感情色彩和价值评判的用法。

以上几种定义虽然从某种意义上看都有各自的道理。但如果从具体学科的角度来看,第一种定义因其内涵的稀薄和外延的空泛显得有点"大而无当",使用起来既无理论分析上的穿透力又乏经验描述上的精确性。第二种界定虽然在范围上有所"约束",但仍容易与社会学的"社会"概念相混淆。而第四种用法又过于狭窄了。在我们看来,由于第三种界定,尤其是帕森斯和格尔兹的定义,一来合乎社会学的传统用法⑤,二来也便于和"社会"概念区别开来⑥,因此比较适合于社会学分析之用。

二、文化与社会、文明的关系

文化与社会这两个概念似乎反映的是社会生活的两个独特的部分,但在现实世界中,社会与文化是不可分离的,它们像一枚硬币的两面,没有文化便没有社会,没有社会也就没有文化。文化和社会都源于人类的实践活动,是人类认识、改造自然及社会和自我的结果。但是文化与社会作为两个不同的概念,还是有区别的。文化所反映的主要是社会的精神现象,它所涉及的范围没有广义社会那么大。如果说人口、自然环境是社会的"硬件",那么文化实际上是社会的软件,是广义社会的一个有机组成部分。

文化与文明这两个概念也是既有联系又有区别。它们的联系主要体现在,文

---

① 中国共产党第十五次代表大会基本上继承了毛泽东同志在《新民主主义论》中的思想观点,提出了有中国特色社会主义的经济、政治和文化纲领。

② 沙莲香编译:《现代社会学》,国防大学出版社,1992年,第231页。

③ 约翰逊:《社会学理论》,南开大学社会学系译,国际文化出版公司,1988年,第115、494页。

④ 格尔兹:《文化的解释》,罗红光等译,上海人民出版社,1999年,第103页。

⑤ 孔德的"人类精神"、马克思的"社会意识"和"意识形态"、迪尔凯姆的"集体表象"、韦伯的"意义之网"、舍勒的"知识"、帕累托的"派生物"、米德的"心灵"、哈贝马斯的"生活世界"等概念均与这种定义类似。

⑥ 社会学一般把社会定义为"由人们的相互行动而建立的一套社会关系系统"。

化是文明的基础,文明的进步有赖于文化的发展,文化的发展必然促进文明的进步。它们的区别主要是:第一,文化现象是同人类社会与生俱来的,而文明是人类社会发展到较高阶段时才出现的。可以说文明是较高阶段的文化。第二,文明是一个带有价值判断的褒义词,它表示人类社会的进步状态,而文化则是一个中性词,不蕴涵价值判断,无所谓好坏。[①]

三、文化的特性

文化具有以下特性:

1. 创造性和习得性

这是说文化具有非生物性,它不能通过生物遗传而只能通过人们的后天学习和创造得到。新生儿没有文化,他只有生物遗传的自然本能。至于所谓的"文化遗传"不过是形象的比喻而已。

2. 社会性

这是指文化的超个人性。个人虽有接受文化和创造文化的能力,但是文化一旦形成,它就成为一种外在于个人并且对个人具有一定约束作用的客观实在。个人只有在与他人的互动中才需要文化,才能接受文化,才能影响文化。

3. 系统性

文化的系统性是指文化现象之间的相互联系,这种联系受一定规则的约束并执行某种功能。它主要体现在这样两个方面:第一,围绕着某一社会活动,会产生一系列相关的文化现象。如:宗教活动,就包括了宗教教义、宗教仪式、宗教建筑、宗教组织等宗教文化现象。第二,任何一种文化现象都不可能孤立地存在,它总是要和别的文化现象组合在一起,构成一个相互关联的复杂整体。如教育这一文化现象与社会的政治制度、科学技术水平都有着不可分割的联系。

4. 象征性

这是说文化是体现在"公共符号"上的意义体系。[②] 象征性是文化的本质特征。同一文化共同体的人们借助特定的事物、活动、仪式、空间、时间这些象征符号来表达、交流自己的观念和情感。这些符号的意义不是事物本身所固有的,而是由共同体成员约定俗成的。例如,绿色象征生命,鸽子象征和平等。

5. 共享性

文化的共享性是指文化具有为一个群体、一个社会乃至全人类所共享的特

---

① 司马云杰:《文化社会学》,山东人民出版社,1987年,第523页。
② 王铭铭:《想像的异邦》,上海人民出版社,1998年,第55页。

性。从文化的共享性可以导出文化的其他诸种特性,如文化具有继承性和扩散性,以及文化具有习得性。文化的这些特性与文化的共享性是密切联系在一起的。正因为文化具有扩散性和继承性,文化才能为他人、后人所共享;反过来,正因为文化具有共享性,它才能得到传播和传递。然而,文化的这种共享性与物质财富的共享是不同的。如果某一物主将他的东西拿出来与人共享,则他对该物的拥有量就会减少,而文化的共享却不会导致原有文化资源的减少。

第二节　文化的构成

文化的构成要素包括符号及其意义体系、价值观和规范。

一、价值观

价值观是一个社会或群体中的成员所共有的区分事物好与坏、对与错、有用与否、可欲不可欲、可行与不可行的观念,它是决定该社会或群体的理想和目标的一般的和抽象的观念,因此,也是文化的核心。不同社会的价值观有差异,但在同一社会群体中的价值观基本上是一致的。

价值观是人们公认的判断事物的标准。一切事物都可以用价值观来判断。无论是自然事物还是社会行为,人们都会判断它们有没有价值。正是在这种意义上,人们才可能讨论人生或生命的价值。人生价值无疑是文化价值体系中的最重要的内容,是一个社会的最高的道德准则。每当一个社会的舆论大张旗鼓地讨论人生价值的时候,正是这个社会的基本价值观处于变革或革新的重要关头。当旧的传统价值观还能为人们所接受,舆论就不会对这一判断标准体系提出疑问。而当社会发展对旧的价值体系提出挑战时,人们才需要通过公开的讨论来确立适应情况发展的新的价值体系,并用它指导人们的行为。总之,社会总是需要一种统一的价值体系。

价值观在通常情况下是充满感情的,它为人们的正当行为提供了充分的理由。在价值判断过程中,人们自然对那些好的和对的事物表示感情上的支持、羡慕和赞许;而对那些被认为是坏的和错的事物产生厌恶、反感甚至仇恨的感觉。涉及人们感情态度的价值观常常表现为一个社会的道德观念。例如,在私有制社会中,侵犯他人财产、危及他人安全和伤害他人感情的行为都被认为是不道德的。

另一些并不涉及人情感的价值观是用来判断事物的可行与否,是否符合人们的愿望。价值观不仅是判断人与人关系的行为标准,它也是判断人与自然关系的认识标准。在对自然的探索中,人类不断积累经验和知识并把它们运用于实践活动中,形成人们改造自然的社会行为。所以,这些经验和知识内化于人的观念中成为价值观的一个组成部分,指导着人与自然关系中的行为选择。可以说,人类与自然发生关系的一切结果都深深地打上价值观的烙印,具有了文化的意义。人类的科学技术知识就是人类对自然事物价值化的结果,人们根据这种价值判断和自然界发生关系。

知识社会学家曼海姆曾对知识与其创造者(知识分子)的关系作过精辟论述,他指出,知识从来就不是一个与其创造者相脱离的东西,知识与社会行动有关,它反映了知识阶层在社会中的地位,反映了相对应的事件和特定历史时期占统治地位的思想。知识,即便是科学的知识,并不存在于某些独立的真理领域当中。知识是人类共同进程中复杂难懂的部分,它处于历史、社会和心理的相互关系之中。"知识是这个世界的本质。"①

价值观是社会或群体的所有成员所公认的。只有获得统一的行为判断标准,人们才能发生一致的行为,社会才能协调运转。这个一致化过程是社会所有成员共同实践的过程。在实际生活中,人们逐渐地把那些有利于整体生存和发展的行为定义为好的和正确的或可行的,而把那些危及整体生存和发展的事物定义为坏的和错误的或不可行的。有时这种选择是在两难之间进行的,两害相权取其轻。比如,我们常对旧社会的买卖婚姻和包办婚姻进行严厉的鞭挞。我们站在现代人的立场上无法理解当时的人们为何允许这种野蛮的婚姻制度存在,实际上这正是当时两难之择的结果。如果说当时的人们没有感觉和认识到这种婚姻制度的危害性和非人性倾向,是不符合逻辑的。问题是在以家庭和家族为社会关系基础和生产(包括物质生产和人的生产)单位的条件下,家庭关系的稳定和家族网络的扩展影响到社会或群体的存在和发展,所以不能任凭两个当事人纯粹凭感情的冲动去决定。两性关系服从于婚姻关系,婚姻关系服从于家庭关

"由主体所表达的观念被看做是他的存在的功能。这意味着,观点、陈述、命题和观念系统不是在其表面价值上被理解,而是根据表达者的生活状态来解释。"

——卡尔·曼海姆
(Karl Mannheim)

① W. D. 珀杜:《西方社会学——人物、学派、思想》,河北人民出版社,1992 年,第 470 页。

系,家庭关系又受制于家族利益。表面上的两个人的事情最终成了社会或群体的选择。

正因为价值观是社会成员所公认的,所以,它能为人们的行为提供正当理由。比如,如果两个骑自行车的人在马路上相撞,那个靠右行的人就会理直气壮地训斥对方,并要求赔偿。而那位本想抄近路的人就会自觉理亏,赔不是,说好话。因为我们的文化价值观认为靠右行走是对的和正确的。

有些价值观是内化于人的知识和思想中的"无意识结构"。所谓内化是指它已被人们所接受并潜藏于人的深层意识之中。我们在做行为判断时往往并未意识到自己是在反思性地利用价值标准,整个判断过程大多是在无意识中发生的。但这种价值观是客观的,是人们后天学来的,是属于一个社会或群体并独立于个人的客观实在。作为个人,我们几乎无力改变社会的价值观,而只能顺从和利用它。

一个社会的价值倾向决定了该社会的理想和目标。在我国传统社会占主导地位的儒家文化的核心就是"礼"。它要人们以礼为最高价值,"非礼勿视,非礼勿听,非礼勿言,非礼勿动",做到"君君、臣臣、父父、子子",各守本分。依照这种价值倾向形成的社会理想目标就是传统的等级制度。因此,人们往往把社会的黑暗和不平等归因于贪官的不臣和暴君的不君,而不是归结为社会制度的弊病。相应地,人民的反抗也就表现为小则告发贪官,清除奸佞,大则揭竿而起,推翻暴君,所有这些行为都没有背离旧有的价值观。由于缺少新的价值观也就无从确立新的社会理想和目标,重新建立的社会秩序依然是旧王朝的翻版,所以,中国的传统社会就成为一个"超稳定结构"。

在价值观和人的行为的关系问题上一直存在着两种互相对立的观点。一种观点认为价值观决定人的行为。人在自己早期社会化过程中已经吸收了该社会或群体的基本价值观,这些价值观一旦在个人意识中形成,就指导着人的行为选择和基本人生态度。另一种对立的观点则注重人的行为在价值观形成中的重要性。这种观点认为人们起初在长期的生活中形成了风俗和习惯,即较固定的行为模式。为了证明沿用这些习惯是合理的,或为了掩饰这些习惯在某些方面可能不合理的事实,人们就给它们编造出一些抽象的解释。通过这些解释,社会中早已形成的根深蒂固的习惯或习俗就表现为合情合理的。也就是说,价值观是一种事后的思考。[①] 这种争论本质上是认识与实践的关系这一哲学基本问题在价值观问题上的延伸。其实,价值观和行为是互相作用的。从总的趋势看,是人的社会行为决定价值观。社会行为是人的实践活动,价值观则属于观念形态的认识范

---

① 　戴维·波普诺:《社会学》,中国人民大学出版社,2002年,第69～70页。

畴,它是在人们的日常行为中逐渐形成并不断得到增强和完善的。人们创造价值观是为了对既存的,被公认有利于群体发展的行为做出统一的解释。但是,价值观一旦形成,它就往往成为限制人们的创造性行为的观念力量。当旧的价值体系限制了大多数人的创造性行为,从而阻碍社会可能的进步时,人们自然会创造或借用新的价值观取而代之。这种新的价值观会极大地扩展人的行为能力,给人以更大的社会活动自由。所以价值观的变革往往意味着人的进一步解放。

价值观是内化于人们意识之中的一套抽象的行为标准体系,它决定着具体行为规范之间逻辑上的一致性,并且在具体的文化规定发生矛盾和对立时帮助人们做出"正确"的选择。价值观不等同于道德观。道德观是人与人关系中好与坏、对与错的标准,是善的意识的集中体现。凡是危及他人利益,造成他人痛苦和不适的行为往往都被看做是不道德的。而价值观的外延则比道德的范围更大,它不仅指涉"善"、"正义"等道德观念,而且包括"真"、"美"等知识标准和艺术理念。它既能指导人与人的关系,又能指导人与自我、人与自然的关系。

文化的其他要素实际上都是围绕价值观这一核心展开的。它们要么是价值观的具体化和外在化,如规范;要么是价值观的客观化表达形式如符号和意义体系;或者是价值观的物质载体如物质文化。

二、规范

价值观一般是抽象的,看不见,摸不着的,人们日常所见的文化观象大多表现为规范。社会学家把对人们在特定情况下应该怎样行动、思想和感受的期待叫做规范。规范是具体化、外在化的价值观,是标准化的行为模式。除了那些基本的适合于普遍人群的规范之外,还有一些适用于小范围群体的规范。医生、大学生、军人、上流社会和下层黑社会团体等人群之中都有适应于自己生活的一套特殊规范。这些群体规范成为该群体成员的行为判断标准。遵守这些规范的群体成员被认为是"正常"的,反之,是"非正常"的。但是,如果超出群体的特定环境,"正常的"往往会变成"不正常的"。如果一个大学生在课堂讨论时使用粗俗的语言,就会被老师和同学斥之为"粗野"或"没有教养"。但如果大学生去乡下做社会调查时也用那种生涩的学术语言与农民进行交谈,就会被人笑为"书呆子"。俗语"入乡随俗"就是指要根据文化环境的变化,调节自己的行为期待,按照当地的规范办事。①

有一些群体规范是专门为了使自己区别于其他群体的。黑社会就有一套只适用于他们内部的语言(黑话)和动作。美国的嬉皮士的独特规范中有一条就是

---

① 哈拉兰薄斯:《社会学基础》,孟还等译,上海社会科学院出版社,1986 年,第 3 页。

每人都要表现"异常"，背离世俗社会，要和常人不一样，穿奇装异服，留独特发型，以此蔑视传统的社会规范。

　　规范和价值观是两个紧密联系而又有区别的概念。规范是特殊的、具体的、受特定条件限制的，价值观是一般的、抽象的，而且常常是判断规范的尺度。比如，集体主义是我们社会中的一个重要的价值观，受这种价值观的影响，我们的学校和幼儿园里就规定学生要服从集体的意志，参加集体劳动，一起上操，按时熄灯等。老师也常用"没有集体观念"这样的评语批评那些爱独自行动的学生。美国是一个注重个人价值观的国家。在学校的课堂里，学生迟到、上课睡觉、吃东西、来回走动也是可以允许的行为，学校很少有硬性规定的集体一致化的活动。规范在通常情况下和价值观是一致的。但也不总是这样，尤其是在社会大变革时期。比如，消灭三大差别和贫富不均，走共同富裕的道路是我们社会主义社会的一种基本价值。它决定着我们社会的理想和目标。但在目前的改革中，政策又允许一部分人先富起来，这种新的规范和旧的价值观的冲突现象使许多人陷入迷惑状态。改革迫使人们改变原来的价值观，实现观念更新。

　　社会的基本规范主要有角色、习俗、道德和法律。

　　1. 角色

　　规范总与具体的社会身份和角色相联系，是角色的实际内容。一个人占有一个社会身份，就要扮演与之相适应的角色，也就是按这个角色的规范去行事。医生应该通过经常表现出来的平舒、稳重、富于同情心和责任感来表明其身份。但这些行为如果放在一位宾馆招待员身上就不一定适合。这一点，我们在讨论社会角色和角色规范时都已经了解了。

　　2. 习俗

　　各种规范有不同的社会重要性。有些规范被触犯后不会有严重后果。比如，有人深更半夜在公共楼房里大吵大闹或放音乐跳舞。这种行为违犯了人们约定俗成的深夜保持安静的规范。但这种规范没有很强的约束力，违犯者不会受到强有力的制裁。社会学家把这类规范叫做"社会习俗"或"社会习惯"。

　　有些社会习俗虽然没有很强的约束力，却有着重要的社会意义，需要我们做出认真的选择。这些习俗往往是围绕着我们生活中的许多重要事件而形成的，像出生、死亡、结婚、离婚、收获、播种和节日庆典等。在这些习惯仪式中，一个过程、一个礼节、一件用器、一个术语都表现了占主导地位的价值观念。

　　除了像婚丧嫁娶这样围绕着人生重要事件形成的社会习俗外，还有一些主要的社会习俗是围绕人们的生产活动和四季循环的转折所形成的节日文化丛，像我国汉族传统的春节、中秋节、端午节、清明节等。节日表达了人们对时间的认识。

　　总而言之，社会习俗是集中体现的群体规范，它最能反映文化的核心——价值观。社会习俗是一种没有强烈约束力的规范。人们大都是在有利于个人和社会发展的前提下遵守习俗的要求，否则，人们就可能违背它。当这种违背行为不断重复并成为一种群众性行为时，就说明这种习俗已不适合社会发展的现实要求，从而需要新的习俗来代替它。

3. 道德

一个人类社会和群体的存在和发展不能仅仅靠社会习俗这样松散的规范来维持。习俗并不能指导所有的人类行为。文化不仅要告诉人们哪些是应该和不应该的行为，而且要说明哪些是必须遵守的规范。社会学家把那些必须严格遵守的社会规范叫"道德"。

社会习俗指导着人们在有利于个人发展的前提下按常规行事，而道德则是要限制人的行为，使之不能在个人发展的同时侵犯他人的利益。一个人违背了社会习俗，人们可能会嘲笑他，背后说他的闲话，但不能指责他有道德问题，因为他并未侵犯他人的利益。他不能遵守习俗或习惯可能是因为某种特殊原因。在大多数文明社会或群体中，涉及道德的行为一般都与人的生命、物质财产和婚姻关系有关。几乎所有的文明社会都对在非战争条件下危害他人生命安全的行为实行严厉的制裁。保护其成员的人身安全是一个社会或群体存在和发展的最基本条件。所以，"不许杀人"几乎成了所有文明社会最起码的道德铁律。除了生命、财产和男女关系外，围绕着人们行为活动的其他一些领域也形成了一些公认的道德规范，如获取财富的合法形式、抚养老人的义务和责任，以及朋友之间的忠诚和信任等。

4. 法律

法律是由国家或其他具有绝对权力的机构颁布的人类行为规范，法律具有强制性。法律是具体的、特殊的，具有由成文法典所表述出来的明确的行为界限，并配合有标准化的制裁措施，如法院、警察、监狱等；而道德规范则是相对抽象的和一般的。法律在总的倾向上和道德态度总是一致的，但有时也发生矛盾。比如，我国自古以来就存在着情、理与法的冲突。

总之，社会规范根据人们不同的行为范畴分为不同的层次。角色规范指导着人们日常生活中的自我行为选择；社会习俗指导着人的群体行为，促使人们形成群体的认同感和内聚力；道德指导着人们在自我利益和他人利益发生冲突时的行为选择；而法律则严格限制人与人的冲突关系中的过激行为。正是通过这种多样化的规范体系，社会才使其成员的大多数行为限制在一个有利于群体发展的范围内。

三、意义和符号

1. 意义

人不同于动物，人能够给从外部世界经过感官进入大脑的各种各样的知觉以一个确定的意义。通过这一过程，人能把一个外部世界转换成一个内部世界，把物质世界变成一个精神世界

在世间万物之中，只有那些与人的生活发生联系并被人知觉的事物才对人有意义。而且，同一事物对于处在不同环境中的个人会有不同的意义。另一方面，有些事物可能对于人类生活有极其重要的价值（如空气和水），但大多数人并未认识到它们的意义，因为人们把它们作为想当然的前提而接受下来，就像我们并不关心自己的四肢为何能够运动一样。人们只有在失去它们的时候才会感到它们存在的价值，认识到它们的意义。今天的人类之所以要花费极大的精力来保护环境，就是因为人们从这些自然资源的有限性中认识到了它们对于人类生存和发展的实际意义。

因为人是根据自己的知觉范围来认识客观事物的，而人的知觉范围是有限的，所以人的认识也是有限的。有时，可怕的并不是人类对客观事物作出了"错误"的解释，而是人们面对所能感知的现实却无法解释，人对于自己不能解释的事物总是恐惧的，这会威胁人的"本体性安全"。人类认识能力的有限性使人类无法单凭理性思维去解释所有的客观事物，从而留下一大片需要靠人们的灵性感应去填充的空白世界。其结果是产生了像神话、宗教信仰这样的意义体系。虽然它们是虚幻的，但却可使人们承受不幸，获得其生存的勇气。

人类的文化价值观实际上就是一种意义体系，是人们对自然界和社会直接感受以及对这种感觉和自身的关系积极思维的结果。某一事物的存在和发生对大多数人造成影响的那部分重要性形成了社会的文化价值观。比如，同是一匹驯养的马，一个农民看见它想到的是它能耕地的意义，一位贵族看到它想到的是骑马去围猎。而这匹马对二者共同的意义则在于它能帮助人们。所以，作为文化价值观的意义是一个群体或社会共有的意义，是人们对一个事物的共同感受和理解。意义只有在与他人交往中，才有存在的可能。

随着人类的知觉手段和活动范围的不断扩大、延伸，被纳入人类生活的环境因素越来越多，人与人的关系结构越来越复杂，人类的意义体系也变得越加庞大。

主观性的价值观和意义必须外在化和客观化，并可以一定的方式进行传播才能成为共有的观念形态。那么，它们是怎样形成并存在于人的意识之中，又是怎样在人们之间互相传播并为大家所接受的呢？这就需要考察文化的表现手段——符号。

2. 符号

卡西尔把人看做"符号的动物"①。这意思是说人不但可以使用符号表达和解释现实,存储和交流信息、情感及观念,而且能够通过创造符号来建构现实和设计未来。符号是人际交往和社会整合的工具,是文化表达和意义象征的媒介。所谓符号是指为社会认可的、代表其他事物的任何事物。符号与信号之间的决定性差别在于,信号仅仅是动物水平上的行为工具,而符号则是人类特有的表达主观意义的工具。符号这一概念的重要性在于,它能够承载被客观确定了的意义内容,因此可以将这些意义内容从一个人的主观世界传达到另一个人的主观世界,从而在行动者之间建立共同的理解。

符号包括能指和所指两部分。能指是代表其他事物的事物,即符号自身,比如,语言、文字、数字、图画、表情、姿势、仪式等。所指是被代表的事物,也称符号的意义,包括人、物、事件、情感、观念等。两者的关系是社会约定的,而非事物自身固有的。

群体生活是人类生存的前提。个人必须把自己所感受的意义传递给他人,并能够接受和理解别人传递来的意义。这样,人们才能有共同的行动和生活。人们必须借助于符号使主观的意识客观化,所以,解释符号的过程就是理解意义的过程。符号能够传递意义还有赖于人们共同的知觉和感受。如果没有这种共同的感受,符号传递意义就会受阻。例如,让一个小孩来听一位成年人诉说他失恋的痛苦,孩子一定会莫名其妙。

最基本的符号大概是对人们直接生活中所能感觉到的事物的象征。比如,模仿自然声响的口语、表示直观形象的手势和粗略的动物画像等。这些符号表达了最直接、最简单的意义。

有些事物的意义不在人们的直接生活感受范围之内。因此,借助于特殊力量或工具认识到这种意义的人,就必须使用抽象化的符号来把这种意义传递给他人。科学家们所做的工作,就是创造一些特殊的符号来表述他们的理论和见解。抽象符号难懂是因为它要用已知的符号来解释未知的符号,而已知的符号应该已经变成了人们头脑中的意义。越是远离人们直接生活的事物越是难以理解,因为它的解释过程是一个很长的符号链。若某一环节上的符号意义没有弄懂,后面符号的意义也就无从把握。学习科学知识就是一个解释符号的过程。

还有一种抽象符号是用来解释人们精神领域中的意义的。比如,"上帝"就是一个存在于人的精神领域中的虚幻形象。要理解上帝,除了读《圣经》,做礼拜外,还必须达到一种超感觉的"灵性感应"。宗教信徒们把这种通过超感觉的"灵性感应"所获得的意义用十字架等宗教符号来表示。同样,用"心"的图案表示男女之

---

① 卡西尔:《人论》,上海译文出版社,1988年,第4页。

间的爱慕之情,一个紧握的拳头表示决心。这种符号是以简单表示复杂,以具体表达抽象。因为这些概念很难理解和解释,所以人们把它们同那些已经理解和便于理解的东西加以比较。这种符号能帮助我们理解现实,使人们之间的抽象意义的交往变得更加容易。

第三节　文化的分类与功能

一、文化的分类

我们可以从不同的角度对文化作不同的区分。

1. 根据文化所包括的内容的性质,可以将文化划分为以下三层结构[①]

(1)表层,即物质技术层。它是经过人类作用的第二自然物,即在自然物上打上的人类意志和活动的印记,所反映的是人类认识和改造自然的能力和技术水平。

(2)中间层。即心物结合层。它是指人类精神产品的非物质形式的对象化,如:组织、制度等。有人将这一层次的文化称为制度文化或行为文化。

(3)里层。即心理层。包括人的价值观、心理状态、思维方式、审美情趣、道德情操、宗教信念、民族精神等,有的学者将这一层文化称为"深层文化",它们是文化研究所关注的主要内容。

2. 根据文化所包括内容的复杂程度和范围的大小,可以将文化分成如下三层结构

(1)文化特质。是指一种文化区别于其他文化的最小单元。如中国人的筷子、姓名,日本人的和服,蒙古人的蒙古包,等等。文化的差异是通过文化特质体现出来的。

(2)文化丛。是指功能上相互整合的文化特质群。文化特质往往并不是孤立地存在的,它与其他的特质又有着密切的联系。在人类历史上,一种文化特质产生出来后,伴之而来的会产生许多相关的文化特质。如:一些部落或民族最初学会了驯马,随着马文化的出现,就出现了一组以马的功能为基础的包括了许多马文化特质的文化丛,如马棚、马鞍、马车、驯马技术等等。又如,各个民族的嫁娶方式,也都是由多种文化特质组合而成的文化结丛。

(3)文化模式。是指相互关联的文化特质和文化丛的构成方式及其稳定特征。它构成了某个民族或社会特定生活方式或制度的基础。文化模式既可以指

---

① 张岱年、方克立主编:《中国文化概论》,北京师范大学出版社,1994年,第4~6页。

一个国家或民族的文化模式,如日本文化、中国文化等;也可以指一种具有独特特征的地域性文化,如我国的齐鲁文化、巴蜀文化、吴越文化等;还可以指一种更大范围的跨国区域文化,如西方文化、东方文化等等。美国文化人类学家本尼迪克特认为,每一个民族都有自己独特的文化,每一种文化模式都有一种主题、一种主导观念,把各个分散的文化元素组合起来,犹如一个人的思想和行为模式,多少具有一致性。文化模式揭示出:任何文化的发展变化都不是孤立的,都在功能上有着内在的统一性和整体的一致性,任何文化元素如果不和一定文化模式相适应就不会被该文化模式所接纳;作为一种民族的文化模式都是围绕着一种中心观念而形成的,只要这种中心观念不发生变化,那么整个文化模式就很难发生变化。[①]

3. 根据各种不同的文化在整个文化系统中所处的地位和作用,可以把文化分为主文化、亚文化和反文化三类

"如果我们对文化进程感兴趣,我们得以认识所选行为的意义的惟一方法就是把在文化中规范化了的动机、情感和价值作为背景。"

——露丝·本尼迪克特
（Ruth Benedict）

主文化又叫主流文化,是在一个文化系统中起主导作用的文化,比如,在中国传统社会,儒家文化曾经是主文化;在美国,西欧移民的文化是主文化。

亚文化又叫副文化或次文化,是在一个文化系统中处在次要位置上的文化。一般指的是具有某一地区色彩或某一群体色彩的文化,如美国社会中的印第安文化、黑人文化,中国的少数民族文化,等等。

在一般情况下,主文化与亚文化是能够共存共荣的,两者并不一定是互相排斥的关系。如:儒、释、道的"三教文化"在中国社会就可以共存,汉文化与少数民族文化也可以共存共荣。但在一定条件下,主文化与亚文化也有可能互相排斥或者发生相互转化。

当亚文化处于与主流文化相对立的地位时,它就成了"反文化"。反文化是指一种否定和排斥一定社会形态中主流文化的文化,如美国社会中的嬉皮士文化等等。

人们通常把主文化视为应当肯定的文化,而把反文化视为应当否定的文化,其实这种想

① 本尼迪克特:《文化模式》,浙江人民出版社,1987年,第163页。

法不一定正确。例如,与市场经济发展要求相吻合的一些思想观念,曾经被我们看成反主流文化而受到过批判。因此,判断标准应当看文化本身的性质。凡是代表着社会发展方向,有利于推动社会进步的文化,不管是主文化还是反文化都应当得到肯定;反之,则应当予以否定。

4. 理想文化和现实文化

人们所声称、所信仰的价值,即规范中的理想文化与人们实际言行中的现实文化之间的差距是造成文化紧张的原因之一。例如,我们社会中的许多人因面子、强权或逐利而表现出思、言、行的不一致;我们高度重视诚实正直的品质,但有些公民稍有机会就会逃避税收;虽然理想行为规范要求把性行为限制在夫妇之间,但是对婚前及婚外性行为的统计数字表明相当多数的人都不同程度地违反了这一规范。可见,我们的理想行为规范和现实行为规范之间存在着相当大的差距。

当然,社会对于现实文化和理想文化之间的矛盾常持宽容态度,作出各种“合理化”的解释。例如,缅甸的渔民作为虔诚的佛教徒不能杀生,包括不能杀死鱼虾。可是人们还得靠捕鱼为生,怎样解决这个矛盾呢? 于是,人们捕到鱼虾后只不过是将其放在岸上,让这些长期浸泡在河水中的鱼虾晾晾风,“如果在晾风过程中有些鱼虾愚蠢地寻死,那就不是人的过错了”。当理想文化与现实文化之间的矛盾过大时,就必须实行改革,促使二者趋于统一。例如,美国关于平等的价值观念与严重的种族歧视现实极不一致,导致了全国性的大动乱,最终促使社会达到较高程度的文化一体化。

二、文化的功能

文化作为人类社会的必不可少的有机组成部分,对人类和人类社会的生存与发展发挥着不可替代的重要作用。

1. 文化为人类提供了适应和改变自然环境的能力

文化的产生、积累与发展不仅使人类获得了适应自然环境变化的能力与手段,而且为人类提供了有目的地改变自然环境的能力。这样,人类就获得了与其他动物根本不同的生存与发展条件。正因为如此,在漫长的自然环境的变迁过程中,许多物种已经灭绝,惟独人类却获得了迅速的繁衍与发展。随着文化的积累与发展,生产力水平也越来越高,人类征服自然的能力越来越强。

2. 文化影响社会的组织形式和运转形式

虽然一个国家的政治上层建筑主要取决于一定的经济基础;但是一定的政治、法律思想对于政治制度和法律规范的形成与演变却发生着直接的影响。社会的政治、法律制度本质上属于思想关系的范畴,它必须通过人们的意识才能形成,所以思想观念对于政治制度和组织形式具有重要的制约作用。民主政治的建立有赖于民主法制意识的增强。人们的思想素质和文化素质会直接影响政治、法律制度的制定、执行和监督的全过程。思想文化对政治和社会运转的影响还表现在人们的理想、信仰对社会的稳定与整合所起的重要作用上。理想与信仰是一国国民的精神支柱,是一个国家或民族得以凝聚在一起的强大精神力量。如果一个民族或个人丧失了理想和追求,丧失了精神支柱,就会出现颓废、涣散、不安和动乱,对于社会的稳定、进步产生极为不利的影响。此外,一个民族的民族精神、宗教信仰乃至企业精神等对于增强人们的向心力和凝聚力,动员人们的力量,都会起到不可估量的效果。

3.文化影响人们的生活方式

人们的生活方式归根结蒂是由物质生产方式所决定的;但人们的价值观念、传统习俗等文化因素也对生活方式产生直接的影响。实际上,生活方式本身就是特定文化模式的反映。

4.文化影响人类自身的素质

一个国家或民族的科学技术水平、教育水平、传统思维方式、传统社会心理等等都会对该国国民的素质产生重要影响。在不同的文化背景中成长起来的人,其科学文化水平、思维方式、思想观念都会有不同的特点;随着人类社会的进步和文化的积累与发展,人类自身也将比以往更加聪明。

总之,文化的作用渗透到包括经济的、政治的、思想的以及日常生活的所有社会生活领域。这种作用可以分为两个方面:一方面,文化为人类提供了生存和发展的条件;另一方面,文化本身也成为人类环境的一部分,成为环境中的一种力量,反过来制约着人的思想和行为。

第四节　文化的一致与差异

一、文化的差异

文化的差异,也即文化的多样性或相对性。它在空间上表现为不同国家、民族、社会集团、社区都有其独特的文化,如民族文化有中国文化、美国文化等等,社会集团文化有企业文化、校园文化等等;在时间上表现为不同的时代有不同的文化,如传统文化、现代文化等。

文化的多样性意味着文化的选择,每种文化都从一系列可能性中选择适合自己需要的目标和手段。各种文化都面临着一些类似的问题,并且各自都以自己的方式解决这些问题。

二、文化的一致

尽管文化具有巨大的多样性，但世界上各种文化之间还是存在着显著的一致。人类学家默多克列举了已知的存在于所有文化中的 73 种基本要素：年龄分层、体育运动、身体装饰、历法、清洁训练、社区组织、烹饪、协作性劳动、宇宙论、求爱、舞蹈、装饰艺术、占卜、劳动分工、释梦、教育、末世论、伦理、礼仪、信仰疗法、家庭、宴会、取火、民间传说、食物禁忌、继承规则、开玩笑、亲族群体、亲族称谓、语言、法律、命运、迷信、巫术、婚姻、吃饭时间、医药、对自然机能的谦卑、哀悼、音乐、神话、数字、接生术、刑事制裁、个人姓名、人口政策、产后照料、妊娠习惯、财产权、向神灵赎罪、青春期习俗、宗教仪式、居住规则、性约束、灵魂的概念、地位的差别、工具制作、贸易、访问、断奶等。这个单子可以列得更长、更详细。例如，"权力"这个词尚未出现，如若"社区组织"和"协作性劳动"进一步细分成其构成要素，就应加入"权力"。

文化的共通性可以通过下列 4 种方式加以说明。

1. 精神的统一

尽管存在着个人间的差别和文化间的不同，但人类在受一定条件的支配，具有类似的情感，需要安全和繁荣，能够使用象征符号等等方面还是相同的。人类精神的统一并不造成各种文化的一致，但能使它们相类似。当同一类有机体对相似的情境作出反应时，就可以预料会有相似的习惯出现。

2. 群体生活的需要

群体要生存和繁荣，就必定要满足某些特定的需要。交换、领导、交流以及群体一致性的表现都并非是当然的。它们是当某些需要出现时被一再发现的解决问题的方法。共同的要素或共通性是一般的而非特殊的。在某一特定社会中发展起来的领导及交换形式，反映了该社会的经验。

3. 共同的问题

天气非冷即热，人们必须织布缝衣，建造房屋，适应气候变化；儿童需要哺养培育，社会就必须提供必要的文化设施，满足这种要求；人会生病，所以就得想办法治疗；个体需要区别，人们便有了不同的名字；生活常常十分艰难，死亡在等待着我们，因此人们便创造了神话和宗教，以期解释人类所面临的困境。

4. 有限的解决方法

行动与选择常常发生于某些有限制的构架之中。在这些限制中，有的是自然环境造成的。例如，极地的爱斯基摩人之所以用雪或兽皮建造房屋，是因为其他材料当地没有或费用昂贵。解决问题的方法受到限制，这个事实非常明显地表现于文化的技能方面。有限的解决方法这一原理也适用于语言，因为语言一定有某种语法；它也适用于社会组织，因为社会组织必须要适应自然界的条件；它甚至通用于仪式——仪式总是有合适的艺术形式。

三、民族中心主义

世界上的文化形式多种多样，然而多数人终生只在自己出生的文化环境里生活。由于对其他文化的生活方式了解甚少，人们总认为自己社会的规范和价值观念是无法规避的，而不是可以任意选择的。每个群体都认为自己的生活方式是合理的和最好的。外界的人及其信仰和习俗都会受到怀疑和敌视，这种倾向叫做种族中心主义。这种观点认为，自己的文化是最好的，而其他文化则是次等的甚至粗鲁拙劣的。所以每个社会的人们都不同程度地存在着民族中心主义，也就是说，都倾向于用自己社会的文化标准去衡量其他社会的文化。人们会想当然地认为自己社会的道德观念、婚姻形式、衣服式样、审美标准等都是最好不过的。

民族中心主义在那些与外界文化很少发生联系的社会里表现得非常突出。但是，即便是在具有良好正规教育和频繁国际往来的现代工业社会里这种思想仍然十分普遍。正如林顿所指出，民族中心主义顽固存在的原因之一是人们几乎不可能客观地观察自己的文化。另一个原因是民族中心主义有时对社会发展有一定作用，如有助于加强人们对自己传统的信仰和自信心，有助于增强本民族因结，抵御外来渗透和侵略。但在某些情况下民族中心主义却会产生许多不良作用，如助长种族主义，引起社会群体间的敌视和冲突，使人们意识不到改良自己文化的必要性。

四、文化相对主义

与民族中心主义者主观武断地用自己民族的文化为标准去评判其他民族的文化不同，文化相对主义者认为要想充分地了解和正确地评价一个民族的文化现象，只能从该民族的历史和环境出发，以其自身的规范和价值观作为衡量标准。就根据不同的环境、解决各自的问题和追求各自的理想而言，每一个民族的文化都有其独特的价值，它们之间在价值上没有高低优劣之分。虽然人们往往在感情上或者在无意识中会对他文化怀有民族中心主义的偏见，但在理智上大都承认文化相对主义的上述观点。这是因为与前者相比，后者具有以下认知和价值上的优势：首先，在认知上，文化相对论排除民族情结和自我中心主义干扰的"价值中立"立场不仅有助于我们获得对他文化的"同情了解"和客观认知，而且还能通过对他文化的了解来反思自身的文化、增进"自知之明"；其次，从这种开阔的知识视野出发，文化相对论承认并尊重文化差异，倡导文化多元和民族宽容，这非常有助于各民族之间和平共处与平等相待，促进各文化之间的沟通和理解。因此，文化相对论不仅可以作为社会科学的方法论，也应该是我们文化实践的价值论。

"如果我们创造了一种丰富多彩的文化，富有不同的价值观念，我们必须清醒地认识到人类全部潜能的多样性，因此我们需要缔造一个具有较少专断性的社会结构，在这种结构中，每一种人类的天赋都会得到一个恰当的位置。"

——M. 米德

(Margaret Mead)

　　不过，有些人可能批评文化相对论因强调文化差异而忽视和否认了人类共同的价值。对此质疑，可以做如下回答：首先，至少在逻辑上我们不能从文化相对论承认和尊重文化差异这一点必然地推出它否认人类有共同价值的结论来。其次，"文化相对论"是说一个民族文化的价值与它自身具体的处境、问题和理想相关，强调文化价值的自本自足性、历史具体性和适用有限性，反对把某一文化价值抽象化、普适化并将其当做评判其他文化的惟一标准。再者，文化相对论并不认为文化绝对是不可比较、不可通约的，在理论上它并不否认人类存在的一些共同需要（如马斯洛所说的生理、安全、社交、自尊和自我实现需要）、面临的一些的共同问题（如当今的人口、环境、核威胁问题）、追求的一些共同价值（如物质丰富、身体健康、个人自由、社会公正和世界和平等），而是强调各民族在各自的情境下满足这些需要的手段、解决这些问题的办法、追求这些理想的次序和道路各不相同而已。

第五节 文化的运行

作为社会的一个子系统,文化具有相对独立性和自己独特的动态运行过程。在纵向上,文化具有它自己的积累与传递机制;在横向上,文化具有自己的传播与渗透机制。

1.文化的积累与传递

文化的积累与传递是社会不断发展的根本条件之一。如果每一代人都要抛弃原有文化,一切从头做起,并且自己也不把创造出来的物质和精神文化积累起来,传递下去,那么人类除了永远停留在制造粗糙石斧的原始阶段以外,是不会有其他前途的。人类高于其他动物的地方,不仅在于它能创造文化,而且在于能将其创造的文化不断地积累起来,并通过各种途径一代一代地传递下去,由此不断推进生产的发展与社会的进步。

由于文化能够不断地积累和传递,因此它具有极强的历史继承性。每一社会的文化都有两个来源:既有对历史上文化成果的继承与保留,也有根据现实社会条件的创造与发展。文化的发展和进步就是这两者的有机结合。正因为文化有历史继承性,文化的发展才能持续而不中断,才有其可以追溯的历史线索,才会形成民族文化、区域文化这些各具特色的文化传统。任何社会都不可能割断自己文化的发展历史,都不可能全部抛弃自己以前的文化遗产。

但是另一方面,文化归根到底是受社会存在及其发展所制约的。任何时代对以前的文化遗产都不会无条件地、原封不动地全盘接受,而一定会在现实的生产和生活的基础上,依据社会发展的需要而对其进行加工改造,并有选择地继承与吸收。所以,文化的积累和传递有它的两重性。一方面它具有自己的历史继承性,任何社会都不可能割断自己的文化发展历史;另一方面,文化的积累与传递又依据社会存在及其发展的要求而具有一定的选择性,任何文化遗产都不会一成不变地传递下去。

2.文化的传播与渗透

文化的传播与渗透,是文化在横向上的运动形式,是文化系统运行的另一基本形式。文化不仅能世代相传,而且能在不同的社会、不同的民族之间传播与渗透。文化的传播与渗透是在一种文化与外部文化的接触中产生并实现的。文化接触的方式很多,如贸易、旅游、战争、移民等。尤其在现时代,任何一个国家和民族都不可能长久地孤立于世界各国家和各民族之外,它必然要与其他国家或民族进行交往,也就必然要接触外部文化。因此,不同民族、不同社会之间的文化传播与渗透是必然会发生的。

　　文化的传播与渗透不仅有其必然性,而且还有其合理性。文化具有共享性,文化中的优秀成果更是全人类的共同财富。我们应该而且也只有向别的民族学习一切优秀的文化成果,才能使自己的文化获得更快的发展。

　　但是,我们在向外来文化学习时,一定要注意鉴别,取其精华,去其糟粕,这样才能保证我们的文化的健康发展。同时,任何其他民族的外来优秀文化只有能为本民族所接受、融合,才能发挥出其积极功能。即使是对外来优秀文化成果的学习也不能简单照搬。

　　在过去一个多世纪中,迅速发展的通讯和交通工具使得远距离的交往比以往任何时候都更为方便了,文化传播的速度和范围更快、更广了。越来越多的人已经认识到,学习外来文化是促使本民族文化获得较快发展的一条捷径。为此,各个民族都纷纷结束以往的封闭状态,走向开放,并逐渐建立起健全的文化开放机制。这种文化开放机制的主要特点是:(1)促使本民族文化与其他文化进行多层面、全方位的文化接触。(2)加强本文化系统的文化选择功能。(3)健全和完善本文化系统的重组机制,即把外来文化中的积极成果有机地纳入本民族文化中去,使本民族文化获得新的生机与活力。

　　3.文化融合与文化冲突①

　　文化的运行除了以上两种基本形式以外,还有文化融合、文化冲突等具体的运行方式。

　　文化融合是指两种或两种以上不同的文化在相互接触后所发生相互影响、相互渗透的现象。一般来说,文化融合有两种结果,一种情况是一方或双方为了增强自己的适应能力或者为了维持社会秩序而把对方文化的一部分融进本民族的文化系统之中,成为本民族文化的有机组成部分,例如我国唐宋时期就把印度的佛教整合到传统的儒家和道家主流文化中。另一种情况是多种文化相互作用而熔铸成为一种新文化,如被称为"熔炉文化"的美国文化就是各民族互动而形成的新型文化。

　　在文化融合过程中往往会出现有一种民族"同化"现象。它是指某族群在与其他民族长期接触和互动中逐渐放弃本民族的生活方式和文化认同,而融入另一民族的文化并重建新的文化认同的过程。如中国南北朝以后北方少数民族的汉化和对中华民族的认同。融合和同化的范围、深度一方面主要取决于不同民族之间文化性质和文化水平的差异,在文化间性质差异很大的情况下,同化往往十分困难。农业文明与工业文明、资本主义文化与社会主义文化之间的融合和同化就是如此。如果文化之间性质、类型相同,尽管文化水平高低不同,也会发生同化现

---

　　①　参见李鹏程:《当代文化哲学沉思》,人民出版社,1994年,第460～474页。

象。另一方面则取决于相互接触的文化层次,一般说来,物质技术层最容易同化,而社会制度和伦理文化层则不容易融合。

文化冲突是指不同文化在相互接触和影响过程中,原有文化与外来文化之间所发生的矛盾与对抗。不同民族、不同国家的文化往往会在价值观念、行为规范、风俗习惯等方面存在很大的差别甚至对立。当这些文化在相互接触和发生影响时,就必然会产生撞击,发生冲突。如改革开放后,与我国文化存在很大差别甚至格格不入的西方文化大量涌进中国,金钱至上与道义至上,个人主义与集体主义,竞争与谦让等价值观念都会发生冲突。尤其是在改革开放和社会转型期间,文化间的冲突最容易出现。

文化冲突发生时,双方的文化态度会影响文化冲突的结果。例如,文化原教旨主义往往通过把本土文化神化,进而排斥外来民族文化并加剧两者之间的矛盾。而文化实用主义因强调文化的适应功能和主张文化的调和,结果可能是在冲突与对抗过程中外来文化逐渐被接受,并融进本民族文化之中,冲突也就趋于缓和。如 20 世纪 80 年代,西方的迪斯科舞、摇滚乐传进中国后就曾经历了从反对到接受的变化过程。

文化冲突的最激烈的形式是战争。历史上的"十字军"东征和其他各种宗教战争都是由文化冲突而引起的。文化输出、文化渗透也会被一些政治家当作其进行国际政治斗争的重要手段。如美国政治学家亨廷顿就认为未来的冲突是文明冲突等等。

4.文化变迁

一般认为,大规模的文化变迁无不因三种因素引发。第一,自然条件的变化,如气候变化、自然灾害、资源匮乏、人口变迁,都会引起文化的变迁;第二,不同文化之间的接触,不同国家、民族在技术、生活方式、价值观等方面的交流会引发较大的文化变迁;第三,各种技术的发明、创造,各种科学原理和各类资源的发现也会导致人类社会文化的巨大变迁。

在研究文化变迁的特性时,美国社会学家威廉·费尔丁·奥格本提出了"文化滞后"理论[①]。该理论认为,由相互依赖的各部分所组成的文化在发生变迁时,各部分变迁的速度是不一致的,有的部分变化快,有的部分变化慢,结果就会造成各部分之间的不平衡、差距、错位,由此造成社会问题。一般说来,总是"物质文化"先于"非物质文化"(奥格本称之为"适应文化")发生变迁,物质文化的变迁速度快于非物质文化,两者不同步,于是就产生时间差距。就非物质文化的变迁看,

---

① 又译"文化堕距"理论,参见威廉·费尔丁·奥格本:《社会变迁:关于文化和先天的本质》,浙江人民出版社,1989 年,第 106～107 页。

它的各构成部分的变化速度也不一致,一般说来总是制度首先变迁,或变迁速度较快,其次是风俗、道德变迁,最后才是价值观念变迁。

不过"文化滞后"理论也遭到了许多批评。作为人类文化遗产一部分的某些文化理想和价值经历了千百年的历史,至今仍被视为人的心灵和精神的最有价值的产物,尽管实现这些理想的手段(或技术)还需要继续发展。索罗金在批判地评价奥格本的唯物主义理论时指出,世界几大宗教的道德教义,如基督教的"十诫"和"金箴",都没有超出指导人生的理想和准则的范围,任何技术新发明的增多都不能使这些基本的超验理想显得陈腐过时。它们不仅不代表文化落后,而且远远超过物质文化的发展或对物质文化变化在行为或组织方面所做的调整。①

思考题:

1. 什么是文化?
2. 文化有哪些特征?
3. 构成文化的要素有哪些?
4. 文化冲突的原因是什么?
5. 文化运行机制有哪些?

---

① D. P. 约翰逊:《社会学理论》,国际文化出版公司,1988 年,第 137~138 页。

第八章
性与性别

　　女人和男人,作为有着自然区别的两性是根本不同的。"大男人"、"男子汉"、"爷们儿"这样的一些概念是一种对"生为男"与"身为男"的男性期待的肯定性表达,与"娘娘腔"、"男不男、女不女"的否定性表达一起构成对男人的"男性气质"的日常解读;与此相对应,"小女子"、"娘们儿"与"假小子、男人婆"则构成了对女人的"女性气质"或女人味的肯定和否定的评判。性别差异一直是以"自然"的因而也是合理的姿态存在着的,由性别差异导致的性别不平等因而也同样自然地、合理地存在着。然而,这样的观点现在已经受到了越来越强烈的质疑,特别是来自女性主义的批判和挑战。在这一章,我们试图用社会学的相关理论,包括女性主义来解读生物意义上的性差异(sex difference)与社会意义上的性别差异(gender difference)及其关系,并在此分析的基础上解释性别社会化与现存的性别秩序、性行为及其态度的关系及其变迁。

第一节　性别差异

　　与半个世纪以前相比,现在对性与性别的研究已经发生了很大的变化。在当时,性和性别好像与男人无关,好像只有女人才有性与性别。因此,那时的性与性别研究只能说是女性研究。而今天,正如约翰·麦克因斯所说的,"西蒙·波伏娃在她的《第二性》中曾经说道:'一个男人永远不会打算写一本关于男性的特殊处境的书',半个世纪以后的现在,'似乎每个男人和他的狗都在写一本关于男性气质的著作'"[①]。性与性别研究已经从女性研究走向真正的性别研究,并成为社会学无法忽略的一个重要内容。

　　性别差异是生物性的还是社会性的? 哪些是生物性的性差异,哪些又是社会性的性别差异? 一个世纪以前,绝大多数科学家、学者和专家们都曾经普遍地相信生物性差异决定了两性的社会差异。这一命题几乎是以一个不证自明的公理形式存在着的,学者们根据这一命题解释和维护现存不平等的性别秩序的合理

---

　　① 　约翰·麦克因斯:《男性的终结》,江苏人民出版社,2002 年,第 1~2 页。

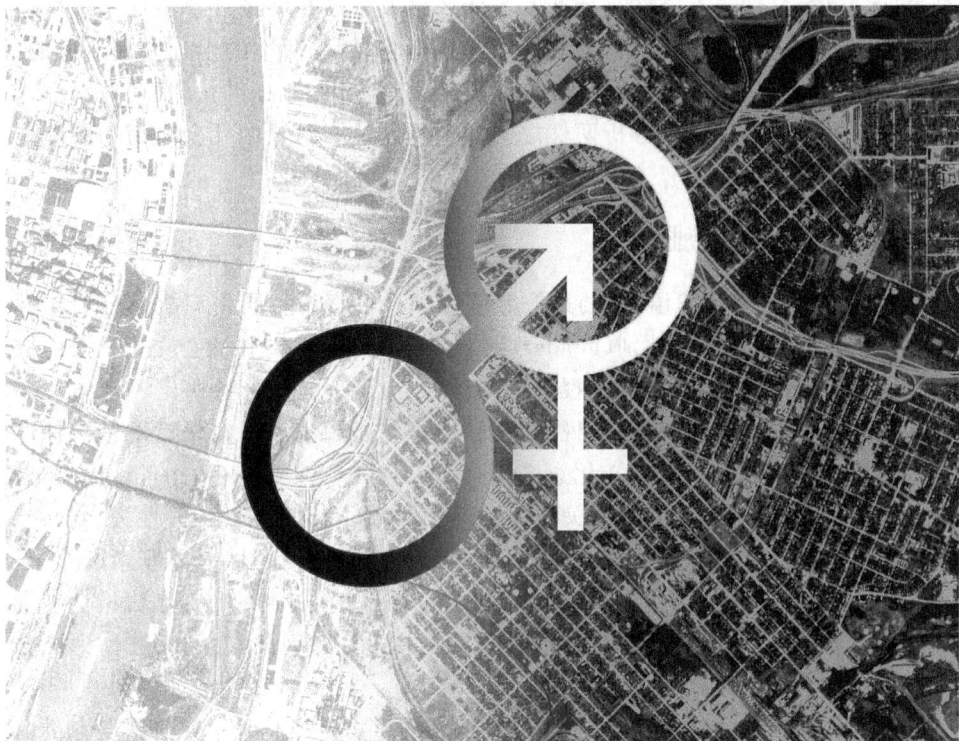

"性别是个人从出生开始就被授予的一种社会标签……"

性。查尔斯·达尔文认为,男人比女人更有智慧和想像力。西格蒙德·弗洛伊德和埃里克·埃里克森都认为,男性的生殖器使得男孩更具有进取心,而女孩的生殖器则使得她们自卑和更为有限。赫伯特·斯宾塞则认为女性之所以违反优胜劣汰的社会演化原则,没有因为男优女劣而整体地被淘汰并得以生存下来,全赖女性在人类的繁衍中有着不可替代的功能。①

文艺复兴时期的社会契约理论家们本来是可以根据他们的理论逻辑证明人们之间的一切关系包括性别关系都是社会性的契约,性别的差别关系就像人们制定的其他社会契约一样,在很大程度上也是社会构造的,因而也是可以被改变的(这一点也正是现代性中的理性化和市场化逻辑可以证明的)。然而,社会契约理论家们在他们的理论框架中设置了一个例外:性别差异和性别关系不是社会性的契约,它是自然的存在,最多是自然与社会的双重关系,因为人们无法与不具备社会性成人资格的女性去谈判并建立契约,就像人们无法和婴儿达成社会契约一

---

① 文森特·帕里罗等:《当代社会问题》,华夏出版社,2002 年,第 244 页。

样。问题是社会性成人资格是什么？为什么男人可以并已经具备了这一资格而女人却不具备这一资格？生物决定论认为这是差异，是两性的生理差别造成的。对此，学者们已经进行了大量的研究，尽管还没有得出明晰的结论，但这些研究成果显然有助于我们了解和分析两性之间的生物差异对两性的社会行为和心理造成的复杂影响。

一、关于性与性别

性（sex）是生物学术语，指的是按照基因和性器官的不同将有机体分为雄性和雌性，或特指性行为。性别（gender）则是带有心理学意义和社会文化意义的概念，是个体的人从出生开始就被授予的一种社会标签，这一标签决定了个体在一生中将被如何界定和期待，或者说，这一社会标签是用来说明文化赋予每一种性别的特征以及个体根据所属文化意义给自己安排的与性差异有关的特质。在描述动物的两性个体差异或相关的动植物研究时，通常都使用性差异（sex difference）概念；但在研究人类男女两性的差异时，除了沿用性差异概念以外，更多的时候倾向于使用性别差异（gender difference）概念[①]，目的是为了强调性别发展的非生物性因素，尤其强调社会对性别的建构过程。因此，性别又被称为社会性别。

性与性别概念说明，性别的差异是指两性的生物差别经由社会化制度力量的作用表现出的一系列行为规范和社会角色以及性别分层和性别不平等。性与性别的概念使我们可以将男女之间以生物为基础的差异与社会赋予的男女差别区分出来，明白前者是天生的，不可改变的；而后者是可以操作的，可以因政治、制度和舆论或者它们的共同影响而改变的。

二、关于性差异

两性的性差异也就是生物性差异，从内容上讲可以区分为个体出生前的生物差异和个体出生后在成长过程中发生的生物差异，也就是染色体与荷尔蒙的区别。从结构上讲，性差异表现为不同的层次，如个体的解剖结构、生理过程、大脑组织及活动水平等等，除了强调基因和激素的影响以外，还包括对中枢神经的性分化以及与此联系的人体机能方面的生理差异。生物学告诉我们，染色体是基因的载体，它们通常成对出现，人类的近亲黑猩猩具有 24 对染色体，比人类多 1 对而植物中的豌豆则有 7 对。正常的男性个体的染色体为 XY，女性为 XX，胎儿在前 6～8 周没有性别差异，6 周以后男性胚胎中的 Y 染色体和 X 染色体一起形成

---

① 魏国英主编：《女性学概论》，北京大学出版社，2000 年，第 27 页。

男性的睾丸,而女性胚胎的 XX 染色体则决定了女性形成的是卵巢。至于雄性激素则要到胚胎的第三个月才出现。有时也会有些异常情况的出现,比如胚胎中的性染色体表现为 XXX,XXY,XYY,X0(只有一个 X 染色体)等等。

遗传学的研究表明,染色体对两性差异的影响并不仅仅局限于两性性状层面,比如,在人类的染色体上存在着一个与空间知觉能力相关的隐性基因,50% 的男性具有这一基因,但只有 25% 的女性具有这一基因。这个结果可以部分地解释女性空间知觉能力不如男性这一现象。再如,染色体呈 XYY 状态的个体因为多一个 Y 染色体而比一般的男性高大,攻击性好像也更强一些。总之染色体的不同可以说明性别差异的形成。

染色体的不同是形成两性差异的最初原因,而两性的分化则离不开荷尔蒙——一种对生长和身体功能至关重要的性激素。性激素的作用始于胚胎期,青春期是性激素最活跃的时期,到晚年逐步下降。动物研究发现,在整个哺乳动物中,使个体表现出雄性化特征最重要的是睾丸酮——一种雄性激素,在胎儿的成长过程中,若切除睾丸或用药物阻断雄性激素的分泌,原本是雄性的动物就会发育成具有雌性动物表征的动物;但是切除雌性动物的卵巢——分泌孕激素和雌激素的器官——并不明显影响雌性个体的发育。事实上,如果因为某种原因卵巢或睾丸没有形成,胎儿都会在母体中成为女性,约翰·马尼把这种自然界的奥秘叫做"前夕原则"。[①] 这种动物研究的结果似乎可以说明雄性激素在性分化中起着更重要的作用。但是,至今为止,对人类本身并没有做过类似的研究,因此,动物研究只能部分地说明人类的情况。

针对常见的两性行为方式差异是由性差异决定的观点,约翰·马尼就曾提出过不同的看法。他认为两性体内的荷尔蒙差异,只是导致两性对环境中能够引起反应的刺激物的敏感程度不同,并且,这种敏感程度可以被社会化过程调试和改变。一项对双性人即染色体为 XXY 的人的研究可以证明马尼的这种观点。由于双性人同时具有两性性征,因此他们可能被当作男孩抚养也可能被当作女孩抚养,尽管双性人从遗传上讲是女性的,但是,当"她们"被当作男孩抚养的时候,"她们"就会成长为"他们",反之,则会成长为"她们"。因此,马尼总结道:性别是社会力量的产物,而且主要是后天赋予的。[②]

两性的生物性差异除了染色体与性激素的不同,还体现在大脑结构和功能的差别上。在两性外部性器官分化的关键时期内,下丘脑的功能分化就已经发生了,只是这种功能分化要到青春期才得以表现出来,使得女孩成为女人,而男孩则

---

① 戴维·波普诺:《社会学》(上),辽宁人民出版社,1987 年,第 336 页。
② 戴维·波普诺:《社会学》(上),辽宁人民出版社,1987 年,第 336 页。

成为男人,也就是形成两性的第二性征。此外,性激素还对大脑两半球的分化产生影响。研究发现,左脑在还没有雄性激素分泌的时候就已经开始发育了;右脑的发育则较晚,但在它发育的关键期内,就已经具有雄性激素,所以右脑较多地受到雄性激素的影响。女性胚胎中的雄性激素含量低,因而受到的影响就小,男性胚胎中的雄性激素含量越高,受到的影响就越大。① 英国遗传学家安妮·穆瓦尔也引用了大量的研究说明大脑的确存在着性别差异。例如:男性大脑中连接语言和情感区域的神经纤维较少,但是他们有着相对更多的神经纤维与推理区域相连,使得他们理解抽象关系的能力较高,更适合从事数学和工程学等学科的工作。男人的大脑容量更大一些,但同时,男人的大脑随着年龄的增长萎缩得也更快一些,事实上,这种老化的速度非常快,以至到了 40 岁时,男女两性的脑容量已经基本持平了。②

总体上说,染色体、性激素等生物因素决定了两性的性别(男或女),而由大脑影响的性激素的分泌则影响着两性生理特征和生理机能的发育和分化。生物性因素的差异和两性的行为与心理等并非毫无联系,只是这种联系到今天还没有得到确切的解释。

三、性别差异

我们已经知道,性别差异是指两性社会性差异,是由文化和社会制度力量建构和维护的。在现实生活中,性别差异的表现是多种多样的,其本质特征是女性处于从属地位,男性处于主导地位。这种差异小到衣食住行,大到政治、经济、文化、教育等等,不一而足。

由于性别差异往往体现在日常生活中,因此人们很难将它与政治、制度这样一些概念联系在一起。但是,事实上即使在着装这样一件最微不足道的小事上,也可以找到政治和制度的强大干预。直到 19 世纪中叶,美国、法国的法律都还禁止妇女穿裤子上街;英国规定妇女可以在文体活动或睡觉时穿裤子和短裙,但穿裤子上街要加以逮捕。直到一次大战后,欧美妇女才获得了穿裤子的权利,二次大战以后,妇女才获得了穿裤子的自由。③ 中国对女人的女性化着装要求比之西方社会有过之而无不及,标准只有一个,那就是和男性的着装完全不同,其典型的表现便是在一千多年的时间长河中作为中国女性象征的"小脚女人"的绣花鞋。从女人穿衣服应该像个女人到女人应该像个女人,从男人穿男人的衣服到成为一个男子汉大丈夫,性别差异成为两性日常生活中一言一行的行动指南,服装只不

---

① 参见魏国英主编:《女性学概论》,北京大学出版社,2000 年,第 42 页。
② 文森特·帕里罗等:《当代社会问题》,华夏出版社,2002 年,第 245～246 页。
③ 富士谷笃子主编:《女性学入门》,中国妇女出版社,1986 年,第 235 页。

过是性别分化的外显符号。

性别差异的内容虽然受有时间和空间的差异的影响,但从结构上讲,大致可以包括以下四个方面:即外表形象、人格特性、角色行为和职业等方面的男女有别。

外表形象(physical appearance)上的要求是男性高大豪放,以力量为要;女性娇小优雅,以柔弱为美。然而,外表形象对两性的意义并不相同。男性的高大豪放与其说是对其容貌和身体的要求,倒不如说是一种社会化的解读。也就是说,一个天生形象并不高大豪放的男人可以被看成是高大豪放的,只要他的社会成就、社会地位或人格特征以及才华等等值得人们尊重和赞赏,他就可以被认为是一个堂堂的"男子汉"。中国文化只要求男人"立德、立言、立功",而对女人的要求却是"妇容、妇德、妇言、妇功",短短的两字之差,说明的是男性的"看"和女性的"被看";是由男性界定什么是美、女性按照这个定义成为美女的主动和被动关系的文化解释。"女为悦己者容"。于是,传统的西方女性穿束衣塑造 S 型迷人曲线;中国女孩从 5 岁左右就开始缠足,不惜以"血泪一缸"的代价去换取"小脚一双"的婚姻资本;现代社会,美丽不再是人们对年轻女性的期待而是女性终身的追求,减肥、整容、服饰等美丽产业依赖于所有希冀更美丽并永远保持美丽的女人而真正"美丽"地生存着。

人格特性(traits)是指在人的先天气质类型的基础上,在家庭、学校、社会和文化等的影响下形成的个体特有的心理倾向和行为模式。人格特性中的性别差异通常被表达为女性是情绪化的、温柔可爱的、善解人意的、依赖的、被动的、嫉妒的等等;而男性则是理性化的、坚定果敢的、主动热情的、幽默达观的。关于两性人格差异的类似表达造成一种有趣的悖论:一方面我们都深信不疑,哪些东西是男性气质,哪些东西是女性气质,对两性的气质分类大家可以达到惊人的一致;另一方面,这种理想的女性气质和男性气质与我们生活中见到的女人和男人之间实际上存在着巨大的距离,有时甚至是矛盾的。因此,约翰·麦克因斯认为,所谓的男性气质或女性气质是一种"集体的想像",就像上帝一样,是人们借助宗教的力量集体地创造出来以消除自身的生存困境和焦虑不安,而现实中的男人和女人不过是这种想像的"物质再现"。[①]

性别差异中的角色行为(behaviors)也被认为是必须的而且是符合效率原则的。由于女性的怀孕、分娩、哺乳等生理机能的存在,女性有更多的时间和孩子或老人在一起,自然而然地承担了更多的照顾孩子、老人以及其他需要照顾的人的任务。因此,女性的角色行为更多地被定义为一种表意性的角色行为,比如做贤

---

① 约翰·麦克因斯:《男性的终结》,江苏人民出版社,2002 年,第 4 页。

妻良母、关心和爱护老弱病残等弱者、保护自然环境、反对战争追求和平;男性则承担起整修房屋、狩猎打仗、生产和管理等等工具性角色,他们在必要的时候要为国家、为家庭、为荣誉和尊严而战斗。

职业(occupations)中的性别隔离与两性的角色行为及气质的界定是互为影响的。对于女性而言,适合她们的职业被认为是由"前劳动力市场"决定的,她们的"母性"特征决定了其职业特点是母亲角色和妻子角色的社会延伸。因此护士、幼儿园阿姨、中小学老师、男性主管的女秘书以及办公室工作等等都是合适的女性职业。男性相应的可以做大学教授、科学家、医生、法官和律师、主管领导等等男性化的职业。职业的性别隔离导致女性很难真正进入社会公共领域,使得性别平等无法落实到现实的基础上而只能停留在理论层面。

在以上性别差异中,外表形象是最有影响力的因素,其他几个方面的因素也相互影响。跨文化的研究表明,所有的文化传统都对男女两性的性别角色进行分化和定型,当人们的行为符合性别角色的刻板印象时,这种文化就给予认可和嘉奖,反之则将受到惩罚。人们在这种奖惩基础上建立自己的性别概念及其性别行为方式。

第二节　性别社会化

生物性差异与两性行为之间的确存在着一定的关系,20 世纪以前的学者们也大都坚持生物决定论的观点。但现有的研究成果并不能证明所有两性间的社会差异都可以归因于生物性因素,否则就无法解释两性之间的差异并非一个超越时空的常态,而是根据不同的时代和地区对男性和女性的期待、规范及意识形态的不同,呈现出很强的时代差异与地区差异。然而,假如性别差异不是由性差异决定的,那么又如何解释男人的男性气质以及女人的女性气质?为什么是男人而不是女人拥有男性气质?反之亦然。两性的差异为什么会导致两性的不平等而不是平等的共存?到底是生物意义上的男性比生物意义上的女性优越还是社会意义上的男性气质比社会意义上的女性气质优越?性别社会化这一部分尝试着尽可能地对这些问题做出回答。

一、为什么说性别是社会化结果?

限于伦理道德,我们不可能拿人本身进行培养实验,因此,我们只能根据现存的一些研究资料和成果来帮助我们从实际案例和理论两方面回答性别社会化的问题。

首先,假如说性别是天生的,"男性"天生会拥有"男性气质",成为男子汉,"女性"天生会成为具有"女性气质"的小女人的话，那么，这种男性/女性气质应该是不受时代和区域的影响而存在的常态。然而，这一假设显然与历时态和共时态的研究结果不符：从古代到现代、从东方到西方、从一个地区到另一个地区，两性的行为及其对行为的规定都发生了很大的变化。玛格丽特·米德（Margaret Mead）对新几内亚的三个部落的考察研究发现，不同的部落中两性关系秩序存在的差异之大令人震惊。曼德哥马（Mundugamor）族是一个冲突争斗的社会，男人之间可以通过交换自己的姐妹、女儿来获得女人，人们生活在没有爱的环境之中，因此女人们性情暴躁、精力旺盛，厌恶生育和抚养孩子。可拉（Kola）族则不同，这里女性管理社会，妇女进行集体劳动，男人们打扮自己，女人像对待孩子一样对待男人，这里的性别角色与现代社会恰好相反。阿拉帕什（Arapesh）族社会是一个男女平等的社会，人们相爱着生活在一起，女性充满母性、合

"我们既然具备为男人和女人设计的行为模式，那么，我们也将会拥有能充分体现个人兴趣倾向及天赋才能的行为模式。"

——玛格丽特·米德
（Margaret Mead）

作，不具有攻击性。除了用文化、制度差异等因素以外，很难从生物性差异上来解释存在于三个部落之间的性别关系秩序。[①] 米德指出：每个民族都用一定的方法使男女性别角色制度化，任何民族都存在着以文化为基础的性别社会差异。社会把两性的生物性差别扩大化和制度化，并通过两性在各个生命周期中的性别社会化，把这种制度安排不断地传递给两性。[②] 前述的马尼对双性人的研究成果也说明，是性别社会化成功地赋予了双性人个体的社会性别，使得他们按照社会的期待成为男人或女人。

其次，假如性别是天生的，也就是说，男性天生的会具有男子气，女性天生会具有女人味，那么，男女两性之间的这一差别为什么是男性气质高于女性气质？或者说是男子气统治女人味呢？为什么不是相反或者平等呢？两性之间是怎样从生物差异走向社会地位的不平等的呢？差异只是一种事实的存在，而地位的高低则是价值的判断，女性特征与男性特征只有在价值观的评判之下才会有高低、

---

① 玛格丽特·米德：《三个原始部落的性别与气质》，浙江人民出版社，1988 年。
② 转引自魏国英主编：《女性学概论》，北京大学出版社，2000 年，第 67 页。

优劣之分。因此,生物性因素无法解释不平等的性别关系这一事实。是等级制的父权制文化制度建构了社会上普遍存在的以等级为特征的性别关系秩序,并用物质的、精神的各种形式生产、维护着这一不平等的两性关系,使它成为一种最基本、最持久的社会制度。两性的生理差异就这样一代一代地经由这些制度化的力量而得以强化。女性的弱势地位主要的不是由其生理结构决定的,男性的特权地位也主要不是由其生理优势决定的,而是由"社会被阳性化的建构"①决定的。

再次,假如说性别差异是由生物因素决定的,那么,它就不可能被人为因素改变,正像至今为止人们只能通过手术改变个体性别的外在性征,却无法真正改变生物意义上的男性或女性本质一样。然而,大量的事实表明,性别差异是可以通过人为的力量改变的。比如,通过改变女性以弱为美的观念,再通过锻炼增强女性的体能,女性的外在形象发生了相当大的变化,从以弱为美到健康和美丽的统一。再比如,通过教育,女性的智力水平和男性的表意性能力都有了相应提高,尤其是通过妇女解放运动,使得女性更多地参与社会政治、经济和文化活动,男性更多地承担家务和照顾孩子,甚至成为"家庭妇男",两性的角色行为和职业也都发生了相当大的变化,并且这种变化仍在继续。

最后,现实社会中广泛存在的对"性别差异"的崇拜与不屑,遵从、恐惧与抵抗、颠覆也同样证明了性别差异的社会建构性而非自然生物性。和"上帝崇拜"一样,"性别差异崇拜"也是人们面临生存困境时集体创造出来的一种外物:即上帝、男性气质和女性气质。通过想像与这些存在建立关系,如上帝无所不在的威力,如"男性"应该具有"男性气质"、"女性"应该具有"女性气质"的意识形态,使得"男性"必须表现出"男性气质"(像个男子汉),"女性"必须有"女人味(女性气质)",正是这种恐惧阻碍了"男性"的"女性化(女性气质)"的表达,同样,也正是这种恐惧阻碍了"女性"发展出"男性气质"。是女性天生缺乏社会性成人的理性,还是女性根据女人味的需要而不敢表现出理性却故意表现出孩子气(childish)以便更像个女人?当年中国"铁姑娘"们的表现和西方中学、大学中那些假装不喜欢数学、懂了装不懂的女生们,以及那些有着"成功恐惧"的职业女性们至少部分地回答了这一问题。从另一方面看,社会中存在的同性恋者、异装癖者以及"男人婆"、"娘娘腔"们的存在,也以他们不屑的态度和行为表达了他们对性别差异的颠覆,说明二元论的性别差异意识形态是一种社会的建构,"男性"不一定必然的具有"男性气质","女性"也不必然的发展出"女性气质",这种男性气质或女性气质是社会建构的,因而也是可以被颠覆的。

---

① 冯沪祥:《两性之哲学》,北京大学出版社,2002 年,第 119 页。

二、性别社会化的内涵及过程

简单地说,性别社会化是指个体学习性别规范和性别角色并逐渐形成与之相符的行为模式的过程,它是性别差异生产和再生产的机制。既有的"性别角色定型"在性别社会化中起着重要的作用。性别角色定型又叫做性别角色的刻板印象(stereotype)或定型观念,起着一种特别的框架和模板的作用。性别角色定型观念是关于男女应具备的心理特征和所从事活动的相对固定的看法,它是对两性的一种信念和态度。性别社会化的目的是帮助个体建立性别认同以及培养符合社会期待的性别角色,即特定性别在一定情境中应表现出的一套心理和行为模式。性别社会化的本质是通过个人与社会的互动使不平等的社会性别制度得以延续。性别社会化的观点认为,对每个个体来说,性别角色都是基于遗传的"性",并受社会环境和个人自我概念的影响,在后天的社会生活中直接获得的。

从内容上讲,性别社会化的过程就是从性别的生理差异向社会差异的转变;再从性别的社会差异到价值观念的形成;最后从价值观念导向不平等的性别意识形态。例如,从女人能生孩子到女人应该照顾孩子,再到女人应该在家里相夫教子,再到女人依赖男人,直到男强女弱,完成了社会性别的建构。从贯穿个体生命历程的性别社会化过程而言,性别社会化大致可以分为如下几个阶段:

婴幼儿期是性别社会化的最初阶段。从出生起,社会文化就对不同性别孩童的成长发生作用。父母对子女的期望具有明显的性别分化,其他的家人、邻居以及他或她所处的任何一个环境都会对不同性别的孩子产生不同的要求。比如要求儿子有出息,而对女儿的要求则是可爱、讨人喜欢。虽然父母经常表现出男女平等的观念,但在实际生活中,他们为儿子定的学业和职业目标总是高于女儿,并且,即使女儿的学习成绩很好,如果他们认为女儿的长相不是很好的话,依然会为女儿的未来担忧。相反,假使女儿成绩不是很好,但只要长得不错,他们依然对女儿的前景持比较乐观的态度,并把这种态度传递给女儿——王子会给灰姑娘带来幸福的。

婴幼儿性别社会化的主要途径是示范和模仿。社会心理学家斯托勒认为,性别认同是在3岁左右稳定地、不可改变地确立起来的。许多研究证实,儿童是通过模仿(父亲或母亲)、游戏(扮演护士或警察)开始最初的社会学习并认识和接受社会化的性别标签的。社会通过家庭、学校等机构以奖励或惩罚的形式对孩子的性别认同加以强化,使孩子在类似条件反射的环境里不断重复被社会性别意识形态肯定的行为,减少并避免产生被这一意识形态否定的行为,逐渐地,性别同一性也就形成并得到确认。童话故事和游戏承担起父母和社会对孩子早期性别社会化的期望,是性别教育中富有成效的工具,也是颇受孩子们欢迎的柔性策略。

　　学校教育强化了学龄期儿童的性别意识。性别教育从来不是学校教育的科目之一,应试教育也表现出明显的、无条件的分数面前人人平等。我们在呼吁教育权利男女平等的时候也只是要求男女平等的受教育权,似乎只要男女获得这一平等权利,就能得到平等的教育了。在性别不平等普遍存在的社会环境里,学校仿佛是一块不存在性别不平等的圣土。事实上,撇开依然存在的受教育权利方面的男女不平等,学校里也依然存在着难以察觉的、却是顽固并深刻地影响着学生的性别意识和性别规范的性别不平等,诸如老师的性别观念、教材中隐含的性别不平等信息等等都可能在不知不觉中传递着性别差异的观念,再加上普遍存在着的男性管理学校这一事实,使得性别差异以及性别认同成为一般的学校教育中"隐藏的课程",学校往往成为制度化的生产两性差异的权威性社会化机构。

　　青春期是关于性别价值的评判形成和表达的时期。由于第二性征的出现和逐渐成熟,性别分化和性别认同成为少男少女们性别社会化的个体实践。除了家庭和学校以外,社会化的机构进一步扩展,包括了传媒以及同龄群体的互动。对各民族文化进行考察都会发现,与女孩进入青春期相伴的总是与月经有关的具有消极意义的观念与意识,如不洁、肮脏以及女生在月经期前后的情绪波动等等,这些文化对女孩的影响都是负面的。月经这一生理现象带给女生的影响是多方面的,一是她从"女孩"变成"女人"了;二是她开始感受到身体及性对她的发展的不利影响。月经,不仅仅是一个生理现象,更是父权文化压抑和监控女性的一个象征符号,女性在这一象征符号面前进一步认同自己的女性身份,确立生儿育女的未来命运,将自己的努力放在做一个贤妻良母而不是职业角色上。过早的性别定位以及自我放弃成为女性不如男性的现实注解。与此同时,男性在进入青春期后,获得的是完全不同的感觉,成为一个男子汉的荣誉与尊严要求他们不再像一个无知的懵懂孩童,他们变得懂事了,变得努力了,他们的努力更多的与以后的发展有关,与成为一个受人尊敬的男子汉有关,尽管他们也会有情绪的波动和低谷,但这与他们的性别无关,他们用野心和努力学习以及更多富有活力的户外活动来保持良好的精神状态,并用不断的进步来诠释男性比女性更优秀这一父权文化的经典命题。换言之,对男性个体而言,成功并为之而努力奋斗,是青春期社会化的主导和指南。对女性而言则不同,虽然她们已经意识到成功的社会价值,意识到成功对于社会个体的重要性,但同时她们也认识到这其中隐含着的危险:失去女性气质,变成一个男性化的女人。因此作为女性,她们必须面对这样的问题,即真正的成功是什么?是自己去努力奋斗还是通过一个成功的男人获得"替代成功",她们必须面对这样的现实抉择。

　　成年阶段是扮演性别角色的重要阶段,也是个体在实践中继续接受性别社会化的阶段,只不过这时的性别社会化主要是通过自我学习、自我完善而实现的,这使它看起来更像是一个自觉的过程。成家立业、生儿育女、照顾、赡养老人是大多数成人都要经历的重大事件，在这些事件中，性别角色得以凸显。这一时期的性别社会化的另一个重要特征是它的双重性：一方面，他们依然是社会化的对象，要接受性别意识和性别规范的约束和监督，更好地扮演符合社会期待的性别角色；另一方面，由于为人父为人母或者仅仅是一个社会性成人的身份，又使得他们成为社会化的主体，开始把自身的性别意识传递给子女等下一代人，成为年轻一代的社会化的导师。

与社会化的其他内容不同，性别社会化对老年人具有特殊的意义。首先，性别不同的男女并不同时进入老年，从生理上看年龄相同或相近的男人和女人，在心理的、社会的意义上年龄是不同的，通常女性总是被认为会更早地进入老年，因此更早退休，更少有提干提薪以及再就业机会。其次，男性进入老年没有明显的生理迹象，因此进入老年并不影响他们作为男性的性别界定，他们依然是一个受人尊敬的、有时甚至是讨人喜欢的男人。女性则不同，由于更年期和绝经期的存在，使得女性进入老年具有一个非常外显的生理信号，这一信号的文化意义不只是说明"她"老了，而且还说明"她"已不再是一个"女人"了：不再具有生育功能，不再具有性的吸引力，因此在男性的眼里也就不再有价值了。就这样，性别社会化强化了两性的生理学和生物学差异，使得老年期的女性比老年期的男性更容易被社会忽略。最后，随着儿女长大离家以及老伴的去世，母亲或父亲角色，妻子或丈夫的角色身份越来越不重要，老年人从曾经的家长和工作领域的骨干地位渐渐地边缘化为依赖儿女的老人，直至在社会意义上最终成为"无性的"存在，性别社会化就这样伴随着人的一生。

性别社会化的结果，一是强化了生理基础上的两性差异，二是使得这种差异表现为两性的不平等，三是使得这种不平等得以合理合法化。性别社会化的意义主要在于其强大的社会控制功能。一旦人们接受了现存的关于性别角色的定义，人们就按照角色规范来控制自己的行为，并通过期待、关注、舆论、凝视等方式要求他人遵守性别角色规范。即使个人没有把性别角色规范内化，也很可能迫于外部压力而适应性别角色要求，如男人必须努力工作以获得事业的成功，女人必须具有爱心、有母爱等。社会化是把价值观与行为规范施加于个人的一种有效手段，这种手段可以让接受社会化的个体确信这些规则是适当的，或者让这些个体确信，如果想免遭惩罚就必须遵守这些规则。事实上，要使一种制度长久的最有效方法就是使这种制度通过社会化过程被个体内化。

第三节　性别不平等

经过上百年的奋斗历程，今天，男女平等观念已经得到国际主流社会的广泛接受,并被落实为法律制度。但社会生活的现实经验充分表明,法律及国家根本制度对男女平等的确认,并不意味着两性的平等已经成为现实,性别平等的实现还有待于全世界男女的共同努力。

一、性别不平等的事实

性别差异有时表现为无形的、隐藏的性别不平等,如女性在历史、学术中的缺席状态,如存在于语言中的以男性来代表全人类的事实等;有时则表现为明显的性别差异,这些差异既有公共领域的,也有私人领域的。在公共领域中,经济上的男强女弱这一事实不需要科学的调查研究,凭常识就可以得出结论。1996 年,全世界约有 350 位亿万美元的富翁,他们全部都是男人,而贫困者中女性却占了绝对多数。经济上的这种两性差异源于两性的性别分工以及职业性别隔离的广泛存在。职业性别隔离既存在于工种上的性别区隔,也存在于表面上具有综合性别特征的职业中,在后一种情况下,是通过性别分层将女性设定在女性化的(往往是低层的辅助性的)工作中而实现的。在美国,整个 20 世纪 80 年代,为了要消除性别隔离,大约有 60％的工人需要更换他们的职业,即换到非典型性别特征的工作岗位上。[①] 中国的女大学生就业难和下岗女工再就业难问题与职业领域的性别隔离有着直接的关系。在政治领域,男人至今是公共政治领域的统治者。最早进行工业革命的英国、最早进行资产阶级政治大革命的法国,女性分别要到 1918 年和 1944 年才获得选举权。在独立战争和南北战争中做出贡献的美国妇女也直到 1920 年才获得选举权。在决策层面,上世纪 70 年代美国女权主义者提出的《男女平等权利修正案》迄今仍没能在国会通过。有权参与公共决策的绝大多数是男性。文化上,依然保留着所有关于性别的精神表达的系统性厌女性倾向以及标志着性别关系的身体暴力倾向。在理论上,关于男女平等的概念直到 1975 年才在《墨西哥宣言》中获得一个世界级的定义:男女平等"意味着男女人类尊严与价值的平等,并意味着权利、机会和责任的平等"。[②]

在私人领域,性别的不平等表现在家庭中的性别分工以及由这种性别分工导致的地位不平等。无论妇女是否就业,家务劳动仍然被认为是妇女的主要职责。从理论上说,权利只意味着可以做的,而义务却是必须做的。对女性而言,就业是权利,而家务则是义务。贤妻良母只问家务,"女强人"被认为是只要事业不要家庭。理性的现代女性什么都要,所以做"第三类女性"——家庭与事业兼顾——其中的艰辛只能算作追求平等和解放的代价了。由于家务劳动至今没有成为国民

---

① 维姬·舒尔茨:《法律"之前"的妇女》,见王逢振主编:《性别政治》,天津社会科学院出版社,2001 年,第 283 页。

② 《走进权力的女人》,中国广播电视出版社,1993 年,第 14 页。

生产总值的一部分,因此很难得到社会的承认,以至妇女家务劳动的重要性和价值都被制度性地弱化了。这种弱化的后果之一,便是家庭中的女性从属于男性,以至于家庭成为父权制最坚固的堡垒。

性别不平等和其他的社会不平等一样,只有当这种不平等被意识形态证明是正确的,或者说,当处于这种不平等的支配和被支配方都认可和支持这种不平等时,它才可能持续存在。这种支持性别不平等的意识形态叫做"性别歧视"。[1] 性别歧视是一种从两性的生理差异得出两性之间必然不平等结论的观念。这一观念坚持认为由于生理原因,一个性别(男性)对另一个性别(女性)的统治是合理的。性别歧视有时表现为显性的,有时则为隐性的;有时是恶意的(即试图通过贬低女性的特征来合理化男性的权力、传统的性别意识形态以及男性对女性的剥夺等),有时则是善意的(即从主观上说,对女性的歧视是以对女性的关心、关怀和爱等主观上积极的情感为基础的,它承认两性之间的差异以及两性之间的分工、承认两性之间的相互依赖以及男性与女性之间浪漫的情感关系等)。美国心理学家克利克和费斯克提出了一种解释现存的性别歧视现象的观点,叫做"矛盾的性别歧视论"。他们认为,性别歧视不仅是恶意的、敌意的存在,而且以善意的形式存在,在现实中主要的、根本的是以善意的形式存在的。心理学对偏见的研究表明,将一个群体限制在较低的地位与敌意的定型之间有着密切的关系。但是当这种不平等的剥夺关系存在并持续了相当长的时期并促进了优势与劣势群体之间的相互作用以后,群体间的态度就不可能是纯粹敌意的,相反,这时善意的价值观会占优势,善意的性别歧视就成为优势群体迫使劣势群体合作的有效手段。无论是敌意的性别歧视还是善意的性别歧视,它们之间有着共同的假设:认同传统的性别意识形态(男强女弱),并为维持和合理化父权制社会结构服务。因此这两种性别歧视都和构成两性关系的权力、制度及意识形态有关,且每一方面都包含了敌意和善意的性别歧视。

总之,性别不平等是一个不争的事实,因此,罗列多少有关性别不平等的论据并不是最重要的,重要的是对这一事实的认识和解释,是合理地解释并维护这一制度还是批判性地解释并试图加以变革。传统的父权制理论、社会学理论、女性主义理论等等对此做出了不同的回答。

二、关于性别不平等的相关理论

对性别不平等的理论阐述很多,有的认为性别的不平等是合理的,不需要变革也不可能变革,含这种倾向的理论我们称之为有父权制色彩的理论;与之相反

---

① 戴维·波普诺:《社会学》(上),辽宁人民出版社,1987 年,第 348 页。

的,则是非父权制的或反父权制的理论。

所谓父权制,是指所有权力以及通向权力的途径都掌握在男性手中,表现为女性被男性所控制。历史研究表明,父权制大约出现在 5000 或 6000 年前,历史上父权制包括广义和狭义两种类型。狭义的父权制是指以家庭为中心的父权制,由父系制(世系按照父子相承的惯例)、父居制和父姓制所构成,在婚姻中则表现为夫权制,即夫系制、夫居制和夫姓制。广义的父权制是一种在社会系统中的父权制,表现在社会各制度层面的男性支配女性的状况。人类历史上存在过母系制社会,但人类学的研究表明,母系制社会并不是和父权制社会相对应的社会,在母系制或母居制社会中,成员之间有着较多的平等,决策权是两性共享的。从概念的角度来看,父权制与母系制的最大差别在于父权制已经超越了家庭的范围,维系家庭的原则变成了整个社会的组织原则。① 由于现存的理论大多是在父权制的文化背景下产生、形成和发展的,多多少少会受到父权制制度和文化的影响,因此,大多会对性别的不平等作合理化的解释。这样说并不意味着对性别不平等的解释只能依赖反父权制的女性主义理论了,事实上,结构功能主义、冲突论和相互作用论等理论也对性别不平等提供了有价值的认识。

1. 结构—功能主义的观点

结构—功能主义理论指出,社会中至少存在着三种对两性关系有意义的二元结构:一是自然与文化,二是家庭私人领域与社会公共领域,三是生产领域与生育领域。两性分属于不同的领域,不同领域在社会中的功能大小决定了两性的支配与从属关系。女人因为要怀孕和哺乳,所以适合留在家中照顾孩子,男人体格强壮,适合外出打猎和从事农牧业生产,这种性别分工的产生有利于人类生存和发展的正功能。进入工业社会以后,社会流动、社会分层不断加速,社会对受过良好教育的劳动力的需求导致劳动力的竞争压力越来越大,劳动力也就越来越需要来自家庭的温馨和亲人的安慰,因此形成了男性在生产领域的工具性角色(the instrumental role)和女性在家庭中的社会情感性角色(socio-emotional role)。② 也就是说,这种前工业社会形成的性别隔离在工业社会依然通过核心家庭这一机构发挥作用,女性依然属于与自然、生育有关的私人领域,而男性则属于生产、劳动等与社会文化相关的社会公共领域。从自然与文化来看,男性的技术、发明、理念等文化创造在价值上高于女性的自然生存方式;从家庭与公共领域来看,定位于家庭以及与之相关的母性把女性局限在狭小的活动范围之内,无法像男性一样在更广阔的社会公共领域中发展出政治、经济、艺术和科学的能力并在这些领域

---

① 魏国英主编:《女性学概论》,北京大学出版社,2000 年,第 80 页。
② 魏国英主编:《女性学概论》,北京大学出版社,2000 年,第 85 页。

获得成功;从生产和生育领域看,当生产的重要性超过生育的重要性时,两性关系就明显地表现为男性对女性的支配关系。

2. 冲突论观点

社会学家看到了作为一种社会区隔的类型,性别之间不但有着功能上的分工,而且他们在本质上是冲突的,这种冲突来源于对性别的分层。冲突论者指出,性别分层的结果是男性优势的性别不平等,这种性别不平等发轫于经济的不平等。美国社会学家柯林斯指出,处于支配地位的男人可以并且确实限制了女人们分享他们在政治、经济和社会领域的权力,使得女性无法和男性一样得到全面的发展。柯林斯还提出了几个重要的命题,揭示了两性的权力关系状况。如某一性别对暴力手段和物质资源的控制程度越高,对性及其活动的控制程度也就越高,从从属性别那里得到的辅助性服务也就越多;在不存在其他资源的情况下,较强的性别群体的成员总是性活动的主动方,较弱性别群体的成员总是试图避免性接触,以躲避性强制(所以,在性别不平等的前提下弱势性别群体提倡的性的解放是真正的解放吗?);占统治地位的个体或群体占有他人的性资源的权力越大,对被占有者的控制和戒律也就越严格,对违反这些戒律的惩处也就越严重。围绕着妇女的工作而组织起来的经济资源越多,亲属系统就越可能是母系的;女性一方的血缘团结得越强,女性在家庭事务中的权力就越大;家庭事务中力量集中的程度越高,男性对于女性在卑下的劳动、仪式化的遵从和性道德标准方面的权力就越大。

3. 相互作用论

相互作用论把性别看成一种首要地位(master status)——一个人所拥有的最重要的地位,这一地位可以决定社会身份、影响生活的许多方面。对女性而言尤其如此,她的性别身份要先于其他身份(比如医生、教师、总经理等)。这也正是对女性的偏见难以改变的主要原因,因为日常的交流是围绕着首要地位而展开的,在日常的交流中,性别角色是我们用以相互理解的一种文化-语言结构。相互作用论认为,对性别的界定给男女两性带来的影响是重大的,对女性而言,带有性别歧视的性别形象使得女性处于从属的地位,但对男性的影响却一直没有得到充分的研究。性别歧视的性别界定虽然让男性处于主导的地位,但这一地位的获得并非不需要男性为之付出代价。事实上,男女间 8 年的预期寿命差异这一事实,75% 是源于差异性的社会化的结果。我们对待男性比对女性有更高的期望,因而男性从小要接受更严格的教育和管理,被要求更坚强勇敢以至更少机会表达自己的软弱和恐惧。在以后的社会化过程中,注重"男子汉"以及对成功和进取的不断追求使得男性更容易因为压力和紧张而导致疾病,也更容易导致吸烟、酗酒等不利于健康的行为出现。

4. 女性主义理论

女性主义理论通常是指一个知识主体,它要对性别概念和性别差异的含义进行哲学的分析,要对不平等的性别关系进行批判性的解释。所谓批判性的解释,是指它不寻求对这种不平等的性别关系进行合理化解释并维护和加强这种不平等的性别关系,而是要批判、动摇并最终瓦解这种关系和制度。女性主义认为,生物性性差异在生活中起着重要的作用甚至影响到某些个性和男女间行为的差异,但是这一事实并不能使得一个性别优于另一个性别,更不能证明以性别为基础的不公平地分配社会资源和报酬是合理的。

"嘿! 你们这些愚蠢的女人! 当你们让男人来缚你们自己时,就是让自己被战争、仇恨、贪婪以及权力欲望所来缚! 想想吧! 要解放你们自己! 抑制那些想要压迫他人的人! 你们可以做到的!"

女性主义认为现存的性别关系秩序是不平等的,女性处于从属地位,但是对于是什么造成女性处于被压迫的从属地位这个问题,女性主义内部产生了分歧和矛盾,正是这种分歧和矛盾形成了女性主义内部的各个流派。代表中产阶级白人妇女的自由主义女权主义(Liberal Feminism)认为,造成性别不平等的根源是由于妇女缺少政治权利或公民权利,也就是说,不是生理上的差异而是法律制度、社会文化和教育等因素。马克思主义女性主义(Marxist Feminism)认为,阶级社会的阶级差别和对抗是妇女受压迫的最终原因。激进女性主义(Radical Feminism)则指出,妇女受压迫的根源是父权制,具体而言是父权制下的异性恋家庭模式与生育制度强调了生物性因素的决定性影响。针对主流社会学中的实证主义传统,女性主义提出了一种与这种理论相抗衡的理论,即女性主义的立场理论(Feminist stand point)。这一理论主张知识以经验为基础,强调认知过程的主体性和社会性,认为不可能存在超越个人社会立场的对社会或性别的认识(价值中立的知识)。这种立场理论直接受到马克思和曼海姆的影响,将马克思和曼海姆的阶级立场论发展成为性别立场论、种族立场论等,指出由于受压迫的结果,权力较少的社会成员经历的是一种不同的社会现实。

第四节　人类的性行为及其态度

前面已经提到,性有时也特指性行为。因此,我们在这一章里可能会用"性"来指称性行为。性或性行为至今在某种意义上可以说依然是一个禁区,是一个由道德、制度和风俗习惯建构起来的、决定一个人的品行和声望乃至生命本身(特别是对女性)的重大命题。直到19世纪末,性才得以作为一个严肃的研究主题进入学术领域,最明显的标志是它被当作了一门单独的学科:性学——未来研究性欲望的科学。[①] 到20世纪,性历史、性理论、性政治、性心理、性伦理等等性学研究及其成果的出现不仅仅解读了性世界,同时还帮助了性世界和性知识的形成。但是令性学研究者们感到困惑的是科学的性(性学)与实践的性(性行为)之间的距离:性行为始终超越了性科学同步强加于它的一清二楚的分类。从弗洛伊德到金西,从男人的性与女人的性,婚姻的性与婚前、婚外的性,再到异性恋与同性恋的区别,我们可以看到行为和身份、个人欲望和公共道德、梦想和现实、谈论的性行为和实际的性行为之间始终存在着的一种紧张的关系。[②]

为什么简单的生物界的性行为(使得花草禽兽自然万物包括人类自身生生不息的遍及整个生物界的现象)与甚至还可能是物理的性行为(比如电磁场中的同性相斥、异性相吸等物理现象)一旦进入人类社会就变得如此复杂、如此重大呢?性行为对人类到底意味着什么呢?人类社会对性行为的态度经历了很多的变化,从自然、随意、开放到规制、禁忌和神秘,时而极度放任、时而又严厉压制,哪些因

---

① 杰佛瑞·威克斯:《20世纪的性理论和性观念》,江苏人民出版社,2002年,第8页。

② 杰佛瑞·威克斯:《20世纪的性理论和性观念》,江苏人民出版社,2002年,第12页。

素导致人们的态度发生如此大的变化？这些变化又对人们的性行为产生了怎样的影响？

一、性行为规范

一个对人的性行为完全没有规范约束的社会是不可能存在的，这一点连福柯也不否认。对性的规范既有法律层面的，也有道德层面的，还有风俗习惯层面的。社会学要研究的是性规范是如何限制人们的性活动的？形成这些规范的原因是什么？规范的效果如何？应如何评价这些规范？这些规范在多大程度上可能发生变化？促使这些规范变化的因素又是什么？对于不同的社会群体而言，这些规范的意义相同吗？甚至可以再问一个问题：即，对于不同的社会群体而言，性的意义相同吗？

对于不同的群体而言，性的意义是不同的。正是由于性对于不同的群体具有不同的意义，才会有差异巨大的性行为规范存在于不同的社会和不同的文化之中。李银河认为，性的意义大致有以下几种，比如，为了繁衍后代、表达感情、肉体快乐、延年益寿，为了生计、建立或保持某种人际关系、表达权力关系等。在传统的基督教文化中，被认可的性规范可以表达为必须是以繁衍为目的的、以异性恋婚姻为基础的并且符合"传教士式"体位的。此外，任何其他意义上的性行为（包括夫妻之间的）都被认为是不正当的、罪恶的、应受惩罚的。和传统西方的"以性为罪"不同，中国文化则是"以性为耻"，性，至少是不登大雅的苟且之事。对女性而言，与性行为（婚姻内的除外）有关的一切不但是自身的而且是家族的耻辱。与西方的"禁欲"不同，中国的性观念强调的是"节欲"，特别是对男性，认为过多的性行为会令其大伤"元气"。但是，无论是西方还是东方，都对性行为有着严格的约束，对一切婚外的性行为——尤其是女性的——都是严厉禁止的。进入现代社会以后，性规范和性观念发生了很大的变化，变化的趋势是倾向于更多的自由、更少的禁忌。今天，被主流社会认可的性观念和性规范不再是单纯为了生殖，性本身就是目的，性、爱合一的理性生活成为人生幸福和满足的来源之一。①

二、关于性行为的社会态度

今天，性和生殖的分离已是一个举世公认的事实，然而，在公元 5 世纪的西方，圣奥古斯丁把性交和动物的淫欲相提并论，认为除了繁衍后代，任何目的的性行为都是邪恶和罪孽。差不多同时，中国的道学家和理学家们在性交之前总要念念有词地安慰自己"非为色也，是为后也"，以便打消单纯为性的堕落感和罪恶感，

---

① 李银河：《性·婚姻》，陕西师范大学出版社，1999 年，第 13 页。

可谓东西方的异曲同工。在大部分地区,强奸都是犯法的,然而在有些地区,被强奸是所有女人第一次的性经验。婚外的性行为在世界的绝大多数地区至今都是被禁止的,有些地方甚至非常严厉,以至于如果和配偶之外的其他人发生性关系就会被处死;然而也不是完全没有例外,比如,在阿拉斯加中部的爱斯基摩人和东非的巴希玛人中,主人就有义务让客人分享他的妻子,否则就会受到谴责。历时态与共时态的差异的存在,昭示了性行为以及人们对性行为的态度的变迁;然而,无论是这种变迁的内涵还是外延都说明性、性行为以及人们的态度是和婚姻家庭制度紧密相连的。和婚姻统一的性行为受到赞美,这样的性行为不但被合法化、合理化同时还被浪漫化、神圣化了;反之,和婚姻不相统一的性及其行为则被认为是反常的、堕落的、可耻的、肮脏的乃至是罪恶的。

1.婚前性行为

在美国,约一半的青少年到 16 岁时已经不是处女或童男了。[①] 但在 1971 年这个比例还只有 30%。[②] 在中国,待嫁的准新娘修复处女膜,亿万富翁征婚要求对方是处女等等和婚前性行为有关的讨论依然不绝于耳。但今天,人们对婚前性行为的态度已经越来越宽容了,至少对大学生的恋爱和婚前性行为已经不再像以前那样绝不宽容了。

2.婚外性行为

婚外性与婚姻的历史一样悠久,各种各样的对婚外性行为的惩治措施包括残忍的死刑都依然无法彻底消除。影响婚外性行为发生的变量有很多,比如:从爱情的生物学意义上讲,纯粹的爱情是一种自然的性吸引,它既取决于对方的吸引力,也取决于爱情主体(男或女)的感受力。就爱情主体的感受力而言,总是或多或少地附着于感官系统,而人的感官系统的一个主要特征就是喜新厌旧。倘若爱情一旦产生便不再变化,那么,婚姻根本就没有存在的必要,正是因为爱情的不稳定,才需要制度化的婚姻来约束它。所以,婚姻是一种禁限。禁限是一种很有意味的东西,礼教和任何宗教都不会禁限人们大汗淋漓地为大众干活、为社会服务以及为政党流血牺牲,可见禁限之物总是人们私心向往之物,否则就没必要禁限。而禁限的结果却往往强化了这种向往,使得突破禁限的冒险变得更加刺激、更加激动人心。从经济学意义上讲,相爱的双方之所以维持一种关系——友谊的、爱情的、婚姻的或其他的关系,是因为这种关系可以给双方带来利益或好处。爱情的关系源于人的性和爱的需要,用最小的成本获得最大的收益是经济学最基本的对理性人的假设,婚姻制度避免了人们为了每一次性的需要而去进行交易的费用

---

① 文森特·帕里罗等:《当代社会问题》,华夏出版社,2002 年,第 99 页。

② 戴维·波普诺:《社会学》(上),辽宁人民出版社,1987 年,第 356 页。

(时间的、金钱的)和风险(失败的、疾病的),因此,婚姻的性受到认可和鼓励是因为它符合经济原则。然而,正是理性化本身蕴含着无法避免的非理性,经济的理性原则与情感的非理性这一对矛盾必然导致人类爱情对婚姻理性的突围,婚外性也就不可避免地发生了。并且,它的发生依然可以在经济学里找到相应的解释,用边际效用递减理论可以说明情感的喜新厌旧是因为对方给自己的性和爱的满足程度不断下降以至最终完全没有效用,只能去寻求新的替代物(如果可能的话)以获得满足。

从制度学意义上讲,用婚姻制度来制约性行为是为了避免同性之间对性资源的竞争以及由这种竞争导致的混乱和不安定。

从社会学的意义上讲,性是自然的,正像人们的饥饿感是自然的一样。但是,人类社会演进和发展的历史事实却告诉我们,"这些需求从来没有以任何自然的形式被满足过。饥饿就是饥饿,但被当作食物的东西是由文化的形式决定并获得的。性就是性,但被看做是性的事物也是以文化的形式决定并获得的。"①每个社会都有一套性/性别制度,使得人类的性与性行为及其结果——生育的生物特征受到了人为的、社会化的干预,变成了一种与生物性行为相区别的社会行为,一定历史时期的人们只能按照当时当地认可的方式表达并满足个体的性需求,不管这种方式和规定有多么奇怪甚至荒谬。在任何社会,合法的性对象人数或类型、性行为方式等等都不是完全由个人决定的,而是由法律、道德、文化等因素共同决定的,文化准则决定了社会成员如何恰当地表达性要求的方式以及一种性行为是否能被接受甚至是否合法。

就婚前性行为与婚外性行为而言,社会变迁带来的最大的变化是人们对它们态度的改变。随着社会的发展,人们对这类性行为的包容度加大了,惩治力度则相应地降低了。开放型的社区、社会匿名性的增强、更自由和开放的人际交往环境、对婚姻和婚内性行为不甚满意、没有孩子以及自由主义的政治态度、妇女解放以及支持性别平等等都是这种态度变化的原因。随着社会变迁的加速,我国的婚外性行为发生率持续增长,而公认性生活比较随意的美国却由于种种原因开始走向保守,据1994年的一项调查,在美国,75%的丈夫和85%的妻子声称自己从未对其配偶不忠。② 在著名的金西调查(1948—1953)报告中,这一比例为丈夫50%和妻子26%③;71%的男人认为要不带感情地进行性生活非常困难,这较1984年的59%有较大上升④。

---

① 约翰·麦克因斯:《男性的终结》,江苏人民出版社,2002年,第117页。
② 文森特·帕里罗等:《当代社会问题》,华夏出版社,2002年,第99页。
③ 戴维·波普诺:《社会学》(上),辽宁人民出版社,1987年,第356页。
④ 文森特·帕里罗等:《当代社会问题》,华夏出版社,2002年,第99页。

"性就是性,但被看做是性的事物却是以文化的形式决定并获得的。"

3.同性恋性行为

1994 年,罗伯特·麦克等学者、专家进行了美国历史上规模最大的一次性行为调查,并在此基础上得出了结论,结论显示,2.7%的男性和 1.3%的女性承认,自己在过去的一年里与性别相同的人发生过性关系。如果把年龄提早到青春期,比例为男性 7.3%,女性 3.8%。[①]

直到上个世纪的 80 年代,关于同性恋的研究都是从两个层面展开的,即以宗教为基础的对同性恋的道德指责和以精神分析学或精神病学为基础的将同性恋视为一种精神疾病。同性恋在社会道德层面和精神层面都被视为一种社会问题引起社会各界的关注。对同性恋的这种否定态度并不是一种历史的自然现象,事实上,许多早期社会不但认可同性恋,甚至还鼓励和赞许同性恋,如古希腊。只是由于宗教和文化的因素导致同性恋遭到了否定性的评价。至少在西方,对同性恋的否定可以明确地归因于公元前 7 世纪的一场犹太教运动,后来的基督教教条追随了犹太教反对同性恋的这一传统。在整个中世纪和欧洲文艺复兴时期,欧洲社会都把同性恋和异性的肛交行为视作一种罪恶和犯罪,对这类罪犯一般都会采取绞刑和火刑。事实上,直到上个世纪的三四十年代,在美国,同性恋依然被看做是一种越轨行为。50 年代,任何人一旦被发现甚至被怀疑是同性恋,那他的前途——他的事业和全部生活都可能被彻底毁灭,他可能被解雇,并受到侮辱和伤

---

① 文森特·帕里罗等:《当代社会问题》,华夏出版社,2002 年,第 111 页。

害。也许是由于中国文化强调生育价值,同性恋不会导致生育,不会伤害他人,所以中国人并不认为同性恋是什么严重的罪行,公众舆论对同性恋也采取了比较温和的态度。这种态度在西方人看来是难以置信的。① 现代社会对同性恋行为的否定和非难是西方基督教传统的延续。那些没有在道德层面非难同性恋的人又持有另一对同性恋者极为不利的态度,即同性恋者是病态的,是需要救助的,这种态度同样令同性恋者难以忍受,因为事实上他们和异性恋者一样健康,除了性倾向和性行为不同以外,没有其他的区别。在民主化、多元化和全球化的社会大背景之下,加之同性恋者的一些抵抗歧视和维护权利的运动,社会对同性恋者的态度也慢慢地发生了一些变化。例如,在1973年,同性恋在美国不再被当作病态社会现象,许多西方国家也陆续地将同性恋排除出精神疾病的范畴。怀特姆认为,同性恋不是由某种特殊的社会结构产生出来的,而是在各种不同的文化背景下人类性行为的一种基本形式。② 马尔库塞指出,同性恋是性欲讨厌服从生殖秩序而发出的抗议,是性欲对保障生殖秩序的制度提出的抗议。③ 走在观念变革前沿的学者和专家更是从理论、政治和文化等各个方面分析和质疑人类社会对同性恋的反对态度,论证个人的性倾向、性选择作为最基本的公民权利应受到他人的尊重和法律的保护。到上个世纪的80年代以后,学者、专家和传媒在研究和关注同性恋这一社会现象的时候,开始转而强调对同性恋的歧视是一种社会问题。然而,民众的观念变革则远不像学者和专家想像的那么容易,1994年的一项调查显示,只有35%的人赞同同性恋婚姻合法化,支持允许同性恋者收养子女的主张的人则更少,只有24%,而70%的美国人谴责同性恋行为不道德。④ 人们担心同性恋父母会向孩子灌输同样的生活方式,或者使孩子对自己的性别产生混乱和矛盾。在中国,到2002年才宣布同性恋不属于精神疾病。

对同性恋及其行为的研究对女性主义无疑是有特殊的意义的。同性恋的存在说明并不是男性天生就会发展出男子汉气质,女性也不一定天生就具有女人味,男女同性恋的存在挑战了现存的性别两分法。根据酷儿(queer)理论,同性恋现象对于人类社会发展的启示主要表现在以下三个方面:一是它提示了一种新型人际关系和生活方式的可能性;二是它昭示了超越性别(transgender)界限的可能性;三是它表达了所有边缘群体对主流意识形态及话语权力的挑战。⑤

---

① 李银河:《性的问题》,中国青年出版社,1999年,第142页。
② 李银河:《性·婚姻》,陕西师范大学出版社,1999年,第214页。
③ 李银河:《性·婚姻》,陕西师范大学出版社,1999年,第239页。
④ 文森特·帕里罗等:《当代社会问题》,华夏出版社,2002年,第99页。
⑤ 李银河:《性·婚姻》,陕西师范大学出版社,1999年,第248页。

三、性行为与社会问题

当性行为违反一定的社会性规范、性法规的时候，就被认为是违规的或违法的，进而成为值得关注的社会问题。特别是违法的性行为，是社会问题的重要内容。

1. 色情（pornography）和暴力

色情从表面上看起来是性，是和性爱（eroticism）有关的，但事实上它并不是性爱，而是通过性使妇女和儿童成为玩物，通过使性行为非人化以及使妇女、儿童物体化、对象化来实现男女的性别分层，有时，它还通过对虐待等野蛮性行为的渲染而显示所谓的男子气概，妇女、儿童则成为这种所谓的男子气概的牺牲品，成为男性暴力的受害者。

2. 卖淫（prostitution）

卖淫是指出卖肉体换取金钱和物品的行为。今天，全世界有成百上千万的人从事这一古老的行业，大多数是女性，也有一些是男性。大部分文化和制度都认为是卖淫女而不是嫖客应对卖淫业的存在负责。有些观点认为，资产阶级的婚姻家庭关系与卖淫的区别仅仅是批发与零售的关系，妓女是一次一次地将自己的性零售给不同的买主，而妻子则是一次性地将自己的性批发给丈夫，从本质上讲，它们都是性的商品化，都是女性以性（身体）来换取生活资料。不同的是，批发商（妻子们）的行为获得了社会的认可并因此成为体面阶层的妇女，从而获得社会地位和尊严；零售商（妓女们）的行为则是一种违反社会规范的不道德的行为。

3. 强奸

强奸一般是指一个男人对一个非自愿的女人强制施行的性行为，是指通过暴力或通过压制被害人强烈反抗的暴力威胁而发生的性行为。在西方社会，法律对强奸案所要求的证据非常严格，比如，强奸受害者必须能证明自己曾经极力地反抗过。强奸还被一种观念合理化了，即一个欲火烧心的男人要求满足性欲望是很正常的，尤其是这时出现一个性感诱人的性对象的话，就更加正常不过了，这个被强奸者强化了强奸者的欲望，因此，她也应该检讨自己的穿着和举止并对被强奸承担责任。在中国，被强奸的女性要承担的比这更多。一句"掠人财物、奸人妻女"再清楚不过地将"财物"和"妻女"并列，强奸受害者的客体化乃至物化的身份使得她们在遭受强暴之后得不到应有的同情，反而要对她们的主人——父亲和丈夫及其家族的名誉负责：为了他们的名誉，她应该在强暴者得逞之前以死抗争，以自己的生命换取"贞烈"的名节，为父族和夫族增添光彩；倘或不幸被强暴了，则更需以最惨烈的方式自我了结，以洗刷家族的耻辱；倘若苟且偷生，就必须准备好一辈子生活在遭受冷嘲热讽、不被尊重和不受欢迎之中。

4. 性病

由性自由和性解放带来的性病,特别是艾滋病对西方国家的性行为和性观念产生了怎样的影响还需要更多的研究,但一个不争的事实是,在疾病面前,人们变得相对保守了,并重新开始注重家庭生活,不再对性生活抱随意的态度了。与此同时,中国的传染病发病率在总体上不断下降的前提下,新发传染病种——性病的发病率却逆流而上,呈逐年增长的态势。性病成为危及人们健康和生命的最大杀手之一。

思考题:

1. 你认为理想的女性应该具有哪些品质? 理想的男性又该具备哪些品质? 为什么?

2. 如何理解性别差异与性别平等? 设想并描述一个性别平等的社会的两性关系秩序。

3. "价值中立"的、客观的、普遍的观点是否可能? 阶级立场论、种族立场论、性别立场论是如何解释现存的知识体系的?

第九章
社会问题

古今中外,任何一个社会都存在着形形色色的社会问题。贫穷、战乱是社会问题,环境污染、吸毒贩毒、失业、艾滋病、自杀、安乐死、堕胎也是社会问题。阶级压迫、种族冲突、性别歧视、政治腐败、社会犯罪等等更是与人类社会相伴了漫长的历史岁月。在人类社会由传统农业社会向现代工业社会转变的过程中,由于社会结构、生活方式以及价值观念的剧烈变动,社会问题表现得尤为尖锐、复杂。能否有效地解决现代社会的重大社会问题,直接关系到人类文明能否得到持续、健康的生存与发展。社会学从它诞生的那一天开始,就一直深切关注着社会问题,从各个角度对社会问题的成因、危害,以及解决社会问题的对策等展开了深入、具体的研究。

第一节 什么是社会问题

一、社会问题的界定

人类社会从来都不是一个理想王国。在中国古代,"饿殍遍野"、"民不聊生"、"盗贼四起"几乎史不绝书。在西方,"理想国"、"乌托邦"、"天国",同样也不过是现实社会中充斥着罪恶、苦难、烦恼的一种折射。正是由于存在如此众多严重的问题,才有了人们对美好生活的不尽企盼。历史的发展,文明的进步,从来没有彻底消除过社会问题,充其量也只是以新的问题掩盖了旧的问题。在现实社会中,我们每个人都真切地感受到社会问题及其给我们的生活带来的危害。许多问题常常令我们在工作和生活中烦恼丛生,甚至焦头烂额。几乎每个人都可以罗列出一大堆社会问题,痛陈这些问题的弊端。一些社会问题错综复杂,长期悬而未决,几乎让人更感到无从下手。那么,究竟什么是社会问题?

社会问题(Social problems)在欧美国家也称作社会病态、社会解组、社会反常或社会失调。美国社会学家米佛认为:"一个社会问题,是一种社会情况或情景,已引起社会的困苦、紧张、冲突或失败,有加以干涉的必要。"①乔恩·谢泼德和哈文·沃斯则认为:"一个社会的大部分成员和社会一部分有影响的人物认为不理想、不可取,因而需要社会给予关注并设法加以改变的那些社会情况即为社会问题。"②

20世纪40年代中后期,我国社会学家孙本文在《现代中国社会问题》一书中,把当时及以往社会学家对社会问题的解释归纳为四种类型。一是把社会问题理解为社会变迁和文化失调所产生的社会病态现象;二是倾向于认为社会问题无特殊内容,无论什么社会情况,只要引起社会上多数人的注意,并且需要社会集体采取行动来调整补救的,就构成社会问题;三是社会心理学派的观点,强调社会问题不仅仅是一种看得见的现象,而且主要是人们的一种心理状态,一种价值判断;四是以富勒和麦尔斯为代表的从主客观双重角度理解和定义社会问题的观点。在此基础上,孙本文提出了自己的社会问题概念。他认为:"社会问题就是社会全体或一部分人的共同生活或进步发生障碍的问题。"

1984年由费孝通主持编写、出版的中国改革开放后第一本社会学教科书《社会学概论》对社会问题的定义是:社会问题是社会关系或环境失调,致使社会全体成员或部分成员的正常生活乃至社会进步发生障碍,从而引起了人们关注,并需要采取社会的力量加以解决的问题。

由北京大学编写的《社会学教程》中则把社会问题定义为:"是社会中发生的被多数人认为是不合需要或不能容忍的事件或情况,这些事件或情况,影响到多数人的生活,而必须以社会群体的力量才能进行改革的问题。"

陆学艺主编的《社会学》一书将社会问题定义为:"凡是影响社会进步与发展,妨碍社会大部分成员的正常生活的公共问题就是社会问题。它是由社会结构本身的缺陷或社会变迁过程中社会结构内出现功能障碍、关系失调和整合错位等原因造成的;它为社会上相当多的人所共识,需要运用社会力量才能消除和解决。"

上述这些定义之间虽然不乏共同的内容,但是它们之间差异的存在至少说明还没有一个统一的为大多数学者所认可的定义。严格地讲,社会问题有广义与狭义之分。从历史跨度来讲,广义的社会问题泛指古今中外的一切社会生活问题,狭义的社会问题特指现代社会变迁过程中出现的社会生活问题;从内容的涵盖面讲,广义的社会问题指与社会生活有关的一切问题,狭义的社会问题特指社会的病态现象,或者说失调现象。

社会生活中有各种各样的问题,但并不是所有社会生活中的问题都是社会学

---

① J. E. Nordskog 等:《社会问题分析》,纽约1956,转引自朱力:《社会问题的理论界定》,载《南京社会科学》,1997年第12期。

② 乔恩·谢泼德、哈文·沃斯:《美国社会问题》,山西人民出版社,1987年,第1页。

意义上的社会问题。换句话说，"社会问题"这一规范的概念有其特有的内在规定性。美国社会学家文森特·帕里罗等人在《当代社会问题》一书中提出，公认的社会问题一般具备四大要素："它们对个人或社会造成物质或精神损害"；"它们触犯了社会里一些权力集团的价值观或准则"；"它们持续很长的时间"；"由于处于不同社会地位的群体会做出不同的评判，对它们的解决方案也往往多种多样，因而在如何解决问题上难以达成一致"。① 联系这四大要素，以及众多社会学家对社会问题的界定，我们认为，社会学意义上的社会问题至少应符合以下三个规定性：

"焦虑和淡漠的处境，是我们时代的显著特征。"

——米尔斯
(C. Wright Mills)

1."公共性"

20 世纪 50 年代出版的、美国社会学家米尔斯所著的《社会学的想像力》曾将社会生活中种种令人烦恼、不尽如人意的问题分为"个人烦恼"与"公共问题"两大类。"个人烦恼"产生于个人性格，它与本人的生活经历、本人有限的生活领域有关，是在个人的利益、个人持有的特殊的价值观念同社会现实发生冲突时产生的。而"公共问题"涉及整个社会公众生活，是相当数量的社会公众中普遍存在的共同问题，其克服不取决于个人。以失业为例，如果一个社区只有几个人失业，虽然这对于几个失业者来说，意味着生活中遇到了一个很大问题，但对于整个社区来说并不是一个"公共问题"。因为这种失业现象只与少数几个人相关，它或许只是因为这几个人技能、业务水平低，或者纯粹是因为个人性格怪僻。但是如果一个都市，有 10% 的劳动力失业，问题涉及众多公众时，失业便成为"公共问题"。其根源肯定就不只是个人方面了，很可能是社会出现了结构性问题。

2."危害性"

某种社会现象之所以构成社会问题，就在于从功效上讲，它是负面的、消极的、有害的，对个人和社会造成了物质和精神的损害。所谓有害，主要是指它违反了现存的社会规范和价值准则，特别是违背了主流社会的价值规范。在一个由各种阶层或等级构成的社会里，占优势的阶层或等级往往容易将自己的价值观和行

---

① 文森特·帕里罗等：《当代社会问题》，华夏出版社，2002 年，第 6～7 页。

为规范推广到全社会,并据此将那些违反这些规则和观念的行为和现象当作是全社会共同的问题。一个社会之所以将某种社会现象或社会行为定义为社会问题,正是因为这种现象或行为有悖于社会的主导价值和主导规范。相反,一些社会现象或行为即使为某些边缘性群体深恶痛绝,也不一定会被视为社会问题。例如,性别不平等、种族歧视等问题,在现代社会以前都没有被视为严重的社会问题,而是随着社会的不断进步,人类文明程度的不断提高,人权平等的观念成为主流价值观念时,才构成了真正意义上的社会问题。

3.“持续性”

只有持续性的问题才会引起人们的广泛关注,那些偶发性的问题并不会被认为是社会问题。社会问题的持续性根源在于:一是社会根源的复杂性。社会问题的形成往往是多种社会因素共同作用的产物,在相关的社会因素没有发生根本性变化的情况下,社会问题并不会自动消失。二是社会利益的相关性。一种社会问题的存在往往能给一些社会集团带来一些特殊的利益,他们出于自身利益,往往会找出各种借口,认为这一问题实际并不真正构成问题。三是解决问题的对策的失效。社会问题的根源相当复杂,很难找到某一种特效办法加以根治。同时,不同的社会阶层受其社会地位、文化价值传统的影响,对社会问题的认识往往形成很大的差异,对问题的解决以及解决的方案也持不同的态度,这些都会影响到社会问题的解决,甚至使得一些问题长期悬而未决。

根据上述规定,我们把社会问题界定为:社会问题是在社会变迁过程中出现并长期影响着社会全体或者相当一部分人的正常生活,以至影响整个社会进步与发展,因而受到公众普遍关注的问题。

二、社会问题的基本特征

前面我们已经讨论过社会问题的基本规定,但是,这些规定只是一个社会现象构成“社会问题”的先决条件。当我们具体考察纷繁复杂的社会问题时,还应注意把握社会问题的一些基本特点。

1.社会问题存在的普遍性

从广义上讲,人类社会的各个历史时期、各个国家和地区都存在社会问题。尽管问题的具体内容、性质与表现形式可能各不相同,但在社会变迁过程中,每一个社会都无法避免社会结构内部出现功能障碍、关系失调或整合错位,因而都会存在自身的社会问题。社会问题的普遍性的另一个重要内涵,是社会问题的普遍相关性或共同性,即无论经济发展水平、社会制度形态、文化历史传统等方面如何不同,不同时期、不同社会还是存在着某些相同的问题,如不平等的分配制度、贫穷以及现代社会共同面临的生态环境问题等。

2. 社会问题存在的客观性

社会问题是社会现实生活中客观存在的问题,是人们的感官能够直接感受到的,而不是人们头脑中的假想或臆测。社会问题是一种现象、一个事件、一种行为,而且是十分具体的。尽管不同的人对社会问题的反应在程度上会存在差异,但问题本身存在的客观性是不容否认的。有的时候,政府当局或某些利益集团为了某种需要,会讳言某些社会问题的存在,但社会问题绝不会因此就消失,只可能会因此而变得积重难返。另外,有时候某些社会问题尽管存在其客观性,但由于问题的后果在短时间内暴露得不够充分和直接,人们也容易忽视其存在的客观性。等到人们认识到这一问题的严重性时,社会问题也已经变得非常严峻。我们对人口问题的认识就是如此,对环境问题的认识也是如此。这种认识上的滞后会使社会错失解决问题的最佳时机。

3. 社会问题的时代性

尽管在各个不同的社会里都有社会问题存在,但在不同历史时期,社会问题的表现形式却不尽相同。长期以来,同性恋一直被大多数社会当作是反社会的、道德或精神性的社会问题,但同性恋权利活动者及性学研究者的共同努力却成功地改变了人们对同性恋的看法。在一些国家,同性恋者已经获得了组织家庭等合法权利。相反,婚内强奸、家庭暴力等等过去一直被视为是家庭私事,如今却受到社会各界越来越广泛的关注,不再被认为是私人领域的个人问题而成为社会问题。时代性特征表明社会问题是可以通过努力加以改变的。相反,完全超越了人的能力,根本不可能得到解决的问题一般是不会被视为社会问题的。在工业化和城市化之前,由于物质产品极少,人们无力消除贫困,因而通常人们也并不将贫困视为社会问题。只有到了工业化时代,社会财富的巨大增长第一次使发达国家在理论上和实践上具有了彻底解决贫困问题的可能性,人们才将贫困视为重要的社会问题。相反,人的死亡、不合时宜的刮风下雨等等,至今仍是不可抗拒的,因而谁也不会把它们作为社会问题看待。

4. 社会问题认知与评判的主观性

一种社会现象是否构成为社会问题,仅有问题本身的存在是不够的,它还取决于是否有相当数量的人认定它违反了社会生活的规范,违反了人们信奉的价值准则。因而价值观的差异,直接决定着人们对社会问题的评判。同一种社会现象,在某一文化背景下可能构成严重的社会问题,而在另一种文化背景中则可能根本不会被认为是社会问题。人工流产、安乐死等在某些社会中被视为是理所当然的,甚至是个人的权利,但在另一些社会中却构成为社会问题。随着人们主观的价值观、信仰和态度的改变,关于某一社会现象是否应该当作社会问题来对待的认识和观念也会发生变化。社会问题的主观建构性的又一个突出表现是不同阶级或阶层对同一社会问题态度各不相同。对于贫富悬殊问题,无产者会有强烈的不公平感,而有产者却会倾向于认为是合理的,并认为有利于促进经济效率的提高等等。事实上,由于中上层社会成员往往掌握更多的社会资源,拥有更多的表达意见的途径,以及更多的参与政治和社会管理的机会,因而,他们也就拥有更多的界定、解决社会问题的权力和资源。

5. 社会问题的复杂性

这种复杂性表现在以下几个方面:第一,社会问题根源的复合性。一种影响社会公众生活的现象,其成因是复杂的,往往是由许多不同的因素共同造成的。第二,社会问题相互之间的关联性。一个社会存在许许多多社会问题,它们之间可能互相影响,互为因果,甚至互相转化。例如,吸毒本身属于生活方式问题,但它又会引发各种犯罪问题。有时一个社会问题的解决又会导致另一个社会问题的产生,例如通过独生子女政策有利于解决人口压力问题,但它也产生了独生子女问题、老人赡养问题。第三,社会问题后果的多样性。一些社会问题往往会引起一系列破坏性的社会后果,产生连锁效应。例如,我国的人口问题就同时与就业问题、住房与交通问题、耕地问题、生态环境问题等相关联。第四,解决社会问题对应措施的综合性。这是由社会问题成因的复合性及其联系的广泛性所决定的。

社会问题的表现是纷繁复杂的,不同时代、不同社会环境,以及对社会问题成因的不同理解,使社会学家形成了对社会问题的不同分类。

默顿与尼斯特在 1978 年合编的《当代社会问题》中将社会问题分为两大类:一是偏差行为,包括犯罪、青少年犯罪、精神病、吸毒、自杀、娼妓;二是社会解组现象,包括世界人口危机、种族关系、家庭解组、社区解组、都市交通问题等等。[①] 1979 年乔恩·谢泼德与哈文·沃斯在《美国社会问题》中,针对美国社会问题的特点,将社会问题分为两大类:一类是结构性社会问题,表现为社会不平等现象,如贫富两极分化、偏见和种族歧视、政治与权力问题、教育不平等问题,以及由于价值观变迁给社会生活带来的负面影响,如家庭危机、对工作的不满情绪、人口问题与都市化、环境危机等等;另一类是过失性社会问题,如犯罪与少年过失问题、酗酒与吸毒问题、性行为过失问题、精神病问题。奥杜姆在 1947 年所著的《了解社会》中,针对第二次世界大战后出现的各种社会病态现象,将社会问题分为四大类:一是个人病态问题,如酗酒、自杀、心理缺陷、精神病残疾等;二是社会病态问

---

① Merton Robert K. and Nisbet Robert. *Conlemporary Social Problems*, New York: Harcourt Brace Jovanovich, 1976.

题,如离婚、遗弃、私生子、恶习、娼妓等;三是经济病态问题,如贫穷、失业、分配不均、贫富悬殊等;四是社会制度病态问题,如政治腐败、贫民、宗教中的病态现象等。

上述这几种分类的依据,主要是社会问题产生的根源、社会问题的个体性或群体性、社会问题分布的领域等等。由于各个国家、地区的社会制度与经济社会发展水平以及文化历史传统各异,实际上很难用一个统一的标准来概括各个国家的社会问题。我们认为,就处于转型期的中国社会而言,社会问题基本可以分为两大类型:

一是社会结构失调问题。社会转型过程中社会双重结构的变迁异步性必然会使社会结构处于一种相对失衡的状态。社会利益结构、人口结构、生态结构、经济与社会结构的严重失衡也必然会加剧社会矛盾,从而引发各种社会问题的产生。如社会公平问题、东中西部地区差距扩大和城乡差别问题、社会分配不公和贫富分化问题、就业问题、农民工问题、社会保障问题、环境保护问题、弱势群体的利益保障等社会问题。

二是社会行为失范问题。所谓失范,就是指一个社会处于急剧变化时期,社会成员的行为缺乏明确的社会规范的指导和有效约束,从而出现的社会行为的无序、混乱状态,它与社会整合程度密切相关。首先,新旧制度、规范的冲突所导致的社会秩序混乱,使人们的行为失去准则。一方面,是旧的制度、规范受到冲击,不断失去其权威性;另一方面,却是新的制度、规范没能及时建立健全并发挥权威性规范作用。其次,社会利益的多元化与社会利益整合机制建立的滞后,导致社会各个阶层难以形成起码的社会共识,各个社会阶层的行为普遍受短期利益驱使。再次,市场秩序的混乱,特别是公共权力对市场机制的扭曲,诱发出了大量的以非法谋利、非法致富为主要表现形式的越轨行为。最后,价值多元导致的价值真空以及信仰失落的现象,导致享乐主义的盛行,并诱发出大量社会病态行为,如赌博、吸毒、色情泛滥等。

三、社会问题的认定

正是由于社会问题涉及人们的主观认知与评判,而且它本身也有一个变化发展的过程,所以,某一现象被确认为是社会问题,往往需要经历一个过程,有时甚至是一个漫长的过程。理查·富勒和理查·麦尔兹在《社会问题的发展》一文中提出了社会问题自然史的三阶段模型,即被察觉(awareness)、政策决定(policy determination)与改革(reform)。每一个社会问题都根源于人们觉察到一些他们所珍惜的价值受到了威胁,只有在这些群体认为问题已涉及他们的团体价值时才会引起对问题的广泛关注。在问题被察觉之后,人们开始辩论问题的危害性,以及解决问题的各种办法和政策,这一阶段会形成各种意见,会出现不同群体之间的激烈交锋,甚至会出现社会抗议活动。当政府介入问题的解决,制定出相关的公共政策并付诸实施时,社会问题就进入改革阶段。①

布卢默(Blumer)也把社会问题的发展分成三个阶段。② 第一阶段出现了界定某种社会问题的互动过程,对问题的界定尚模糊不清。布卢默指出,认为任何有害的社会事实或社会情景自然而然地就构成了社会问题,是一种误解。社会问题与其说是固有的病态,不如更准确地说是人们界定过程的产物。在这一过程中,某种特定的情景被选择出来并确定为社会问题。在互动论者看来,某一社会问题的出现并引起重视,实际上是某些重要社会群体的界定过程或命名过程。不管行为本身的特征怎样,只有通过某些重要群体的成功界定,才会被看做是社会问题,如通常是福利工作者界定谁是穷人、医生界定谁是堕胎者和精神病患者。人们往往以为界定者是专家,因而比他人更有判别能力。事实上,只是由于财富、权力、声望的不平等分配,由于阶级差异和权力差别,因而某些社会群体对特定社会问题具有更大的控制和影响力。

在第二阶段,某些重要的社会群体成功地把某种情景或行为界定为社会问题。某种社会问题是否发展到第二阶段,往往与问题持续时间长短、参与人数多少、严重性如何、是否反复等因素有关。在此阶段,不同既得利益群体力图控制并解决社会问题。公共舆论的力量、既得利益群体的影响和社会科学的介入左右着对社会问题的接受、拒绝和对其提供的解决方法。既得利益群体的不同价值观通常决定着问题的严重程度及解决办法。布卢默认为,社会问题及其解决往往是各种不同观点相互作用、相互斗争的结果。通常情况下,往往是那些容易着手、有资助条件、或问题当事者需要帮助的社会问题得到研究。

第三阶段的主要特征是制度化,只有少数社会问题有可能发展到这一阶段。某种问题的存在及其严重性已广为人知,并出现了旨在解决和处理这类问题的社会控制手段,如法律制度和警察、监狱等组织机构。对青少年越轨、犯罪和精神疾病等发展到了制度化阶段的社会问题来说,社会已高度意识到了这类问题的存在及其严重性,同时也建立了稳定的法律规范和相应的角色和机构来处理这类问题。制度化阶段涉及不同的社会角色,既有问题的引发者,如罪犯,也有警察、法庭和监狱等社会角色和社会机构。有时,问题反倒可能会出在那些社会控制机构上。譬如,旨在控制和解决社会问题的组织机构缺少强大的动力来最终解决问题,因为社会问题的存在本身是维持这些组织机构的必要条件。简言之,没有社

---

① Richard C. Fuller, Richard R. Myers. The Natural History of a Social Problem, *American Sociological Review* 6 (June 1941), p. 321.

② Bell Robert R. *Contemporary Social Problems*, The Dorsey Press, 1981.

会问题,就意味着没有相关的工作和职业。再如,反贫困计划,低收入家庭儿童的救助项目和非熟练工人的职业培训计划等,虽然收效甚微,却客观上达到了争取更多财政拨款、更多官员晋升的目的,或证实了反贫困机构存在的合理性。

美国社会学家霍华德·贝克尔在三阶段模型的基础上又提出了社会问题演化的五阶段模型。[①]

1. 社会上必定有一些人或有些群体把某种客观存在的情境认定为有问题的,有危害性的,或者在将来会产生出麻烦来的;

2. 当某一个问题被某些人觉察到时,这个问题如要取得社会问题的资格,还必须得到更多的人广泛的关注;

3. 问题引起了广泛的关注,还需要有相关机构或组织出来给予推动,使问题最终被认定为社会问题;

4. 一旦某一问题被有关机构所接纳,那些曾经通过广泛积极的关注来推动问题得以形成的群体,对该问题将渐渐失去进一步关注的兴趣;

5. 在社会问题存在期间,有关机构及其成员致力于问题的解决,这已成为他们所从事职业活动的一项重要内容。

贝克尔强调,一种客观存在的情境被确立为社会问题,仅有社会的关注是不够的。关键的是社会问题必须要经历一个"制度化"的过程才可取得合法的地位。这里所谓的"制度化",是指一项社会问题受到政府的正式认可和接纳,并采取相应的行动措施,将处理该项社会问题纳入政府的立法活动和具体的行政工作中。

结合中国的实际,社会问题的认定过程可以归纳为以下五个环节。[②]

第一,利益受损集团的强烈不满和呼吁。利益受损集团是指直接受到某类社会问题伤害的社会群体。他们对某种社会问题感受最深,往往最早发出呼吁。例如,当吸毒、赌博、"包二奶"出现时,吸毒、赌博、"包二奶"人员的家属首当其冲,深受其害,于是他们首先议论纷纷,或向亲朋好友倾诉委屈,或向政府反映,或向社会传播媒介呼吁。但此时由于问题尚在萌芽期,有的社会现象的不良影响暂时还未显露出来,多数社会成员并没有真正认识其危害性,这些不满和呼吁往往不被人们重视,此时社会问题被认定的条件还不成熟。

第二,社会敏感集团及社会有识之士的呼吁。普通群众对社会问题的了解往往取决于日常生活的经验知识积累,以及问题与个人利益的关切程度。对社会问题敏感度较高的群体通常包括记者、社会学家、伦理学家、政治学家、法学家等等。一些专家、学者和有识之士,由于拥有较丰富的专业知识和判断问题的经验,能对

---

① 转引自阎志刚:"试论社会问题的主观性和建构性",载《社会科学研究》,1997 年第 4 期。

② 朱力:"社会问题的理论界定",载《南京社会科学》,1997 年第 12 期。

社会问题展开理性的思考,因而对社会问题的敏感性较强。他们的观点对公众和政府影响力也相对较强。他们的呼吁往往可以将某一社会现象直接上升到社会问题的高度。

第三,社会舆论集团及大众传播媒介的推波助澜。一种社会现象能否被定为社会问题,或能否被当作社会问题看待,关键在于公众对这一问题的态度。社会成员不可能一一亲身经历某种社会情况、经受某种痛苦,他们往往只能根据舆论界对某些社会情况所作的报道和评价做出自己的反应。大众传播媒介在发现社会问题中的功能主要是向公众暴露社会问题的严重性。在传播媒介的宣传作用下,社会现象、社会事件被置于公众视野和社会舆论的聚焦点之中,引起全社会各个阶层人士的关注,形成信息密集的轰炸效应。这往往是促使政府介入的重要契机。

第四,公众普遍的认识和接受。当某一社会现象被传播媒介渲染、烘托成为公众关注的热门话题之后,大多数社会成员会逐步形成对社会问题的某些共识。这时,问题才真正构成了社会问题。在这一阶段,某些利益受损最大的人会组织起来,形成压力团体,以游行、示威、集会、抗议等方式强烈要求政府出面解决问题。相关群体和专业人士也会通过法律途径,向立法机构提议颁布解决问题的相关法律;相关的研究人员也会投入精力认真地研究这一社会问题,并提出一些解决问题的公共政策方案。

第五,政府介入。最后将某一社会现象确定为社会问题,并会付诸行动准备解决的通常是社会管理者。政府对社会问题定义的角度与利益受损集团、敏感集团、舆论集团和普通的公众有所不同,政府要从社会整体利益原则出发,对社会问题作全方位的思考。既要考虑政治影响,又要考虑经济因素,还要顾及其他利益集团(如既得利益集团等),考虑解决问题的条件是否成熟等等。政府的正式介入,也就意味着社会问题的"制度化"。政府通过制定公共政策,提出并实施解决社会问题的具体办法。

以2003年发生的孙志刚事件为例。城市收容制度由于相关机构受利益驱动而严重变异,并由此派生严重侵害公民权利的种种野蛮行为,这早在几年前就曾陆续地见诸报端。受害人及其亲属也曾四处求告,但一直没有引起人们的关注。也就是说,尽管问题早已客观存在,但它并没有进入公众的视线,更没有被视为一个严重的社会问题。2003年初,孙志刚事件发生,由于孙的特殊身份——大学毕业生,事件开始引起一些敏感人士的注意。随后,新闻媒体开始介入,各种媒体连篇累牍地报道这一事件,并发表评论,从而掀起了广泛传播这一事件的高潮。孙志刚事件以及城市收容制度的问题由此成为公众关注的焦点。人们对其关注的程度仅次于"非典"事件。在媒体的引导下,公众的普遍关注成为对政府部门的一种社会压力。接下来,是一些法律专业人士上书全国人大,要求对收容制度进行违宪审查。另一些社会科学工作者也对现行收容制度的弊端,以及废止这一制度的可行性进行了研究。最后,这一问题引起了新一届中央政府的高度关注,结果中央政府在最短的时间内做出了废止旧的城市收容条例的决定。在孙志刚事件中,我们可以清楚地看到,在社会各种因素的相互作用下,社会问题是如何被确认并被制度化的。

第二节　西方社会学的社会问题研究

社会学从诞生的那一天开始就与社会问题结下了不解之缘。在农业社会向现代工业社会变迁过程中,一系列新的重大社会问题出现,引起了一些思想敏锐的学者的高度重视。与此同时,随着人类知识水平和科学技术水平的迅速提高,物质生产力的日益发展,人类调整、改造和控制社会生活的自主能力也有了很大提高。这一切都使得提出并解决某些社会问题,使人类社会朝着更加美好和健康的方向发展具有了现实的可能性。这正是社会学作为一门独立的学科得以诞生的现实推动力。现代社会学的创立者之一,法国社会学家涂尔干的一部经典性著作,就是专门研究自杀问题的。随着社会学理论的发展,现代社会问题的研究在理论与方法上也日益丰富,各种学派、理论竞相迭出。每一个学派的理论都有各自的研究视角、研究方法,并得出了各自对社会问题性质、成因的解释,以及相应的解决问题的思路。

一、社会病理学观点(social pathology) [1]

社会病理学观点是早期社会学中较为流行的一种观点。这种观点深受有机体理论的影响,把社会比拟为一个庞大的有机体,认为这个有机体结构复杂,有众多的分支结构,同生物有机体一样容易发生病变和功能障碍。所谓社会问题,在这些社会学家眼里就是社会的病态现象,因而他们认为可以像研究身体的疾病一样研究社会的疾病。他们的主要观点是:

1.具有"正常的"社会功能的社会是健康的,而妨碍社会正常机能的个人或情况则是"有病的",它们的存在是社会机体病症的表现。

2.既然社会是由个人组成,并以社会关系加以联系的,那么,"社会病态"就是指社会关系中不协调的现象,而"社会病理"则是指"社会"就像"生物有机体"害病一样,其生理功能处于失调的状态。

---

[1]　参见陆学艺主编:《社会学》,知识出版社,1991年,第551～558页。

3. 造成社会问题的最大原因是社会化过程的失败。每个社会都是通过社会化将道德规范传递给下一代,藉以维系社会正常发展。但社会化过程却会因各种原因遭到阻滞,造成一些人没能顺利完成社会化过程,成为"有病的人",而他们的存在又引起了各种"社会疾病"。

4. 解决社会问题的根本办法,是治疗社会中"带菌的"、"有病的"部分或个人。早期的社会病理学家把重点放在解决个人的"不道德"问题上;后期的社会病理学家则更强调社会环境的"不道德"问题,主张积极"治疗""有病的"社会制度,对全民施以道德教育。

二、社会解组论(social disorganization)

早在 19 世纪后期,当滕尼斯对传统的、给予情感支持的共同体与现代的、以效率为中心的社会这两个概念做出重要区分时,就已经预示了随着工业社会的到来,人类社会生活将为此付出巨大代价。这里一个核心的问题是,随着社会流动的日益加速,以及个人主义、金钱至上的现代价值观念对传统注重群体和谐和情感满足的生活方式的侵蚀,现代社会的人将面临巨大的心灵空虚和精神孤独的压力。人们失去了信仰,失去了对生活的幻想,感到自己被孤零零地抛到了这个陌生的世界,随波逐流,无望地追逐着当下物质欲望的满足,这一切成为普遍的生活样式。结果是,失落感、挫折感和幻灭感不断地吞噬着人们的心灵。大量的越轨行为和社会病态行为如酗酒、吸毒、性混乱、自杀等等由此而生。

第一次世界大战结束后,伴随着工业化、城市化的迅速发展,西方社会违法犯罪、贫穷、心理疾病、酗酒吸毒、青少年问题等日益普遍,社会病理学家越来越难以开出解决问题的良方。一些美国社会学家开始从社会规则而不是个人的角度来看待社会问题,主张从基本的社会过程、社会组织及其相互关系去探究社会问题的根源。有代表性的成果如 M. A. 伊里略特于 1941 年出版的《社会解组》一书。这些社会学家,有的致力于研究人与人的关系,有的致力于研究移民现象,有的致力于研究"文化失调"问题。社会解组论的基本观点是:

1. 一个常态社会是组织严密、结构有序的,它的各个组成部分之间的关系是协调的、和谐的;而一个解组的社会则相反,它的组织结构发生分裂,有些部分已与整体脱节,有些部分丧失了正常功能,表现为社会凝聚力与团结精神衰退,传统风俗习惯与道德规范的作用丧失,而新的规范又未建立。在社会变迁过程中,由于文化内部各个组成部分变迁发展的不平衡,以及文化与文化之间的冲突(如新旧文化、民族文化与外来文化的冲突),都会产生社会解组问题。

2. "社会解组"就是"传统的崩溃",社会生活失范就是"失去规则"或"乱了规矩"。"解组"有三种形式:一是无规范,社会生活中没有一种现存的社会规则、规范体系来指导、约束人们的行为;二是文化冲突,社会生活中有多种相互分歧、相互对立的价值规范同时并存,使人们左右为难,无所适从;三是价值崩溃,规范与原则完全紊乱。

3. 造成社会解组的根本原因是社会变迁。在常态下,社会处于相对的动态平衡状态中,社会组织的规则基础是传统与风俗习惯,人们可以日复一日、代复一代地遵照习得的规范来生活。但在社会急剧变迁时,社会的动态平衡被打破,传统社会的权威,及其对人们生活、行为的约束与控制能力受到削弱,从而引发社会解组现象。

4. 解决社会快速变迁造成的社会生活失范问题的根本出路,在于尽快地重建社会规范和生活秩序,重建社会的均衡体系。

三、价值冲突论(value conflict)

早在 1937 年,美国社会学家 R.C. 富勒就从社区问题研究中提出了有关价值结构与价值冲突的观点。他认为社区问题之所以产生,是由于持不同价值观的社区人对某些问题的价值判断存在分歧,彼此之间发生冲突而造成的。第二次世界大战期间,战乱与经济的不景气进一步推动了人们对社会冲突问题的研究。研究发现,人们由于所处的社会地位和经济利益不同,对同一问题会有完全不同的价值判断标准,以及不同的立场、态度,因而在采取某种措施改变某一社会现象时,常常会引起群体间无休止的冲突。当一些人期望能解决某些社会问题时,相关的既得利益群体就会千方百计地加以阻挠。例如,关于"私人是否应拥有枪支问题",在美国至今仍在争论不止,一个重要原因,就是它涉及枪支弹药生产与销售厂商以及有关群体的既得利益。价值冲突论提倡从利益竞争和价值冲突的角度来研究社会问题,其主要观点是:

1. 冲突不仅是社会生活的一个基本事实,而且也是许多社会问题的重要成因。几乎所有社会问题都与"利益和文化价值上的冲突"有关。在冲突论者看来,现代社会的结构分化严重削弱了对社会规则和秩序的认同。不同的社会群体基于自身的利益相互竞争,并在竞争的过程中形成自己的立场和价值标准。这种利益和价值的冲突所引发的社会秩序的混乱是产生社会问题的重要根源。每个社会群体都有自己的价值观念和社会生活期待,一旦某种现象让某一群体感到自身的价值和期望受到侵犯时,它就会认为这是一种严重的社会问题。更重要的是,在冲突论者看来,在现实社会中,不同的社会群体在社会资源分配中占据着不同的地位,少数社会群体往往控制着绝大多数资源和权力,并由此形成不平等的社会结构。优势群体会利用自己的资源、权力优势极力维持现有的秩序,而弱势群体则试图改变这样一种局面,这就使冲突成为不可避免。冲突论者倾向于认为,只有彻底改变不平等的社会结构,才能解决贫困、犯罪、剥削等社会问题。

2. 社会问题包含客观情况和主观定义两个方面。客观情况,是指社会问题是一个可鉴定的客观事实。客观事实本身还不足以构成"社会问题",还需要有"主观定义",即对这个客观事实进行判断和认定,以确定其是否构成为"社会问题"。然而,因为人们在价值判断标准上存在分歧,在判断和认定事实时就会出现差异,从而妨碍某些事实被确认为"社会问题",或者使之成为并非重大的"社会问题",这就使得客观存在的问题得不到有效解决。正如马克思所指出的那样,社会占统治地位的意识形态总是统治阶级的意识形态,尽管它往往会以全民意识的形式出现。一些冲突论者认为,被一些社会学理论称为社会共识的价值,其实是一种"虚假的价值观"。这种"虚假价值观"往往具有极大的破坏力。例如,"财产欲望"是美国的主流价值观念,一个人是否成功的根本标志是他能否占有相当数量的财富。一些冲突论者认为,恰恰是这种"虚假价值观"刺激了犯罪行为的大量产生。一方面,人们把财富视为生活的目标,在无法通过正常的途径实现自己的财富目标时,一些人很自然地会采取不正当的、违法的手段。另一方面,当人们目睹统治阶层极力以各种手段,包括利用公共权力和财富资源维持现有的利益格局时,以破坏性的手段去改变自己的处境就会变得容易被接受,甚至变得合乎正义。

3. 解决社会问题的途径通常有三种形式,即交涉、达成协议和使用权力。如果冲突双方能以彼此认同的更高价值来寻求共识和解决冲突的话,那么,"交涉"自然就是最好的办法。如果冲突双方能在结果中做到利益均衡,那么双方就会在讨价还价中寻求妥协,并达成协议。如果双方利益和价值尖锐对立,不可调和,则拥有较多权力的一方就会运用权力来掌握解决问题的控制权,使问题的解决有利于自己。

正如美国社会学家文森特等人所指出的,冲突论的观点尽管激进,但它对社会问题的研究提供了一种实用的指导,它可以提醒我们面对诸多的社会问题时注意到"这是谁的问题",以及"是否有某个群体从社会问题中获益"。①

四、偏差行为论(deviant behavior)

偏差行为观点最初由社会学家 M. A. 克连纳在《偏差行为社会学》一书中提出。后来美国社会学界的两大流派,注重社会结构研究的哈佛学派与注重社会过程研究的芝加哥学派都对这一问题展开了研究,哈佛学派的默顿与芝加哥学派的 A. H. 苏德兰就是其主要代表。默顿的偏差行为理论以美国主流社会学——帕森斯的结构功能主义为理论基础,创建了较为成熟的功能分析范式,影响社会学

---

① 文森特·帕里罗等:《当代社会问题》,华夏出版社 2002 年,第 21 页。

对社会问题的研究达数十年之久。在默顿看来,对于偏差行为或称越轨行为的研究来说,最重要的问题是,社会中的什么因素造就了不遵守规则的人和偏差的行为?默顿的结论是,人们在使用取得成就的方法这一点上存在着差异。例如,美国人极为重视成就导向成功,大部分人采取被广泛认可的受教育和就业的方式去争取成功。但有一些人却由于其种族、阶级的背景而受到歧视,无法通过这一途径取得成功,只好采用不合法的手段。因此,不是个人的品质或性格,而是不公平的环境和强大的追求成功的社会压力,共同催生出了大量的越轨行为。而苏德兰则认为,偏差行为产生的主要原因还是在于社会化,关键问题是如何通过社会化来控制"偏差行为模式"的产生及其影响。

具体地讲,偏差行为论的主要观点有:

1."偏差行为"是反社会规范行为。每一个社会都有为大家共同承认的行为标准,凡是违背这些标准的,就被认为是"反常"的或"偏差"的行为。

2.产生偏差行为的主要根源是不恰当的社会化,个人受到了他所属的社会环境、不良社会群体的影响,以至沾染上各种恶习。

3.解决偏差行为的主要办法是重新社会化,而重新社会化的有效对策是生活机会的重新分配,如增加个人与合法行为模式的联系。以模范人物为榜样,杜绝与染上偏差行为的人的接触;开放和创造成功达到社会目标的机会,减轻刺激人们从事偏差行为时所具有的那种紧张压力,尽可能地开辟一些达到目标的新的生活途径。增加合法获取成功的机会,是减少偏差行为的有效途径。

中国早期社会学家严景耀在 1928—1930 年期间曾带领学生对我国 20 个城市的犯罪情况进行调查,并根据这些调查材料,完成了博士论文《中国的犯罪问题与社会变迁的关系》。这篇论文是我国社会学工作者从事专项社会问题研究所取得的最早的成果之一。其理论与方法的特色同"社会解组论"和"偏差行为论"较为接近。首先,严景耀把"犯罪",理解为"病态的"和行为反常(偏差)的现象,是一种对风俗与习惯的背离。一个社会的存在,必须确保相当程度的团结、互助和共同意志,而风俗习惯、道德规范正是使社会得以凝聚的基础。"违背习俗、道德规范都被看做是对团结的削弱,社会为了维护团结一致,主动采取坚决措施并以法律制裁的形式加强社会成员的社会义务。"①其次,严景耀把犯罪问题放在社会变迁过程中加以考察,目的正是通过对社会变迁造成的社会解组、文化失调的分析,来探索犯罪问题的根源。他特别强调的是:"犯罪不是别的,不过是文化的一个侧面,并且因文化的变化而发生变异。它是依据集体的一般文化而出现的,它既不是一个离体的脓疮,也不是一个寄生的肿瘤。它是一个有机体,是文化的产物。

---

① 严景耀:《中国的犯罪问题与社会变迁的关系》,北京大学出版社,1986 年,第 1 页。

……如果不懂发生犯罪的文化背景,我们也不会懂得犯罪。换言之,犯罪问题只能以文化来充分解释。所谓文化,就是包括知识、信仰、艺术、道德、法律、习俗和一个人生活在某一集体内所必具的能力以及区别于其他集体的特性等在内的整体。"①严景耀主张通过观察犯罪者的社会关系以及社会对他们行为的影响和关心等作为参考来研究中国的犯罪问题。从这种角度出发,个人的犯罪,其最终根源在社会的制度与文化。"我们的行为,不管是正确的或错误的,道德的或不道德的,受欢迎的或不受欢迎的,都是社会决定的。这里几乎毫无个人的选择自由。"②与此同时,还必须注意到犯罪问题的文化差异,不同的文化对犯罪的理解和定义是各不相同的。要深入了解犯罪行为的意义,就必须"了解社会条件如何使这些人的原来的行动成为某种特定的和被人注意的行动的"③。所谓"犯罪",从某种意义上说就是一个社会由于其特殊的文化传统,而给予某些不同于寻常的行为以特殊的注意,并给予特殊的命名,称之为反常的、叛逆的行为。如果人们只注意犯罪行为本身或犯罪者个人,就等于忽略了社会对犯错误的人所负有的责任。

五、互动论(interactionist)④

互动论侧重于研究人们是如何理解和界定影响他们生活的事件的。在价值立场和研究方式上,互动论选择"弱者的立场",强调被触犯的规则不是自然或固定的,而是商定的。某人是否正常,这是由特定的社会群体加以界定的。

在布卢默和其他符号互动论者看来,社会问题基本上是群体界定过程的产物,而不是社会结构中的客观存在物;社会事实是由社会行为构成的,正是社会行为,而不是社会结构和社会制度,应当成为研究者关注的重点。当人们理解彼此的行为时,他们与其说是"发现"了社会事实,不如说是在"创生"(create)着社会事实。符号互动论者强调界定过程在研究社会问题本质中的作用。以贫困问题为例,贫困不在于经济结构本身,而在于人们如何界定贫困,采取怎样的措施,这些界定如何相互影响、结果如何。

在互动论的诸种理论形态中,标签论(Labeling Theory)曾产生广泛的影响。标签论产生于 20 世纪 50 年代,它侧重于研究社会问题的主观定义过程,即研究人们如何定义那些被视为是有问题的状况、个人、过程或事件的,如何给某些社会现象贴上"社会问题"的标签的。其主要观点认为:偏差是由社会反应以及偏差的

---

① 严景耀:《中国的犯罪问题与社会变迁的关系》,北京大学出版社,1986 年,第 3 页。
② 严景耀:《中国的犯罪问题与社会变迁的关系》,北京大学出版社,1986 年,第 3 页。
③ 严景耀:《中国的犯罪问题与社会变迁的关系》,北京大学出版社,1986 年,第 5 页。
④ 张敦福:《美国互动论者对社会问题的阐述》,载《国外社会科学》,1997 年,第 6 期。

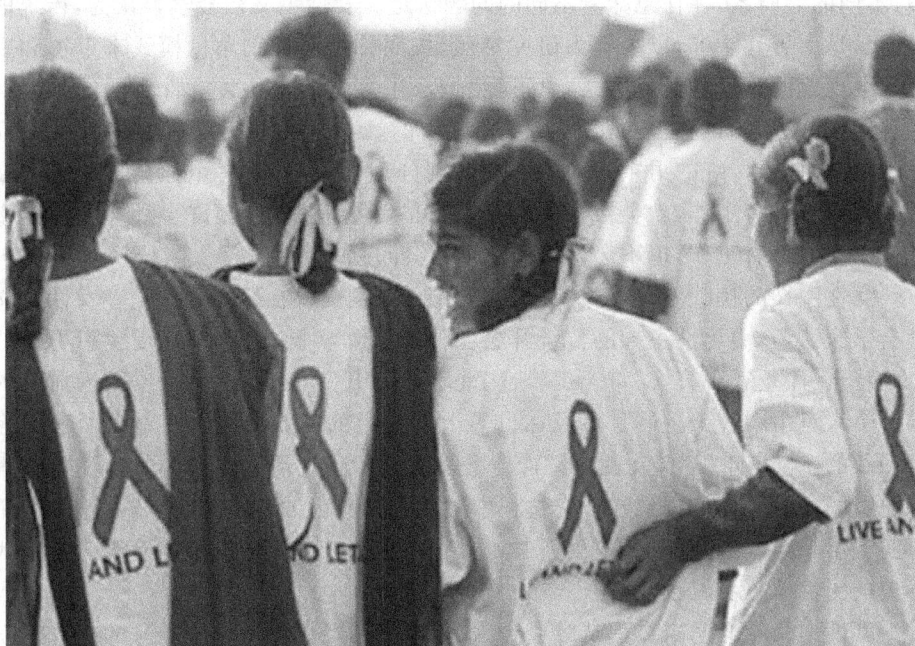

艾滋病已成为威胁人类的社会问题

频率与特性来定义的,而偏差行为者的角色也大都是因社会反应造成的。社会群体之所以会有"偏差行为",是因为人们定出了"规则"与"规范",这才可能将那些违反"规则"和"规范"的行为称之和认定为"偏差",同时还将这些规则应用到那些"犯规"的人身上,指称他们是"偏差行为者"。例如,不少中小学生都会因为家庭或其他原因在学习中分心,或者违反一些纪律。如果老师、学校只看问题的表象而不注意造成这一问题背后的原因,简单地把他们归于"坏孩子"、"不良少年"的行列,学生本人也可能会接受这样的标签,自认为不可能成为好学生,破罐子破摔,成为真正的坏孩子。这些孩子走上社会以后,社会又可能根据在学校的表现而给他们贴上标签,使他在就业、融入正常社会的过程中遇到许多困难,这反过来又往往促使他认定自己确是"异类",并在越轨的道路上越走越远。(详见第十一章"越轨与社会控制"第二节"越轨行为")

六、女性主义取向(feminist orientation)

在社会问题的研究上,女性主义社会学家提出要超越传统的由男性社会学家采用的研究视角和研究方法,采取女性主义取向来表达女性的声音,将那些为男性视角所遮蔽的社会问题呈现出来。

如前所述,由于社会问题的认定本身带有很强的主观建构成份,因而不同视角,不同的参照系,往往意味着不同的问题认定。女性主义社会学家认为,传统的社会学是由男性主导,以男性为研究参照,按照传统的性别角色模式来审视和观察社会现象的。这种研究方式不可避免造成了大量严重伤害女性利益的社会问题长期没有进入研究者的视线,使一些严重的社会问题长期没有"成为"社会问题。例如,按照传统的男主外女主内的性别分工模式,如果一个社会有相当数量的成年男子没有工作,就会被当作一个严重的社会问题,但在许多社会即使大多数成年女性没有工作,也不会被当作一个社会问题来看待。

女性主义的挑战不仅反映到研究视角上,而且反映在研究方法上。女性主义社会学家认为,由男性主导的传统社会学注重计量实验,这典型地反映了男性的思维特点:注重客观真实、符合逻辑、注重简单实用等等。这些方法与男性典型的强调个人竞争、统治、控制环境及在世界上起作用的客观事实和力量的做法是完全一致的。① 与此相反,女性主义社会学家强调社会生活的主观、同情,注重过程和包容的一面。她们提倡在研究过程中融入女性自己的价值和观点,而不是采用事实上反映男性观点的所谓"客观性"。她们相信,只有这样,才能逐步改变世代形成的男性偏见和错误假设。

女性主义社会学家提倡从社会行为、社会生活经历而不是从抽象的概念出发去研究社会问题。不同的社会群体由于社会地位的区别,对社会生活以及社会问题的敏感性各不相同。因而,从女性的生活经历出发来研究社会现象,将会发掘出大量被长期忽视了的社会问题;从以文化多样性为基础的生活经历出发,女性视角能够减少在对自然和社会生活的描述中的偏见和歪曲。例如,对妇女的生活进行研究,可以更好地澄清诸如生育、家务、虐待妻子、乱伦、强奸、性骚扰、色情和卖淫等问题。从大多数男性生活经历看来,这些问题却并不明显。②

上述种种西方社会学有关社会问题的理论,在分析解剖社会问题的实质,探究其发生的根源以及解决问题的对策上,都显示出了某些独到之处,可以开阔我们研究社会问题的视野。当然,可能存在的方法论上的偏颇也是需要引起我们注意的。同时,由于中西方文化历史背景、社会制度结构,以及经济社会发展水平的巨大差异,中西方的社会问题的表现形式、社会根源,以及解决问题的资源、公共政策选择空间,都有极大差异。因而我们借鉴这些理论和方法时必须保持敏感的中国社会问题的本土意识。

---

① 文森特·帕里罗等:《当代社会问题》,华夏出版社,2002年,第24页。

② Mary E. Swigonski. The Logic of Feminist Standpoint Theory for Social Work Research, *Social Work* 39(July 1994),p.390.

第三节　转型期中国的社会问题

1978 年以来的改革开放政策,使我国进入了一个新的、全面的社会转型时期。社会转型在优化社会结构、增强社会活力、促进社会加速发展的同时,也带来了许多的社会问题。

社会转型(social transformation)是指社会整体系统从一种结构状态向另一种结构状态的过渡。它表现为社会结构的整体性、根本性变迁。社会结构是一个社会中各种社会力量之间所形成的相对稳定的关系。[①] 1949 年后,我国建立的是一个结构分化程度很低的总体性社会。国家直接垄断了大部分社会资源,包括生产资料,日常生活用品的供应,城市住房等生活资料,以及就业机会等资源。整个社会政治结构的横向分化程度很低,政治中心、经济中心、文化中心高度重叠。这种结构性质决定了总体性社会的一系列特征:社会动员能力极强,可以利用全国性的严密组织系统,动员全国的人力、物力资源,以达到国家的某一目标;社会秩序完全依赖于国家控制的力度,当国家控制受到削弱时,社会具有一种自发的无政府、无秩序倾向;社会自治和自组织能力很低,中间组织不发达,控制系统不完善;全部社会生活呈政治化、行政化趋向,社会的各个子系统缺乏独立运作的条件,支配不同功能系统的是同一运行原则;社会中身份制盛行,结构僵硬等等。

改革开放的实践引发了当代中国巨大而深刻的社会结构转型。这种转型实际上包含着两个层面,一是由于重新启动工业化、现代化建设所引发的传统社会向现代社会的转化,即从传统的自给自足自然经济社会、农业社会、乡村社会、封闭半封闭社会向现代的市场经济社会、工业社会、城市社会、开放型社会转化;二是由传统计划经济向市场经济的体制转轨,以及由社会资源配置机制变革所引发的社会结构、社会生活的演变。巨大的社会变迁,有力地促进了中国经济社会的快速发展,但剧烈的社会变迁以及这种变迁过程中所发生的各种结构失衡,也不可避免地暴露出了一些尖锐的社会问题。客观地讲,转型期中国的社会问题,既有世界各国在现代化进程中普遍存在的社会问题,也有根源于中国社会变迁特殊的社会历史背景和过程中的特殊社会问题;既有经济社会文化发展长期落后遗留下来的社会问题,也有体制改革过程中新产生的社会问题。但无论是何种形式的社会问题,转型期社会的剧烈变迁,都使得它们以极为尖锐的形式呈现出来。换言之,剧烈的社会结构变迁具有某种放大效应,会将早已存在或在平稳变动的情

[①]　中国战略与管理研究会社会结构转型课题组:"中国社会结构转型的中近期趋势与隐患",《战略与管理》,1998 年第 5 期。

况下并不十分尖锐的问题集中地凸显出来。在此,我们仅对这些现象进行初步的分析。

从社会学的角度来分析,处在转型期的中国社会问题与社会急剧分化,以及社会整合能力的下降有着密切的关系。

当代结构变迁理论认为:社会结构实际上是指由个人所组成的不同群体或阶层在社会中所占据的位置以及它们之间表现出来的交往关系。社会分化(social differentiation)是指社会结构系统不断分解成新的社会要素,各种社会关系分割重组最终形成新的结构及功能专门化(the professionalization)的过程。社会分化的基本形式有两种:一是社会异质性增加,即群体的类别增多;二是社会不平等程度的变化,即社会群体间的差距拉大。而社会整合是指通过各种方式,将社会结构不同的构成要素、互动关系及其功能结合为一个有机整体,从而提高整个人类社会一体化程度的过程。社会结构的不断分化与整合正是转型期社会发展和现代化的主要内容和根本动力。社会结构愈复杂,社会异质性程度愈高,社会分化与整合就愈频繁。社会转型实际上就是在分化——整合——再分化——再整合的循环往复中不断得以进步和发展的。所不同的是,在加速转型期,社会分化的力度、速度、深度和广度比任何时期都要深刻,以至社会整合常常难以适应它的变化而使社会出现"断裂和失衡",而这正是导致社会不稳定和社会问题大量涌现的根本性原因。

1. 社会急剧分化过程中的社会问题

改革开放以来我国社会最显著的变化是整个社会结构的巨大分化。这种社会分化表现在社会诸多领域。首先是政治、经济和文化三大领域的分化。转型以前,中国是一个低分化高整合的社会,政治、经济和文化三大领域具有很强的同质性。在转型期,随着社会分化的加深,社会分工的细化,经济领域和文化领域逐步从政治领域中分化出来并具有了相对的独立性。与此同时,政治领域本身也不再以全社会代表的身份,而以履行维护社会稳定和社会公平的职责,获得了自身的独立性。这样,经济、政治、文化三大领域由"大一统"向各自独立承担的功能分化,并为整个社会的进一步分化打下了基础,同时也为社会整合的危机埋下了伏笔。农村基层政权的弱化,以及大量失控现象的出现,都与此有着密切的关系。

其次是阶层分化。在社会结构变动中,原先以工人、农民、干部为主体的封闭的社会身份结构在转型中产生了前所未有的大分化,出现了诸多新的阶层,如农民工、三资企业的员工、自由职业者、私营企业主等等。阶层分化形成了促进经济社会发展的社会激励结构,但是由于这种分化是在市场秩序尚未完全形成、法律调控机制很不健全、权力进入市场的现象司空见惯时发生,这就使得社会公平竞争机制受到了很大的破坏。对社会公正的损害,直接威胁着社会认同感的维系。

那些感觉到自己受到不公平对待的人们很容易产生反社会的行为。

再次是组织分化①。进入加速转型期之后,社会组织结构开始由一元向多元化方向发展,并形成了大量体制外的经济组织和民间组织。这些组织结构模式多样化,异质性十分明显,在国家和社会整合机制弱化的情况下,这些异质性的组织往往带有很强的自利性和封闭性。各种利益集团之间摩擦不断,社会不稳定的因素大为增加。与此同时,随着国家控制能力的减弱,原先已经解体的传统社会群体,包括宗族、宗教等团体重新聚合,且在社会生活中地位不断上升,甚至严重侵蚀地方政权的权威。有些地方甚至出现了黑社会组织同腐败官员相互勾结的现象。这些现象都给社会秩序留下了重大隐患。

最后是利益分化。随着利益实现方式的多元化,转型期社会的利益格局发生了重大的演变,一个多元化的利益格局正在形成。随着市场经济的发展,不同社会群体和阶层的利益意识不断被唤醒和强化,对利益的追求成为社会行为的一种强大动力。这在促进经济发展的同时,也使不同利益群体之间的矛盾和冲突变得日益突出。利益的分化实际上也是利益格局重新调整的过程。在改革进入攻坚阶段以后,几乎每一项重大的社会制度变革,都会成为一次社会利益格局重大调整过程。一旦这种利益调整没有合理地兼顾各个利益集团,就会引发严重的社会问题。其中,特别是一些弱势群体由于缺乏表达利益和政治意愿的资源和渠道,其利益往往容易受到损害。所谓弱势群体(social vulnerable groups)是一个分析现代社会的经济利益分配和社会权力分配的不平等,以及社会结构不协调、不合理的概念,指的是在社会性资源分配上处于相对不利地位,经济生活贫困,对生活压力的承受能力也相对脆弱的特殊社会群体。如城乡贫困阶层、失业者、农民工、老弱病残人员等等。弱势群体的存在,直接考验着社会公平的原则,对他们的利益照顾不好则会直接影响到社会的稳定。

社会分化与社会流动密不可分。社会分化引起社会流动,社会流动又会进一步加速社会分化。改革前我国是一个低分化的社会,也是一个低流动的社会。改革以来,社会资源配置机制的变革,所有制结构与产业结构的调整,以及社会管理体制的变动,都给社会成员流动提供了前所未有的机会。如所有制结构之间流动、产业结构之间流动、地区结构之间流动、城乡社区结构之间流动、职业结构之间流动等等。合理的社会流动对于增强社会活力,加速社会转型具有重大意义。但是,由于转型时期社会发展的不平衡,转型期中国在社会流动速度加快的过程中也出现了一系列的社会问题。一是社会流动的公平机制受到严重侵蚀。不同的社会群体由于所处的社会地位的不同,其社会流动的机会有着明显的差异。一

---

① 阎志刚:"社会转型与转型中的社会问题",载《广东社会科学》,1996 年第 4 期。

些社会群体可以利用其在计划经济时代所享有的地位优势,获得更多的向上流动的机会。二是目前的社会流动还带有明显的自发性、失控性的特点,严重影响到社会的良性运行和协调发展。社会成员在无序的社会流动中往往难以接受社会规范的有效约束,致使社会行为的失范程度增加,违法犯罪现象大量出现。这是近几年来我国社会治安状况不断恶化的一个重要原因。

2.社会整合力下降过程中出现的社会问题

改革前,我国是一个低分化高整合的社会,国家对社会采取强制性政治整合;为此,社会经济发展、社会组织的发育都受到了严重抑制,付出了极大的代价。改革开放以来,在传统的社会整合机制成为改革的重要对象,其功能大为削弱,而新的社会整合机制又没有及时建立起来的情况下,与社会的迅速分化相伴随的则是社会整合力急剧下降。

环境污染是全人类共同面对的问题

首先,传统社会整合力量日趋弱化。在传统社会里,家族、宗族、传统社区都是实现社会整合的重要单位,传统伦理道德、社会舆论在社会整合中发挥着重要的作用。建国以后,经过历次政治运动,传统社会的整合单位和整合机制受到了沉重的打击。市场化改革以后,随着工业化城市化的发展和社会流动的加快以及外来文化的影响,传统的伦理道德和社会舆论的整合机制进一步失去了对社会成员强有力的约束作用。在新旧价值观念、东西方文化的相互碰撞与冲突过程中,社会成员在行为导向上面临各种矛盾选择。这种价值冲突和价值困惑在国家和政党意识形态控制能力不断下降的情况下,导致社会难以形成起码的价值共识,使得人们的行为选择存在着相当突出的个人利益至上,以及行为短期化的倾向。各种越轨行为由此大量出现,如卖淫嫖娼、吸毒贩毒等等。

其次,社会转型过程中国家行政整合能力也出现了下降趋势。改革前国家对社会强大的整合力量是建立在集权体制、计划经济和一元化意识形态三位一体的基础之上,是以实现政治整合为中心任务的。然而,当原有的整合模式在改革的冲击下不再发挥作用,而新的以法律控制和公共政策控制为主要形式的整合机制并没有及时建立起来的情况下,国家对社会的整合能力不可避免地严重下降。如在改革放权的过程中,各级地方政府的利益取向表现得越来越明显,上下级政府之间的关系越来越具博弈色彩,"上有政策,下有对策"已经成为一些地方政府的理性行为。这不能不使上级政府以及中央政府的政府调控能力大为下降,并由此引发出诸如地方保护主义、黑社会势力抬头等问题。

在快速的社会转型过程中,新旧规范的冲突与脱节,使得社会生活中存在大量的行为失范现象。如在放权的改革过程中,一方面,中央向地方下放权力;另一方面,相应的权力制约机制又很不健全,导致权力介入市场的权力寻租和政治腐败现象层出不穷。一些地方腐败蔓延已经渗透到了权力资源配置领域,出现了严重的买官卖官现象。腐败的大面积蔓延已经成为转型期政治领域一个突出的问题。

再次,社会整合机制发育的严重滞后。社会分化和社会生活日益复杂化,将对社会整合不断提出新的要求,即除了文化传统和国家行政力量以外,还需要有社会自身的整合机制。改革前,国家行政包揽了一切社会事务,社会不可能去建立这种自我整合机制。改革以来,虽然出现了社会与国家一定程度的分化趋势,但社会自治组织的发育仍然严重滞后,其整合能力还很低。这样,在国家的整合能力下降的同时,社会的整合机制并没有及时填补整合的空白环节,大量的社会无序行为没能在其萌芽状态受到有效抑制。

思考题:

1.界定社会问题的要素有哪些?社会问题的"制度化"对社会问题有什么意义?

2.根据社会病理学、社会解组论、冲突论、互动论以及女性主义等西方社会学的理论和观点解释社会问题的本质和成因。

3.为什么说社会分化加速与社会整合力下降是导致转型期中国社会问题的根本原因?

第十章
社会分层与社会流动

自古以来,无论中外,都曾有许多人怀着美好的愿望勾画过人人平等、无分贵贱、"环球同此凉热"的乌托邦;但同样地无论古今中外,至少是自有文字记载以来的历史,人们所看到的社会现实则始终是有人治人,有人治于人;有人富可敌国,有人贫无立锥;有人学富五车,有人目不识丁;有人备受尊敬,有人遍遭白眼。也就是说,现实社会中的人总是被分为尊卑贵贱、三六九等。与此同时,在从古至今的历史中,我们也看惯了许许多多的个人、家族或社会集团兴衰成败、沉浮起落的种种情状:昔日王侯,今成黎民;旧时农奴,今为主人;前年还在贫民窟,今天则搬进别墅区。社会学研究社会分层和社会流动,就是要分别从静态和动态两个方面来进行分析:在一个社会中,社会成员是怎样被分为尊卑贵贱不同的三六九等的,而处于这些不同地位等级上的人员又是怎样获得他们的地位的,这些成员是通过什么样的方式在变换的。

第一节　社会分层概述

一、社会分化与社会分层

马尔科姆·沃特斯在他的《现代社会学理论》一书中指出,社会的两个方面的特征特别深刻地影响了经典时代——事实上也是整个社会学——的想像力,那就是社会分化和社会分层。① 分化,就其一般的涵义而言,就是指事物由同质性的状态向异质性的状态的变化。当它被用来表示社会状态的一种变化时,则指社会系统中原来承担多种功能的角色、集合体逐步分化成为承担某种专门的单一功能的多个角色或部门的过程。比如,作为原始部落的成员,他在平时是生产者,在与其他部落发生战斗时是战士,在与其他成员聚集一起讨论部落和公共事务时,则是"议员"。而在今天,所有这些角色都作为专门的角色而相互分化了。再如,家庭原先是承担着生产、消费、教育、娱乐等多种功能的综合社会组织,而如今,许多

---

① 马尔科姆·沃特斯:《现代社会学理论》,杨善华等译,华夏出版社,2000年,第309页。

功能都已经从家庭中分离出去而由其他新生的专门机构来承担了。在社会分化的过程中，各种角色和集合体在形式上彼此相互脱离，日渐获得独立自主的地位，但同时在实质意义上则越来越相互依赖。许多研究者，如斯宾塞、涂尔干等都曾指出，社会分化是自有人类社会以来的普遍事实，是社会发展（进化）的基本形式。同时，他们也都承认，自产业革命以来，无论在社会分化的规模还是速度方面，都是以前的社会所无法比拟的。

从理论上说，社会分化并不一定导致社会不平等，即它可能是一种纯粹的水平分化，只意味着社会结构各个单元之间在结构和功能上的分离，并不造成哪一个社会单元相对于另一个社会单元的特权地位。但是，当社会分化的结果不仅表现为社会结构和功能的复杂化、专门化，而且还表现为社会结构中的某些角色地位（或者说处于这些角色地位上的社会成员）享有更多的社会资源从而高于、优越于另一些角色地位（或者说处于这些角色地位上的社会成员）时，就出现了垂直分化。正是垂直分化产生了社会分层。因此，所谓社会分层，意即在社会（垂直）分化的过程中，由于社会成员在机会、能力等方面存在的差异，一些成员得以享有更多的社会资源，占据更为优越的社会地位，从而使所有社会成员彼此之间呈现出高低尊卑有序的不同等级、不同层次的现象，它反映了社会成员之间的一种结构性的不平等。

关于社会分层的这一定义，需要注意以下几个方面：

第一，社会分层反映的是社会成员之间一种结构性的不平等，但这种不平等的存在和表现形态在不同的社会和历史时期是不一样的。奴隶制、种姓制、等级制和现代社会的分层制度（西方学者通常将其与前面几种相对应而称为"阶级制"）是人类历史上出现过的几种典型的社会分层的制度形态。

第二，社会成员在社会结构中之所以会占有高低不同的地位，享有多寡不均的社会资源，不仅有其个人自身方面的原因，而且往往更多地是由非个人、超个人的因素造成的。

第三，社会分层的实质是社会成员在社会资源占有上的不平等。这些社会资源可以是有形的，也可以是无形的；可以是经济利益、政治权力、社会声望，也可以是教育（文化）水平，甚至闲暇时间，等等。但无论是什么资源，它们都有两个共同的特征，即有用性和稀缺性。特别应该强调的是稀缺性。正因为这些有用的资源有人拥有了，别人就可能没有；或者，有人占有多了，其他人就会占有得少，才使得对这种社会资源占有的有无、多寡成为社会成员地位高低的一种标志。但说到社会资源的稀缺性，就应该指出，不同的资源在不同社会不同时代中的稀缺程度是不同的。比如说，经济财富，虽然在迄今为止的任何社会中都是一种稀缺资源，但是，随着社会经济的发展，这种资源的稀缺程度却在减轻；而像社会声望、权力这些资源就不同，由于它们属于相对性的概念，即一方拥有声望总意味着某一方没有声望，一方拥有权力必然意味着某一方没有权力，因此这些资源的稀缺性基本上是恒常的。正因为不同的社会资源在稀缺性方面的这种区别，因此不同的社会资源作为区分社会阶层标志的意义在不同的社会、不同的历史时代是不一样的。

二、社会分层的标准

上面已经提到划分社会阶层的标志问题。在社会学关于社会分层的研究中，对于根据什么标准来划分社会阶层始终存在着两种意见。一种意见坚持一元标准，另一种意见则主张多元标准。

马克思主义的阶级分析法无疑属于第一种意见。虽然马克思本人在使用"阶级"一词来描述现代资本主义社会时，在不同的场合表述有所不同，这集中体现在他有时划分出三个阶级（雇佣工人、资本家和地主）；有时划分出四个阶级（资本家资产阶级、无产阶级、地主阶级、小资产阶级）；有时划分出七个阶级（如在《法兰西内战》中他又在前面的基础上加上了银行家、作坊主和贫民无产者）；有时甚至划分出八个阶级（如在《德国的革命与反革命》中，他又加上了封建贵族，并把工人又区分为农业工人和产业工人）。但有一点基本上是明确的，那就是马克思所使用的划分标准是一种特定经济标准，即对生产资料的占有与否。这一点在恩格斯那里表述得更为明确。在1888年为《共产党宣言》英文版第一节所写的一个注中，恩格斯明确指出："资产阶级是指占有社会生产资料并使用雇佣劳动的现代资本家阶级。无产阶级是指没有自己的生产资料、因而不得不靠出卖劳动力来维持生活的现代雇佣工人阶级。"[①]而列宁对于"阶级"的著名界定就是根据这一标准而作出的："所谓阶级就是这样一些大的集团，这些集团在历史上一定社会生产体系中所处的地位不同，对生产资料的关系（这种关系大部分是在法律上明文规定了的）不同，在社会劳动组织中的作用不同，因而领得自己所支配的那份财富的方式和多寡也不同。所谓阶级，就是这样一些集团，由于它们在一定社会经济结构中所处地位不同，其中一个集团能够占有另一个集团的劳动。"[②]

在马克思主义者看来，在阶级社会中，根据对生产资料的占有与否这一标准划分出的阶级结构是社会最基本的结构，阶级分析因而是一种根本性、基础性的分析。不过，阶级分析并不排斥阶层分析。相反，它把阶层分析看做是阶级分析的进一步具体化和补充。事实上，马克思之所以在不同的场合会在现代资本主义社会中区分出数目不同的"阶级"，在某种意义上就可以看做是在阶级分析基础之

---

①　《马克思恩格斯选集》（第 1 卷），人民出版社，1995 年，第 272 页。

②　《列宁全集》（第 29 卷），人民出版社，1955 年，第 382～383 页。

上的一种阶层分析。总的来说，在阶级社会中，社会阶层的存在形态有两种不同的类型。一是阶级内部的进一步分层。如毛泽东把农民进一步划分为富农、中农、贫农，把资产阶级进一步划分为官僚资产阶级、买办资产阶级、民族资产阶级等。二是存在于基本阶级结构外部的阶层，如知识分子阶层等。

马克思主义的阶级分析方法在当代西方社会学理论中也并非没有响应者。如普兰查斯(Poulantzas)就是比较典型的一位。他坚持首先根据对生产资料的占有与否的标准划分出剥削阶级和被剥削阶级；同时他又指出，阶级会进一步分裂成一些集团和阶层："集团"是剥削体系中进一步分化出来的位置，比如说，手工业者是无产阶级中受剥削较轻的部分，而金融资本家与工业资本家的剥削基础也是不一样的；"阶层"就是进一步分化的地位群体，是具有分化的意识形态立场的群体，比如说，中产阶级中的有些部分是倾向于资产阶级的保守派，另一些部分则属于同情工人阶级的激进派。①

"现今一切社会的历史都是阶级斗争的历史。"

——卡尔·马克思
(Karl Max)

值得一提的是，在某种意义上，布劳(Blau)和邓肯(Duncan)的职业分层理论也属于一元标准分层方法。布劳和邓肯认为，在现代社会各种地位标志中，只有职业是实际存在的，社会结构也不过是属于附生现象："现代工业社会中的职业结构不仅构成了一个重要的基础，支撑着社会分层的一些主要向度，而且联系着不平等的不同制度与领域……无论是各声望阶层组成的等级秩序，还是各经济阶级组成的等级秩序，其根基都在于职业结构；而政治权力与权威所组成的等级秩序也是如此，因为现代社会里的政治权威在很大程度上是作为一种全日制的职业来从事的。"②

与马克思等不同，韦伯主张采用多元标准来划分社会阶层。他所主张的标准主要是三个，即财富、声望和权力，与此相应，也就有三种社会分层类型，即建立在

---

① 马尔科姆·沃特斯：《现代社会学理论》，杨善华等译，华夏出版社，2000年，第352～354页。

② Blau P. and O. Duncan. *The American Occupational Structure*. New York，Wiley，1967，pp. 6～7.

经济(财富)差别上的"阶级"地位,建立在声望差别之上的社会地位和建立在政治权力之上的党派地位。韦伯的第一个社会分层的标准就是财富或经济收入。根据韦伯的看法,在现代资本主义体系中,这主要体现为人们在市场中的能力和机会。韦伯将根据这一标准区分出来的社会群体称为"阶级"。因此,所谓阶级就是指经济状态相同或相近的群体,特别是在"市场处境"方面相同或相近的群体:"阶级处境就是市场处境。"按此标准,韦伯区分了现代资本主义社会中的四个社会阶级,它们在基于市场处境的报酬获取方面差异甚远:作为整体的工人阶级、小资产阶级、缺乏财产的知识分子与专业人士、凭借财产和教育获得优势的阶级。韦伯的第二个分层标准是声望。声望,是指一个人从他人那里所获得的尊重和荣誉,这种尊重和荣誉当然不能像经济财富那样可以进行客观的评估,而只能由社会共契的评价来确定,社会评价从肯定到否定构成了一个高低有序阶梯,声望地位即是人们在这一阶梯中的位置,而享有同等声望的人则构成了社会地位群体。影响声望的因素很多,主要有身份(出身门第)、生活方式、教育修养等,当然,财富、权力也会影响到声望。韦伯的第三个分层标准是政治权力。韦伯将权力定义为个体或群体能够不顾别人的反对而贯彻自己意志的能力,或者说是一种能够对别人施行控制和影响的能力。权力分层反映的是政治领域中的不平等。而在现代政治秩序中,韦伯认为,权力主要是由党派体现的,因此,政治权力分层往往也就体现为一种党派地位。财富(市场机会)、声望、权力构成了韦伯的多元分层标准。韦伯并不否认这些标准之间存在的相互联系,因而可能会相互影响;但是,它们彼此之间的相对独立性是显然的,因此,不能用其中的某一个标准来取代其余的标准。

尽管韦伯的多元分层方法受到了这样那样的质疑,比如,在政治党派之间,个人是按等级划分的吗?我们能够因为某一个政党更接近于现存政权而就说该政党在上述第三类分层中的地位高于另一党吗?韦伯有什么特别的理由将社会分层的标准限定为三种?但是由于多元分层方法能够比较全面、准确地反映社会资源在社会各类成员中的分配情况,同时又能比较灵活地分析说明社会成员的社会地位和社会归属,因而它对西方社会学的分层研究的影响是巨大的。后来西方的大多数分层研究者虽然所选的标准未必与韦伯相同,但基本上都采用多元分层法。

三、地位不一致

如果采用多元分层标准来分析考察社会成员的社会地位,就必然会遇到地位一致和地位不一致的问题。所谓地位一致,就是说根据某一标准衡量出来地位高的人,根据其他的标准来衡量的地位也高,也就是说,根据不同的标准衡量出来的地位水平基本上都是相当的。由于不同标准之间存在着相互联系,这种地位一致的现象在社会中是显而易见的。但是,许多学者之所以采用多元标准,原因就在于这些标准相互之间存在着相对的独立性。这样就势必会出现另一种情况,即根据这一标准衡量社会地位高的人,根据另一标准来衡量就未必高,也就是说,按照不同的分层标准对同一个人的社会地位进行考察分析的结果是不一样的,这就是所谓的地位不一致。地位不一致在许多社会中都存在,但由于"分层的各个不同维度之间的关系因不同的社会类型和不同的时期而异;在社会发生急剧变革(新的职业阶层的兴起;重心由农村转向城市;主要制度如宗教、教育的地位和权威发生变化)时,这些维度之间的关系可能最为脆弱。"[①]因此,在这些时期,地位不一致也最为常见。

地位不一致的概念是由美国社会学家伦斯基(Lenski)首先明确提出来的。伦斯基提出这一概念的目的在于,要分析人们对于地位不一致的反应。一些分析指出,某些类型的地位明显不一致往往是社会紧张的一个来源,并且会导致各种独特的反应,这些反应用关于个人地位系统中个人等级排列的知识是无法简单预测的。这种观点是建立在这样的基本假设之上的:个人努力扩大他们对需要的满足程度,如果必要,甚至会以牺牲他人为代价。这意味着,一个有着地位不一致的人,有着一种自然的倾向去按照其最高的地位或等级来看待自己,并期望他人也这么看待他。而其他人却因某种既得的利益而不如他所期望的那样,甚至往往按其最低的地位来对待他。这就可能导致紧张。一些经验研究也表明,地位不一致的人比地位一致的人更可能支持旨在改变现状的激进运动。不过伦斯基指出,必须承认,自由和激进的运动的支持者绝大部分总是那些一致地处于低位的人。因此,地位不一致对于激进社会变革运动的意义更主要的在于这样一个事实,即当一些受过良好教育和训练、具有社会急需技能和其他资源的人发生地位不一致时,他们的不满可能为那些没有受过教育的工人和底层社会群体提供指导或其他资源。[②]

第二节　社会分层理论

为什么在我们所看到的社会中总存在分层现象?社会分层是如何产生的?它对人类社会有何影响?对此,不同的理论家从不同的立场、角度进行了分析论述。

---

① 李普塞特:《一致与冲突》,张华青等译,上海人民出版社,1995年,第88~89页。
② 参见伦斯基:《权力与特权:社会分层的理论》,关信平等译,浙江人民出版社,1988年,第108~110、426页。

一、功能主义理论的解释

功能主义理论认为,文化和社会结构中的因素从总体上看对社会的稳定和生存总有一定的作用或功能。社会分层之所以发生和存在,是因为分层对社会的存在和发展有积极作用,分层基本上是由社会的需要产生出来的,而不是从个人的愿望中产生出来的。如戴维斯(Davis)和摩尔(Moore)认为,任何社会都要以某种方式将个人分配到不同的地位上,并且引导这些个人完成与这些社会地位相联系的任务。换言之,任何社会机制都需要划分出各种地位并且使每一个人都扮演与其地位相对应的角色。在《社会分层的一些原则》一文中,戴维斯和摩尔表述了功能主义关于社会分层的主要观点:(1)在众多的社会需求中,生存是最基本的需求;(2)生存需求的满足是通过履行各种社会职业的角色来实现的;(3)但是,这些职业对社会生存的价值不等;(4)某些重要的职业需要经过长时间的培训,它们的功能运转直接影响着社会生存;(5)为了生存,社会创造了各种形式的报酬刺激,促使某些人乐于接受重要职业所必需的培训;(6)报酬的不平等分配导致了各种特定形式的社会分层,从某种意义上讲,社会分层的形式是与社会价值、历史背景等等因素分不开的;(7)通常,一个职业与社会生存的关系越紧密,从事这一职业的人领取的报酬就越高,因此他们在社会阶级结构中的地位也就越高;(8)一个职业对社会生存的价值高低导致报酬的多寡,而报酬的多寡又取决于"人才匮乏"的程度:对只有极少数人才能够胜任的重要职业的报酬要高,反之,如果一种职业的人才并不匮乏,报酬就无须太高;(9)简言之,社会分层是社会进化的一种途径,它保证了社会生存的机会;(10)因此,在复杂社会中,分层是不可避免的,它对社会的生存有着积极的功能。[①]

结构功能主义的宗师帕森斯(Parsons)也认为,社会分层是与社会必要性相适应的,分层是建立在每个社会最高价值之上的等级制度,是"根据一套共同的价值标准对社会系统的单位所进行的等级分类"。在一个社会中,究竟哪些工作对社会更重要、更有用,这在很大程度上是由一个社会的价值体系所决定的。而社会的价值体系又是如何决定的呢?帕森斯一方面将它与社会需求或者说社会系统存在的功能先决条件联系起来,认为所有社会的基本需求或功能先决条件或多或少是类似的,因此不同社会之间的价值体系具有共通性;另一方面,他又指出,不同社会对于不同需求或功能先决条件之满足的迫切程度或重视程度是有区别的,因此不同社会的最高价值又是存在区别的。这就造成不同社会之间在分层的标准和结果上的区别。美国是一个崇尚经济成就的社会,因此,在经济领域内取

[①] 参见王琦:"浅谈西方社会分层研究",载《国外社会学》,1987 年第 2 期。

得成功的人就有较高的地位。①

二、冲突理论的解释

按照功能主义理论的解释,社会分层是任何社会普遍的、内在的需要。它使得那些对社会贡献大的社会成员获得更多的报酬,占据更高的地位,而那些对社会贡献小的人只能拥有较少报酬,处于较低的地位。分层以这种激励方式而成为社会生存和发展的必要条件,它对于社会的生存和发展具有正功能。但是,那些获得巨大的财富、声望、权力的人果真都是因为他们对社会更有价值、更有贡献吗?会不会是因为他们通过某种手段(如暴力)获得了对稀缺资源的垄断,并且,为了自身的利益设置了某些社会制度来阻止这些资源的扩散,而所谓共同的价值标准只不过是他们编造出来用以欺骗麻痹下层社会成员、同时给自己以合法性的意识形态?如果是这样,社会分层真的具有像功能主义者所说的那样的功能吗?它究竟是社会生存与发展的需要,还是社会分层的受益者的需要?对于社会分层这种现象,冲突理论给出了与功能主义理论几乎截然对立的解释。

现代冲突理论大都从马克思的阶级斗争学说中汲取灵感。如前所述,马克思以对生产资料的占有与否为标准来划分阶级。对生产资料的关系决定着人们在特定生产关系中的地位,那些在特定生产关系中处于相同地位的人就属于同一个阶级,相同的地位必然带来共同的阶级利益,虽然未必被阶级成员所自觉意识到。阶级分化的存在根本不是社会报酬公正分配的结果,因为占有生产资料的阶级(统治阶级)总会凭借其对生产资料的占有来剥削、压迫不占有生产资料的阶级(被统治阶级),并且还会通过其掌控的国家机器、意识形态来千方百计地维护其统治地位,维护这种剥削、压迫的关系。在这种情况下,不占有生产资料的被统治阶级是不可能获得应得的社会报酬的。但是,一旦被统治阶级意识到自己的阶级利益,他们就会起来努力改变现状,改变自己那种受剥削、受压迫、受奴役的处境,于是阶级斗争就成为不可避免。马克思说,阶级斗争是新的社会制度诞生的助产士,是阶级社会发展的直接动力。

马克思的观念给了现代冲突理论家以启发,使得他们对社会分层现象作出了不同于功能理论的分析。早在1953年,美国普林斯顿大学社会学教授图明就在戴维斯和摩尔发表上述文章的同一家杂志《美国社会学评论》发表了同题论文《社会分层的一些原则——评论与分析》,从冲突理论的立场出发揭示了社会分层的功能弊端,从而否定了戴维斯和摩尔的观点。在该文中,图明指出,首先社会分层

①　参见让·卡泽纳弗:《社会学十大概念》,杨捷译,上海人民出版社,2003年,第132～134页。

"权力和对权力的反抗之间的辩证法是历史的动力。"

——达伦多夫
(Ralf Dahrendorf)

严重限制了那些非特权阶层的机会,阻碍了社会智力大规模的开发和利用。其次,社会分层具有维持现状的作用,而这种作用甚至在现状阻碍社会发展与进步的情况下也仍然存在。社会特权阶层可以将他们的观念强加于社会,用规范的形式使人们相信和承认既定社会不平等现象的存在,无论从逻辑上还是道义上讲都具有合理性。最后,图明指出,由于社会分层制度植根于不公平的报酬分配,因而往往会引发非特权阶层对特权阶层的对立、不满、怀疑和不信任情绪,最终导致社会的动荡和骚乱。①

除了图明,还有其他一些现代冲突理论家,如米尔斯(Mills)、达伦多夫(Dahrendorf)等也都对社会分层或社会不平等现象进行了分析。米尔斯认为,社会不平等既不是社会运转的必要部分,也不是基于什么共同的价值标准或者社会的需求,而是强权集团苛待无权集团的结果,是有权者侵占稀缺资源的结果。而达伦多夫则认为社会分层是由于权威的不平等分配而形成的强制性体系,是需要通过强制手段才能维持的。虽然,这些现代冲突理论家们出于各自的立场都或多或少修改了马克思原初的理论,但所有冲突理论家都认为,最好把结构性的社会不平等理解为强者与弱者之间不平等斗争的结果,除了那些想证明自己所占有的非分巨额社会资源是正当的人之外,谁也不应为不平等辩护。

三、综合的尝试

在对社会分层现象的解释上,功能主义理论和冲突理论各执一端。但它们真的像表面上看起来那样水火不容吗? 能不能将两者综合起来而寻求一种中间的解释呢? 伦斯基的理论正代表了这种努力。伦斯基认为,功能理论和冲突理论都有一定的经验效度,两者应该结合起来对社会分层现象作更准确的分析。一方面,社会的利益与该社会所有成员的利益确实从未协调一致过,因而冲突理论说明了真理的一个方面;另一方面,功能主义理论也有一部分是真实的,因为任何社

---

① 参见王琦:"浅谈西方社会分层研究",《国外社会学》,1987 年第 2 期。

会都存在着部分的整合一致,任何社会都隐隐约约地依据某些规范在运转。简而言之,正因为任何社会总是存在着整合,而又总是不完全不完善的整合,所以这两种理论都是有价值的,又都是不充分的。在社会生活中,既存在着功能主义理论所强调的某些共契,又存在着冲突理论所强调的强制。合作与冲突是现实社会生活的两大组成部分。

伦斯基认为,社会分层问题事实上就是社会资源如何在社会成员中分配的问题。而社会资源事实上可以划分为两大部分,一是社会及其成员为了求得生存所需要的基本资源,二是除此之外的剩余资源。这两部分资源的分配方式是不同的。前者按照需要来分配,使全体社会成员都拥有不可缺少的一个份额,基本与功能主义所说的相契合。后者则是通过相互竞争的集团之间的冲突来分配的,在这里权力的作用在很大程度上取代了需要。伦斯基进而指出,我们必须以大历史的眼光,在历史发展的进程中来考察分层。因为在不同的历史时期,社会资源的丰富程度不同,剩余资源的有无多寡不同,占主导地位的分配方式不同,从而社会分层的特点也不同。在生产力水平十分低下的人类早期狩猎采集社会或某些园耕游牧社会中,几乎没有什么剩余产品,分配基本上是根据需要进行的。而随着生产力水平的提高,出现了越来越多的剩余资源,分配剩余资源的问题显得重要起来。于是,人们自然会为分配这些剩余资源而发生冲突;由于人们为参加这种争夺所作的准备以及所拥有的条件不同,就难免出现社会不平等;与此同时,权力——它最初的起源可能就体现为体力,以后才逐步转化为制度化的权力——在分配中的作用也越来越重要,从而就变成了主导分层的重要因素。这种情况普遍存在于农业社会和早期工业社会。伦斯基承认,一定程度的分层对社会有积极功能,但多数社会中的分层都大大超过了它们需要达到的程度,分层形式往往在它们已经变得毫无益处的情况下依然存在。不过,伦斯基也指出,在当今许多比较发达的工业社会中,一方面社会流动在增加,另一方面,不平等的程度也有所缓和。这是因为工业化为人们提供了更多的资源,中间阶层颇为壮大,下层阶层则大大缩小,并且这些社会还辅之以社会福利、社会救助以及提高所得税等调节收入差距过大的社会再分配政策。

伦斯基的分析将社会分层和社会发展联系起来,因而被称为进化论的观点。当然,这并不意味着所有具有相似发展水平的社会都具有同一类型的社会分层,因为其他的变量,如不同的市场类型、外来的威胁、自然环境乃至某些领袖的作用等,也都可能对分层制度发展的方式产生影响。因此,伦斯基的理论不是一种僵化的理论。它既承认冲突在分层制度中的重要性,但没有以此来解释一切;它承认分层可能是难以避免的,有些甚至是有益的,但又指出不平等常常会过于严重。

在本节中,我们介绍了社会分层的三种理论。对这三种理论,我们可以通过

表 10.1 作一比较。

表 10.1 三种社会分层理论的比较①

功能主义理论的观点	冲突理论的观点	进化论的观点
分层是必然的和不可避免的	分层不是必然的或不可避免的	有些分层可能是必然和不可避免的,但许多都不是
社会需要造成了分层制度	有权势者的利益造成了分层制度	社会的生存方针造就了分层制度
分层的出现是由于需要让难得的天才充当应当由他们去扮演的角色	分层的出现是由于群体的征服、竞争和冲突	分层的出现一方面是有必要鼓励难得的天才,一方面是由于竞争和冲突
分层是共同的社会价值标准的一种表现	分层是有权势的集团的价值标准的一种表现	分层的基础是在价值标准上有某些一致之处,但它主要表现有权势者的价值标准
任务和报酬是公平分配的	任务和报酬是不公平分配的	有些任务和报酬是公平分配的,但许多都不是公平分配的
分层促使社会最理想地发挥其功能	分层妨碍社会最理想地发挥其功能	有些分层促使社会最理想地发挥其功能,但许多是妨碍它发挥功能的

第三节 社会流动

一、社会流动的涵义和类型

社会分层是有史以来所有社会的普遍现象。社会成员既分为地位不同的三六九等,那么,处在不同阶层等级中的人们是如何获致他们的地位的? 他们的地位能不能变化? 如果能的话,又是怎样变化的? 这就涉及社会流动的问题了。社会流动作为社会学研究的一个重要主题最早是由俄裔美国社会学家索罗金(Sorokin)于 1927 年在《社会流动》(1956 年再版时更名为《社会与文化流动》)一书中提出来的。索罗金把社会流动定义为"个人或社会群体从一种社会地位到另一种社会地位的转变"。一直到今天,这依然是几乎所有社会学教材关于社会流

---

① 见伊恩·罗伯逊:《社会学》(上册),黄育馥译,商务印书馆,1994 年,第 326 页。

动的基本理解。

根据不同的标准,可以把社会流动分为垂直流动和水平流动、代际流动和代内流动、自由流动和结构性流动等不同的类型。

垂直流动是指人们从一种地位向另一种较高或较低的地位的变化,是人们在社会分层结构中不同层次之间的纵向流动。水平流动则是指人们从一种地位向另一种大致相同的地位的流动,是人们在同一社会层次上的横向流动。垂直流动和水平流动的划分最早也是由索罗金提出的。显然,与社会分层相联系的主要是垂直流动。事实上,在社会学对社会流动的研究中,更为注重的也是垂直流动。

代际流动,也叫异代流动,是指同一家庭中上一代成员和下一代成员之间的地位变化,包括垂直的变化和水平的变化。使社会学家特别感兴趣的是代际垂直流动,因为它集中地反映了一个社会中社会成员的地位是怎么得来的。如果代际流动十分罕见,就表明该社会中人们的生活机会大部分是生来注定的,社会地位的获得更多地体现出先赋的特征;反之,如果代际之间存在着大量的流动,则显然表明人们能够通过自己的努力改变自己的地位,而不论其出身如何。代际流动通常以职业地位为标准,以父母和子女在同一年龄时的职业地位作为比较的基点,考察两代人地位的变动状况。(社会学家们常用"流动表"来表现代际流动的状况,表 10.2、表 10.3 就是两个流动表。横栏表示儿子的地位,竖栏表示父亲的地位,即出身)代内流动,也称同代流动,是指个人经历的地位变化,包括水平的和垂直的。代内流动通常也以职业地位为标准,以个人最初的职业为参照基点,以最后的职业为终点,考察处于两点之间的地位变化。代内流动的情况可以反映出社会分化和变迁的方向、速度和规模,也可以反映出一个人全面发展的程度。

表 10.2　流动表①

出身	非体力	体力	农业	总和
非体力	20.2(63%)	10.8(34%)	0.8(3%)	31.8(100%)
体力	9.9(28%)	24.8(70%)	0.5(2%)	35.2(100%)
农业	6.1(19%)	12.3(37%)	14.6(44%)	33.0(100%)
总和	36.2	47.9	15.9	100

① 让·卡泽纳弗:《社会学十大概念》,杨捷译,上海人民出版社,2003 年,第 179 页。

表 10.3　流动表①

出身	领导阶级	中产阶级	平民阶级	总和
领导阶级	2.4(43%)	2.4(43%)	0.8(14%)	5.6(100%)
中产阶级	2.9(11%)	12.7(48%)	10.8(41%)	26.4(100%)
平民阶级	1.5(2%)	14.3(21%)	52.2(77%)	68.0(100)
总和	6.8	29.4	63.8	100

结构性流动是指由于社会结构的变化而引起的大规模的社会流动。像产业结构、所有制结构、城乡结构、职业结构等的变化都会带来社会成员社会地位的变化。结构性流动的特点是规模大、速度快。它往往发生在社会急剧变革的时期，包括经济的、政治的、科技的等多方面。自由流动或非结构性流动是指在社会基本结构不变的情况下发生的个体在不同社会阶层之间的流动。有人也将此称为交互流动，因为，由于社会基本结构不变，当一个阶层的某些成员流动出去时，它往往会从别的阶层流动过来的人员中得到补偿。典型的范例就是向上流动被流量相当的向下流动所平衡。

二、影响社会流动的因素

影响社会流动的多寡、难易、快慢的因素可分为社会因素和个人因素。

1. 社会因素

影响社会流动的第一个社会方面的因素是社会结构的性质，即这个社会是开放的社会还是封闭的社会，或者说，社会分层结构是弹性的分层结构还是刚性的分层结构。在封闭的社会结构（刚性的社会分层结构）中，社会成员一生下来或者到一定年龄就会分配到某种身份或地位，这种地位不会改变，直至生命终结。这种社会不允许社会流动。在开放的社会结构（弹性的分层结构）中，社会成员可以凭其天资、能力、努力和愿望获致社会地位。一个开放的社会并不是一个没有地位差异的平等社会，不平等的社会地位依然存在，只是这些地位将根据功绩、贡献大小来填补。这种社会中存在大量而频繁的社会流动。当然，在人类历史上，完完全全的封闭社会和完完全全的开放社会从来没有存在过。现实中只存在过相对封闭的社会和相对开放的社会，这两种社会的区别主要在于社会成员的地位的先赋性和自致性的混合程度差异。相对开放的社会的特点是依赖自致性身份地位的程度大大超过封闭社会，而相对封闭的社会则更依赖于先赋性身份地位。像今日美国这样的社会是前者的代表，而像实行种姓制的传统印度社会、实行等级

① 让·卡泽纳弗：《社会学十大概念》，杨捷译，上海人民出版社，2003 年，第 179 页。

制的中世纪欧洲封建社会,则是后者的典型。在某种意义上,改革开放前的中国社会,由于所有社会成员基本上都被划分为干部、工人、农民三种准身份群体,且相互之间流动极难,故在一定程度上也可以看做是一种相对封闭的社会结构。

与社会结构的性质联系在一起的是社会流动的"通道"和社会过滤系统(社会遴选机制)。所谓"通道",就是让个人从一种地位阶层通向另一地位阶层的社会机构。索罗金曾经列举了军队(尤其在战时,军队中的晋升十分迅速)、教会(尤其是在1789年以前王朝统治的旧制度下)、学校、政治集团、职业组织(文学的、科学的等等)、谋取财富的制度(商业、工业)、家庭(通过婚姻和结盟)等等流动通道。一般来说,越是开放的社会,这种流动的通道就越多。在每一种通道中,几乎都存在借以保障和调节社会成员在不同等级中运动的遴选机制。遴选所依据的原则在不同性质的社会和不同的通道中是不一样的。不过总体上讲,在现代开放社会中,依据的多为社会成员个人的素质能力,尽管在不同的通道中所关注的素质能力的类别是不一样的。

在现代社会中,学校是很重要的流动通道,而考试则是重要的遴选机制。但是现代社会的公共教育真的增加了社会流动,减少了基于出身的不平等吗?全体公民的入学机会以及达到某一年龄的义务教育真的使一个工人的儿子具有与一个高官的儿子同样的在学业上成功的机会吗?表7从一个侧面对这一问题给了我们一个提示。事实上,从索罗金到布迪厄的许多研究结论都认为,现代学校教育是强化了社会分层而不是缓和了社会分层。之所以如此,其中一个重要的原因即在于,处于社会上层的父母总是会想方设法将自己的优势地位传递给自己的子女,而加强对子女的教育投资则是现代社会中传递这种优势地位的有效手段。这也从一个方面说明了完完全全的开放社会是不存在的。

表 10.4　基于父亲职业的学业成就(法国,1965)①　　　单位:%

	优良	中上	中差	总和
农业工人	29	33	38	100
工人	28	34	38	100
耕作者	36	35	21	100
工匠—商人	37	34	29	100
职员	38	34	28	100
自由职业者	50	34	16	100
企业主和中层干部	56	27	17	100
上层干部	55	29	16	100

① 让·卡泽纳弗:《社会学十大概念》,杨捷译,上海人民出版社,2003年,第182页。

影响社会流动的另一个社会因素是社会地位的多少。可供社会成员选择的社会地位越多，社会流动的可能性越大。在前工业社会，社会分化程度低，社会中的地位要比工业社会少得多，结果是，在前工业社会中几乎没有什么社会流动。而在高度分化的工业社会中，存在着大量的社会地位，因此也就为社会成员提供了大量的流动机会。当然，社会成员的社会流动机会是一个相对量，它还与特定社会中的人口数量有关。一般来说，在某些出生高峰期出生的人们，其流动的难度无形中就会增加。

社会流动的形式还要受社会经济状况的影响。比如在经济萧条时期，会出现更多的向下流动的情况，而在经济高涨时期，则会出现更多的向上流动的机会。此外，当社会处于战争或急剧变化的时期，其社会流动的状况与平时又大不一样。

影响社会流动的最后一个值得注意的社会因素是社会的文化价值观念。包括社会流动观、社会职业观、社会竞争观等。一个社会的主导价值观是强调知足常乐还是不断进取，是倡导学而优则仕还是学而优则商，是鼓励竞争还是崇尚谦让，所有这些，都会影响到社会流动的多少和方向等等。

2. 个人因素

"历史和社会的进程不断出现旧主题的新变化。"

——索罗金
(P. A. Sorokin)

在任何社会中，社会成员自身的个人因素都会影响到他的社会流动，虽然在不同的社会中，被注重的个人因素的种类是不同的。在相对封闭的社会中，个人的出身或者说血统是一个很重要的因素，甚至是一个决定性的因素。而在现代相对开放的社会中，个人流动的可能性则更多地取决于他的才干、努力程度、价值偏好等后天的因素。当然，如上所述，在任何一个社会中，处于社会上层的父母都会千方百计地将他们的优势地位传递给其子女，因此，就是在社会结构相对开放的今天，个人的家庭出身也仍旧影响着其社会流动。事实上，这一点从本章的表5、表6和表7中都可以看出来。只不过，在所谓开放社会中，出身不再像在封闭社会中那样直接地决定社会成员的地位，而往往通过转化为诸如教育这样的因素，从而间接地影响个人的社会流动的机会。

三、合理的社会流动及其意义

由于不存在完完全全的封闭社会,因此事实上任何社会都存在社会流动,区别只在于社会流动数量的不同以及社会流动机制的不同。在所有发生的社会流动中,有一些是合理的、正当的,有一些则是不合理、不正当的。那么,合理与不合理的区别何在? 或者说,合理的社会流动的标准是什么? 一些论者从量与质两个方面来说明这一标准,量的标准即指社会流动的多少要与社会的需要和承受力相适应,而质的标准就是要体现机会公平的原则。事实上,所谓量的标准和质的标准都可以统一到社会流动机制的合理性中去。因为,特定的社会流动机制既反映出社会流动的性质,也控制着社会流动的数量。

社会流动机制事实上也就是社会资源的配置或获得机制,因此,事实上也就是社会分层的机制。那么,究竟什么样的社会流动或分层机制才是合理的呢? 笼统地说,这种机制必须符合社会成员所谓的"正义"(justice)观念。事实上,当戴维斯和摩尔力图从功能主义的立场说明现代复杂社会中社会分层制度的必要性和正功能时,他们也就是在试图赋予这种分层体制以一种"正义性";而当图明等从冲突理论的立场出发批判戴维斯和摩尔的观点时,实际上也就是在批判现代社会中这种分层体制的"不义"。因此,这里的关键在于,怎样的社会分层机制或者说流动机制才符合现代社会中人们的正义观念?

正义的观念随社会历史条件的不同而变化。但是,在开放的现代社会中,在平等、自由的观念已经深深扎根在人们心中的今天,一种社会流动机制或者说社会资源的配置方式若要被人们认可为是合乎正义的,那么它无疑首先必须体现机会均等意义上的"公平"。跟"正义"一样,"公平"(fairness)事实上也是一个历史性的范畴,其形式、内涵与侧重点随社会历史条件变化而不同。如有人区分了三种不同类型的公平(平等),即份额平等、机会平等和满足需求的平等,并指出在社会经济发展水平不同的历史阶段,社会所强调和实施的平等类型是不同的。也有人把社会资源划分为对人的生存有价值的资源和对人的发展有价值的资源,与此相应,就有两个层次的公平:与具有生存价值的社会资源分配相对应的基本的公平和与具有发展价值的社会资源分配相对应的派生的公平;并认为:人类社会发展水平越低,对基本的要求越高,人类社会每前进一步,对派生的公平要求就增加一等;基本的公平以需求为基点,而派生的公平则以能力为基点。但无论是谁,在涉及到现代社会——包括当前我国社会——导致社会分层化的社会资源配置方式应该实行的公平原则时,几乎都强调机会均等的意义。机会均等要求所有的社会地位都向所有社会成员开放,且每个人都凭借其自身的能力通过公平竞争去获得相应的社会资源,占据相应的社会地位。贝尔(Bell)指出:"作为一项原则,机会均等反对出身的优先、裙带关系的优先、托庇的优先,也反对不根据才智、志向平等地参加公正竞争的任何分配地位的标准。用帕森斯的话来说,它主张普遍性而不是特殊性,它主张靠成就而不是靠承袭归属。……现代社会的社会结构……是以这一原则为基础的。……现代化意味着以开放、变革和社会流动的原则来根除(18 世纪以及更早的等级社会的)这种等级制度。"①换言之,机会均等要求社会成员的全面流动性,除非个人不具备流动的能力或愿望,社会不应该设置任何阻碍人的自由流动的障碍。

"本人在经济领域中是社会主义者,在政治上是自由主义者,而在文化方面是保守主义者。"

——丹尼尔·贝尔
(Daniel Bell)

同样,在《正义论》中,罗尔斯(Rauls)提出了正义的两个原则:"第一个原则:每个人对与其他人所拥有的最广泛的基本自由体系相容的类似自由体系都应有一种平等的权利。第二个原则:社会的和经济的不平等应这样安排,使它们(1)被合理地期望适合于每一个人的利益;并且(2)与向所有人开放的地位和职务相联系。"②第一个原则适用于确定和保障公民的平等自由方面,在此不导致社会分层;第二个原则适用于指定和建立社会和经济不平等方面,显然,在罗尔斯看来,在此必须坚持机会均等原则。机会均等就是针对为获得特定的社会资源而进行的竞争而言的,而竞争的结果则必然会导致各人对社会资源占有的不平等,从而出现社会分层。但机会均等的意义在于:一、恰如美国经济学家和社会学家阿瑟·奥肯(Okun, A. M.)在谈到经济不平等时所说的,在机会均等下出现的不平等要比机会不均等时产生的社会不平等更容易让人们接受。③ 二、在其他条件不变时,机会均等条件下所导致的结果不平等要比机会不均等条件下所出现的结果不平等在程度上更小。

如上所说,机会均等是针对获取特定社会资源而进行的竞争而言,但需要补充说明的是,这并不排斥对于其他某些社会资源的分配采取非竞争的方式,如对于某些维持社会成员的基本生存的资源,某些社会福利、社会保障资源,以及每一

---

① 丹尼尔·贝尔:《后工业社会的来临》,商务印书馆,1986 年,第 469~470 页。

② 约翰·罗尔斯:《正义论》,何怀宏等译,中国社会科学出版社,1988 年,第 56 页,译文稍有改动。

③ 阿瑟·奥肯:《平等与效率》,王奔洲等译,华夏出版社,1999 年,第 73 页。

个人作为人、作为公民的基本权利的分配（这也就是罗尔斯第一个原则适用的领域），通常就采取或者按照需要，或者按照份额均等的非竞争的方式分配。有人指出，在美国这样一个强调机会均等的自由竞争的典型的资本主义社会中，也至少存在着三个根本不同的收入分配机制在运转。首先是财产体制（"资本主义成分"），它以人们拥有财产的数量和人们在管理财产中的技能和运气为基础进行分配，其报酬包括资本收益、红利、利息、租金等形式。其次是劳动力市场体制（"社会主义成分"），在这种体制中，报酬是对劳动的补偿，其主要形式为工资和薪金。第三是国家福利体制（"共产主义成分"），在其中人们根据其公民身份和需要获得收益，这种收益的形式主要为免费公共教育、医疗服务与医疗补助项目、失业救济、丧失劳动能力福利、社会福利支出和食品补贴等等，这里的指导性原则是"按需分配"。其中，第三种收入分配机制显然是非竞争性的。对于社会资源的这种非竞争性的配置方式不导致社会结构性的不平等以及社会分层，但它保障了社会成员特别是下层社会成员的基本生活条件和基本人权，一定程度地消解了他们可能产生的各种不满和怨恨。不仅如此，它还可以在最低、最起码的限度上提供和维护作为竞争中的机会均等的逻辑前提和应有内涵的起点上的平等，从而提高社会成员对于由竞争产生的社会不平等、社会分层的接受程度。如上所述，机会均等意味着每一个社会成员都有可能凭借其自身的能力去获得相应的社会地位，因此，它只有在"起点平等"这个前提下才具有实质性的意义。因为第一，只有在同一起跑线上展开的竞赛，最后所产生的各种名次才可以说是各个选手自身能力所致；其次，竞争的能力虽然有先天的因素，但更大程度上却是后天形成的结果，机会均等因而首先要求人的竞争能力形成条件的平等，在现代社会，主要也就是教育机会的平等，这自然属于竞争的起始条件上的平等。当然，社会毕竟不是一个体育竞赛场，要完全做到起点平等是不可能的。事实上，社会分层本身的一个结果就是造成处于不同阶层的社会成员的子女在竞争起始条件上的不平等，高地位双亲总是力图把自己的优势授予子女。但是，不可能完全做到起点平等并不意味着不可以尽可能地在特定范围内做到起点上的相对平等。首先是，在某些特定的历史转折关头，可以实行起点上的平等，如北美最初的"共产"殖民者公社解散时通过公平分家而实现的"五月花"式的起点平等。其次是社会可以通过立法和其他公共政策，如对遗产继承征以重税以及上面提到的义务公共教育等等，来提供和维护最低限度的起点平等，或者说尽可能地缩小起点的不平等。

总而言之，在现代社会中，如果一种社会流动的机制基本上能够做到在尽可能提供一个相对平等起点的基础上确保机会均等，那么，我们就可以说它基本上是合理的。而在这种机制作用之下的社会流动以及由此而形成的社会分层结构也就是基本上合理的。这种合理的社会流动对于社会的意义是显而易见的：

第一,有助于社会的稳定和秩序,这一点可以从美国这个社会获得一个很好的例证。美国无疑是最典型的资本主义社会,但是这个社会却很少像欧洲各国那样受到左翼激进运动的冲击。无论是苏联模式的"共运",还是其他模式的诸种"社会主义"乃至反对资本主义——市民社会的各色意识形态也都难以在美国社会生根,社会民主派、民粹派、无政府工团主义、民族社会主义(法西斯)等运动在美国从未形成声势,美国的资本主义社会秩序得到了很好的维持,很少受到严峻的挑战和威胁。那么,其原因何在?李普塞特等人指出,一个很重要、甚至最主要的因素即在于建基在一个相对平等起点上的机会均等的竞争消解了各种反对现有社会制度、社会秩序的冲动。

第二,有利于社会保持一种开放的结构,在社会事实的不平等至今还不可避免的情况下,确保一种形式的、程序的平等,以促进社会公平的发展。

第三,有利于调动社会成员的积极性、创造性和开拓进取精神,确保社会发展的活力。

思考题:

1.试比较冲突理论、功能理论和进化理论对社会分层的解释。

2.怎样的社会流动才是合理的社会流动?试就当代中国的社会流动进行分析。

第十一章
越轨与社会控制

第一节　社会控制

　　任何一个社会要存在和正常运转,要想发挥它的功能,实现它的目标,就必须对其成员的行为进行有效的引导和约束,使其符合一定的规范和价值。因此,任何一个社会都需要有社会控制。作为社会学的专门术语,社会控制有广义和狭义两种涵义。广义的社会控制是指社会及其组织、群体为了达到维护社会秩序、保障社会生活正常进行的目的而采取各种手段和措施来约束和引导其成员行为的过程,包括正面的引导,如对"好行为"的嘉奖、鼓励;也包括负面的禁止,如对越轨行为的惩罚制裁。狭义的社会控制则主要是指社会及其组织、群体针对越轨行为而采取的防范、制止、制裁措施及其实施过程,主要指负面的禁止。

　　在社会学的历史上,最早提出社会控制这个概念并对社会控制问题进行了较为深入的研究的是美国社会学家罗斯(Ross)。在他于1901年出版的《社会控制》一书中,罗斯指出,人生来具有同情心、互助性和正义感,它们构成了人性的自然秩序,并能调节人的社会行为,从而使社会生活处于一种有序的状态之中。但是人性中之自然秩序的破坏却会使社会处于一种无序的状态中,因此需要社会控制。也就是说,在罗斯这里,社会控制是以人性生而具有的"自然秩序"为基础的自我约束的替代措施。今天,多数人可能不会同意罗斯把同情心、互助性、正义感归结为天赋人性的观点,但是,从罗斯的思想中可以引申出来的一个看法,即社会控制在形式上可分为内在控制和外在控制,这是今日人们的基本共识。

　　内在控制是指社会成员自己自觉地按照社会规范的要求约束自己的行为。在通常情况下,真正良好的社会生活秩序基本上都是靠社会成员自己的内在控制而维持的。而实现这种内在控制的条件,则在于社会及其各种组织、群体通过教育、宣传、感化等手段,使既定的社会行为规范内化为广大社会成员的行为标准,成为他们的生活习惯、自觉要求。或者说,就是要通过社会化的过程,使社会成员从内心接受这些规范,真心诚意地认同这些规范的"正当性"。在许多情况下,人们对许多行为规范的遵从是出于害怕一旦越轨行为被发现就会受到惩罚,但人们对内化的行为规范的遵从则是因为他们认为只有这样做才是正确的。比如,如果一个人不偷东西仅是因为害怕被人发现并因此关进监狱,那么,当这个人发现在某种场合下偷某东西是绝对安全时,他就会伸出偷盗之手;但如果一个人从内心里认为偷盗是一种错误的、不道德的、可耻的行为的话,那么,不管有没有人在场,不管会不会被人发现,他都不会去偷东西。因此,内在控制可以达到使人在没有任何社会监控的情况下也能完全按照社会规范的要求行事。内化的行为规范之所以对个人的行为有如此的约束力,原因在于这些规范事实上已经成为个体自己的价值观,成了他的需要体系中的一部分。人有各种各样的需要,既需要吃、喝、住、穿,也需要性生活、爱情,等等,除此之外,个体还有一种"价值需要",就是要努力通过自己的行为实现和体现自己认定的价值。当社会规范通过社会化的过程而内化成个体的价值需要时,他对这种规范的遵从实际上也就是在满足自己的需要,违反这种规范反而会带来不快,就像饥饿的人没有饭吃会很难受一样。

内在控制是最有效的,也是成本最低的社会控制,但是并不是所有的社会规范都能被所有社会成员接受、认同。因此,为了确保社会生活的正常秩序,确保社会的正常运转,还必须要有外在的控制。外在的控制就是社会及其各种组织、群体依靠特定的维持社会秩序、执行社会规范的机制,通过广泛的社会监督、社会压力及各种强制性的措施而实现的社会控制。外在的社会控制又可以分为正式的外在控制和非正式的外在控制两类。

非正式的外在控制主要是通过家庭、同辈群体、邻里等初级群体进行的,有时在某些次级群体(如工作群体)中也存在非正式的外在控制。就一个人是否采取某种行为而言,某些经常相处的同伴对这种行为的反应是非常重要的影响因素。这种反应可以从鼓励、规劝、不赞成、批评一直到抨击、谩骂、体罚、心理隔离等等。有时,当一个人受到破坏某项社会规范的诱惑时,一想到亲友可能因此而对他产生的反应,他就可能压制住这种冲动。

非正式的外在控制虽然不像正式的外在控制那样具有强制性,但却更具有弥散渗透性。但也正因为这种弥散渗透性,非正式的控制也往往是不确定的、含糊不清的,违规越轨者不清楚自己将受到怎样的制裁。这在一定程度上影响着非正式控制的效力。另一个制约非正式控制效力的因素是个人之间的感情、相关社会地位以及群体团结的情谊,可能会消减人们运用这种非正式控制的愿望和能力。比如,一名学生看到他的朋友在考试中作弊,他可能会谴责朋友的行为;但更有可能的是,由于担心毁掉两人之间的友谊,他不报告朋友作弊的事。实际上,在现实生活中,那些真的报告了作弊行为的人倒常常被视为"告密者",从而使自己成为社会的异己。有研究还指出,亲密朋友群体的团结感能从两个相互矛盾的方面影响社会控制。越轨违规是对团结的威胁,因此群体希望限制它;但是,同样的意识也抑制了群体成员对越轨违规的同伴采取过强的制裁。研究认为,除了以下三种情况,亲密群体中的成员将保护越轨者:(1)当越轨违规行为能轻易被外部觉察时;(2)当越轨者可能被迅速地认出属于本群体时;(3)当群体因为越轨者的行为而有受到严惩的可能性时。[①]

正是因为非正式的控制有着这些局限,所以社会才需要正式的社会控制。正式的外在社会控制是由专门的社会组织和机构借助于正规的手段通过一定的程序来实施的控制。这些组织和机构包括专司社会控制的部门如军队、警察、法院、监狱等;此外,像学校、教会、社会工作机构、精神病院等这些机构也往往将社会控制作为自己份内职责的一部分。正式的外在控制的威力往往是非正式控制所不能比拟的,这是因为它拥有实行强制性制裁的政治、经济等各种资源。

最后需要指出的是,无论是内在控制还是外在控制,无论是正式的控制还是非正式的控制,所依仗的手段无非是习俗、道德、纪律、法律、法规等一系列不同形态的行为规范以及与这些规范相应的从正面引导激励到负面惩罚制裁的一系列措施。可以说,正是这些规范和相应的确保这些规范被遵行的措施,构成了一个特定社会的社会控制系统的基本形态。美国社会学家彼得·伯格(P. Berger)曾经指出,每一个个体生活于一个社会之中就仿佛站在一组同心圆的圆心,围绕他的每一圈代表一个社会控制体系。外圈可以代表法制和政治体系;其次是道德、风俗和礼仪;再往里还有个体选择的职业,这也会使个体不可避免地从属于种种控制之下;最后就是个体的私生活圈子,也即家庭和私人朋友的圈子,这同样也构成了一个社会控制圈。[②] 当然,考虑到内在控制这种形式,我们还可以为彼得·伯格再补充一个圈,这就是已经把某些规范内化为自身"良知"的个体自己。每一个圈都有相应的正反两方面的引导激励和制裁遏止措施,从自我满足、精神鼓励、物质奖励到良心自责、舆论压力、暴力制裁,等等。这样,我们就看到,"一个人站在一组同心圆的中心的景象,每一个圈代表一个社会控制体系……定位于社会中意味着立身在许多拘束与强制我们的力量之中。"

① 戴维·波普诺:《社会学》,李强等译,中国人民大学出版社,1999年,第209~210页。
② 彼得·伯格:《社会学导引——人文趋向的透视》,黄树仁、刘雅灵译,(台北)巨流图书公司,1984年,第78~81页。

第二节　越轨行为

一、越轨行为概述

(一)越轨的定义

如本章一开头所指出的,狭义的社会控制就是针对越轨行为的。那么,何谓越轨?关于越轨的理解和定义非常之多。如认为:越轨是一种具有模棱两可和混乱性质从而无法明确分类的现象;越轨是有权者赋予无权者的一种属性;越轨是社会冲突中失败者的特性;越轨是被社会所指责的行为;越轨是尚未确立的创造发明等等。每一种理解或定义都反映了研究者比较特殊的理论倾向。不过,虽然有那么多不同的理解与定义,但从中也能辨认出共同的意思,即基本上都倾向于将越轨看做是一种偏离社会规范而遭受非难并引起人们试图对其进行控制的行为,而这也就是我们对越轨的定义。对于这一定义,需要注意以下几个方面:

第一,社会规范有各种各样的形态,可以是国家的政策法规,也可以是社会的道德伦理;可以是团体单位的纪律规定,也可以是传统的风俗习惯;可以是明文规定的,也可以是约定俗成。也正因此,越轨与犯罪不完全一样,犯罪是越轨,但只有触犯了国家刑律的越轨行为才是犯罪。

第二,由于在不同的社会、不同的时代中,社会规范是各不相同的,因而同一种行为在这个社会、这个时代中被视为是越轨,但如果换一个社会或时代,就可能被看做是一种完全正常行为。因此,越轨行为是一个相对的概念。

第三,越轨不一定就是坏行为。越轨意味着不遵从,但任何导致社会发展、文明进步的改革创新都不是因循守旧的结果,相反,都是不遵从陈规旧俗的产物。

第四,越轨的主体可以是个体,也可以是群体、组织。

(二)越轨的分类

根据不同的标准,可以对越轨作出各种不同的分类。斯彭瑟(Spencer)于1976年根据越轨本身性质的不同,对越轨作了如下分类:

1.行动越轨。这是一种较为明显的越轨行为,具体又主要分为三类:(1)各种带有侵略性的越轨行为,如谋杀、抢劫、诈骗等;(2)性越轨,指不正当的性行为,如强奸、卖淫等;(3)自杀。

2.习惯越轨。指某种偏差行为的反复发生,以至成为一种社会习惯现象,如嗜酒成性,赌博成瘾,吸毒不能自拔等。

3.人格越轨。指越轨行为导源于人格异常,行为者在社会互动中不能扮演正常的角色,如精神病患者的行为。

4.文化越轨。指某些亚文化群体的行为或思想脱离和违悖大众社会的规范。如琼斯的"人民圣殿教",等等。

根据越轨行为发展的阶段,勒默特将越轨行为分为初级越轨和次级越轨。当一个人面对一个越轨行为的诱惑时,比如面对朋友给你的毒品,他就面临着一个选择,是克制自己的越轨冲动,还是突破越轨行为"吸引性边缘"而迈出越轨的第一步,如果,他迈出了这一步,他就进入了"初级越轨"。初级越轨是一种一时兴起的越轨行为。但是,如果越轨者不限于这一步,而继续发展,那么,有朝一日,当越轨行为对他来说已不是一种偶然行为,而是一种习以为常的必然行为时,他就进入了次级越轨了。

我们也可以根据越轨行为对社会的影响而将越轨行为分为消极的、破坏性越轨和积极的、创造性越轨。顾名思义,前者对于社会的进步,文明的发展,对于社会的正常秩序和人们的生活幸福是一种破坏和障碍,如谋财害命、贪赃枉法等等;而后者则会带来社会的进步,文明的发展,会增进人们的生活幸福,它往往是对一些陈规陋习的改革,是对一些有害无益的老观念、旧思想的突破。

此外,我们还可以根据越轨主体而将越轨分为个人越轨、群体越轨和法人越轨。或者,根据越轨行为所触犯的社会规范的性质而将其分为违俗行为、违德行为、违纪行为、违警行为、违法行为等。

(三)越轨的功能

越轨行为的功能可以从正反两个方面来分析。越轨行为的负功能主要有:

1.扰乱社会秩序,危害社会稳定,破坏社会制度赖以生存的关联系统。社会系统的正常运转,依赖于各种角色密切合作,依赖于每个角色都按照角色规范的要求行事。如果角色不按规范行事,在其位而不谋其政,就会使社会的正常运转产生障碍。越轨之所以经常被人们将其与社会解组联系在一起,原因主要在此。

2.越轨行为会动摇人们遵守社会规范的动机和自觉性。如果一个人做了越轨行为而没有受到惩罚,如驾车闯了红灯而没有受到处罚,则他下次遇到类似情形时,其遵守规范的动机会进一步动摇。不仅如此,他的行为还会给社会上的其他人一种误导,使他们也降低了遵守规范的自觉性,并跟着效仿他的行为。

3.越轨行为降低了社会生活的可预期性,危害群体生活的信心。所有复杂的社会互动都基于一个基本假定,即认为人们通常都会遵守自己的角色定位。如果人们不遵守他们的角色规范,则他们的行为对我们而言就没有可预期性,我们也没法根据对他人行为的预期来决定和调整自己的行为,于是人与人之间就没法建立起相互的信任感,社会生活也没有任何安全感可言。

越轨行为也有它的正功能。这主要包括:

1.越轨行为有助于社会规范的明确。在任何一个社会中,除了一些规范是明

社 会 学

文规定的之外,大量的规范都是融于社会生活之中,是含糊的、不明确的。只有在它们被越轨行为破坏时,它们才在社会成员的眼前明确起来。

2.越轨行为可以促进社会和群体的团结,这包括两个方面:其一正如 G. H. 米德所指出的那样:"对违法者的共同敌对态度具有独特的使共同体全体成员在感情上团结起来以共同对付破坏行为的特点。"其二是,当一个成员由于越轨行为而要受到惩罚时,其他成员可能会为了保护群体的利益而保护他,或者共同去帮助他学会遵守社会规则,这都将增强群体的团结。

3.越轨行为能够带来和促进社会系统所需要的变迁。既定的社会规范中常常有一些是不合理的,是社会进步、文明发展、人们幸福生活的障碍。这些有害的规范就需要创造性越轨行为来突破,从而使社会朝更加良好的方向发展。如曼德拉之结束南非种族隔离政策,邓小平之克服种种阻力推行改革等等,这些行为带来了社会的进步。

4.越轨行为也可能从反面督促人们遵守社会规范。如果说,没有受到制裁的越轨行为会降低人们遵守社会规范的动机的话,那么,受到惩处的越轨行为就可能从反面促进人们对社会规范的遵守。所谓反面教材,所谓杀一儆百,就是这个意思。

二、越轨的理论

正如越轨行为产生的社会影响是多方面的一样,越轨行为的成因也是多因素的,可以从不同的角度来加以研究探讨。因此,除了社会学之外,像生理学、体质人类学、遗传学、心理学等学科的学者也都从各自的视角出发对越轨(或犯罪)行为进行了研究解释。如,被称为"现代犯罪学之父"的意大利人朗普罗素(Lombrso)将犯罪归结为犯罪者与正常人不同的先天生理结构和遗传因素(持类似观点的还有他学生恩瑞科·费里、美国体质人类学家胡顿、美国心理学家和医生谢尔顿(Shilton)等等);精神分析学家弗洛伊德将越轨看做是根源于人人具有的、与生俱来的本能冲动;习性学家洛伦兹(Lorenz)也从遗传的本能冲动中去寻找越轨(特别是侵犯)行为的起源;而坚持行为主义心理学立场的社会学习理论的学者(如班杜拉)则将越轨行为看做和其他社会行为一样,都是社会学习过程的产物。应该说,所有这些观点都一定程度地揭示着越轨行为的某个侧面,这些观点和我们这里要介绍的社会学关于越轨的研究和理论构成了一种相互补充的关系,共同增进了我们对于越轨行为的理解。

从社会学的角度对越轨行为进行的研究,已经成为社会学的一个分支学科,即越轨社会学。在越轨社会学一百多年的发展历史中,学者们提出了形形色色的理论。在此,我们主要对以下几种理论作一简要的介绍,它们是:社会失范论、社会冲突论、社会解组论、亚文化理论和标签论。

(一)社会失范论

这种社会学理论力图以社会结构来解释越轨现象。失范从字面上看,就是"没有规范",但更为常用的含义则是指一种状态,在这种社会状态中,对于什么是适当的社会规范存在本质上的分歧。如果一群人对什么是他们应该遵守的适当规范完全不一致,这个群体便处于社会失范状态。按失范论的观点,失范会导致越轨。

失范论主要包括法国社会学家涂尔干的观点和美国社会学家默顿的观点。涂尔干认为,社会从其本质上讲,主要就是一系列的道德规范,这些规范是通过人们相互交流、彼此影响而发生作用的。道德规范愈是使人们之间相互交流,相互影响,社会一体化程度便愈高,道德规范对人们的制约作用就愈大,越轨行为便相应减少。反之,如果人们之间缺乏这种交流和影响,社会一体化程度下降,就会出现失范,越轨行为便会相应增加。在对自杀这种越轨行为的研究中,涂尔干指出,社会愈是失范,自杀率便愈高。

涂尔干把现代社会中的失范看做是由于从机械团结到有机团结的改变尚未完成而造成的结果,是由于社会分工的发展快于这种分工所需求的道德基础,从而使社会的某些方面失去适当控制的产物。涂尔干的理论暗含着他"保守的"信仰,即认为人类的幸福和社会的秩序全都依赖于高度的社会控制和价

Emile Durkheim (1858-1917)

"任何合作都有其固有的道德。我们有理由相信,在现代化社会里,这种道德还没发展到所需要的程度。"

——涂尔干
(Emile Durkheim)

值共识。而美国社会学家默顿则通过《社会结构和失范》和《社会结构和失范理论中的连续性》这两篇论文,在进一步阐发涂尔干的理论的同时又修改了他的观点。与涂尔干一样,默顿竭力避免并反对用生物和心理变化的病理学来解释越轨,但他暗中把失范的含义由无规范更改为规范的冲突。默顿指出,在理解越轨行为时,应该考虑到两个重要的因素:一是以文化或规范的方式描述的目标,另一种是以结构的方式描述实现这些目标的手段。当社会成员经过社会化教育而愿意追求社会规定的正统目标,并且也能在正统结构中获得达成目标的正统手段时,目标和手段之间便处于平衡状态;但是,当社会成员尽管愿意追求这种目标却得不

到正统手段,或他们能得到正统手段却对正统目标不感兴趣,或他们对正统目标和手段都不重视时,目标和手段之间便处于不平衡状态。这种不平衡状态便是社会失范。社会失范使人们体验到失范性紧张。为缓解这种紧张,便可能以创新、形式主义、隐退主义、反叛等形式表现出越轨行为(见表 11.1)。

表 11.1　R. 默顿的失范状态的越轨行为分类法

目　　标	手　　段	角色行为种类
+	+	遵　　从
+	-	创　　新
-	+	形式主义
-	-	隐退主义
±	±	反　　叛

　　总之,默顿从文化目标和达到文化目标的结构手段之间的关系来研究越轨行为,应该说是颇具新意的。很显然,这种对越轨的研究重点在于人们在社会体系中所占据的位置而不在于个体本身的特征。涂尔干曾指出,他竭力要解释的不是自杀(越轨)的个别案例,而是在特定的社会、集团、阶层中的自杀率(越轨率),这对于默顿来说也同样正确。不过,这既是他们的长处,也反映了他们的局限。此外,默顿虽然用了相当的篇幅探讨了决定紧张的因素以及这种紧张可能带来的反应,即他对决定这种反应或其他模式选择的要素有所察觉,但他却未曾对这些决定性因素进行系统的分类,也没有提出联结这些决定性因素与结果的一般性法则。这是一个明显的缺陷。

(二)社会冲突论

　　同社会失范论一样,社会冲突论也是从社会结构状态来分析越轨行为的原因。作为一种一般的社会学理论,涂尔干、弗洛伊德等人的社会理论都对它做出了贡献。社会冲突论的主要观点是:社会冲突是人类本性中所固有的,是复杂社会中一个不可避免的过程。一个社会愈是复杂,愈具有异质性,它经历的冲突便愈多。越轨社会学以冲突理论对越轨行为的解释主要集中在社会文化冲突与越轨行为的关系方面。早在 20 世纪 30 年代后期,美国社会学家 J. 舍林就提出,应当把越轨行为放在道德冲突的范畴内去分析。对每一个人来说,在特定的情境中都有合乎道德的和不合乎道德的行为方式,道德是由它所属的群体所定义的。因而,不同文化群体之间的道德会有冲突,由此就会产生越轨行为。舍林还进一步区分了两种文化冲突,一种是初级冲突,即不同文化撞击时产生的文化道德冲突;另一种是次级冲突,即某一文化本身在进化和发展中出现的冲突。我们可以看到,这种社会文化冲突和后面将要介绍的亚文化理论有很大相似之处。

作为一种一般的社会学理论，许多学者都已对社会冲突理论提出了批评。事实上，这种批评在很大程度上也适用于它对越轨的解释。当然，笼统地讲，说社会文化冲突会导致越轨是没有疑问的，但这里存在的问题是：既然如舍林所说的那样，对每一个人来说，在特定的情境中都有合乎道德的行为和不合乎道德的行为，那么，为什么越轨者偏偏选择了后者呢？

(三)社会解组论

作为一个概念，社会解组在使用时有各种不同的方式，在理论体系中也与许多不同的变量相联系。从某种意义上讲，涂尔干的社会失范论就是一种社会解组理论。事实上，我们在此主要介绍的芝加哥城市社会学派的社会解组理论同涂尔干的理论确实也颇有相通之处。比如，芝加哥学派使用社会组织这一术语，其内容与涂尔干的社会一体化大致相同。他们同样坚信，人们卷入社会关系并对其承担义务的程度在决定他们是遵循社会的价值观念还是违背这些观念方面是很重要的。但是，两者不同的是，涂尔干认为，在解释人类行为方面，正式的社会关系比非正式的个人关系重要的多；而芝加哥学派的社会学家们却认为，当从社会的角度使一个社会、一个城市或一个邻里社区一体化或组织起来时，从人类的相互依存——亲属群体、情爱关系、朋友关系以及其他等等——中"自然"生长起来的个人之间面对面的社会关系，远比正规的社会关系重要得多。一般说来，一个群体内部的关系愈接近首属关系，就可以认为它的社会组织程度愈高；反之，这种关系愈远离首属关系，该群体的社会组织程度就愈低。芝加哥学派的社会学家接下来提出了他们的关键观点：社会解组导致越轨行为。他们认为，人们在一个群体中愈是默默无闻或隐姓埋名，他们就愈是易于违反社会准则。倘若人们彼此视若路人，那么就摆脱了首属群体的生活中存在的那种控制和监视。人们愈是脱离整个社会，就越容易违背社会准则。因此，芝加哥学派得出结论：人们彼此之间越缺乏联系、隐姓埋名，社会解组的程度就越高；社会解组的程度越高，越轨行为就越多。

芝加哥学派主要从事工业化、都市化及其对人们的社会生活的影响的实证研究。他们所掌握和积累的资料被认为要远远优于他们提出的一般理论。他们比较了城市社区和农村社区的特征，指出：过去曾经存在过的集中于乡村或市镇的生活是简单宁静、有条不紊的，而现代都市生活是绝对异质、组织紊乱、不具人格的。都市的三个特征跟都市中的社会解组有着密切的关系，即都市的绝对规模，人口的相对密度，异质性特别是种族的异质性。换言之，城市规模愈大，密度愈高，它的社会解组程度就愈高，发生越轨行为的频率也就越高。总之，为了说明社会解组，芝加哥学派提出了很多变量。就是在今天这些变量在对越轨行为的解释上依然有着重要的意义。

当然,对于芝加哥学派的社会解组理论,也早已有人提出了批评,如认为这种理论只在社会层次上考察社会解组,这无法说明为什么在同一个处于社会解组状态的群体中只有一部分人变成了越轨者。虽然后来的一些研究可以说回答了这种批评,但从总体上说,这种批评还是中肯的。

(四)亚文化群理论

如果说,在社会解组论看来,群体的社会组织程度愈高,则对越轨行为的抑制作用就愈强的话,那么,在亚文化群理论看来,这就要取决于群体本身的性质了:如果群体所信奉和遵循的价值观点与行为规范和社会主流的价值观点和行为规范相抵触或不尽一致的话,那么,群体的组织程度越高,非但不能抑制越轨行为的发生,反而越会增加越轨行为发生的可能性。换言之,在亚文化群理论看来,越轨并非如道德绝对论者所说的那样,是越轨者的行为直接违反社会规范的结果,而是他认同和遵循特定的亚文化群的价值和规范的产物。"尊奉亚文化群体的准则能导致违反主体社会准则的越轨行为。"

不少学者都对亚文化群理论做出了贡献。而 E. H. 萨瑟兰(Sutherland)是其中影响较大的一位。虽然萨瑟兰没有使用亚文化群理论这一名词,但他发现了职业化的越轨行为体系(亚文化群)的存在,这种亚文化群代代相传,以大体上与非越轨亚文化群相同的方式发挥作用。此外,萨瑟兰提出的随"异"交往理论详细叙述了亚文化群影响行为的方式。他论证说,与各种不同人(既有越轨的也有不越轨的)的集团交往的机会是因人而异的。一个人越有机会与罪犯交往,则他将来从事犯罪活动的可能性就越大。在一个相对而言同质的社会或社区中,随"异"交往的机会寥寥无几;在异质的社会或社区中,这种机会就增多了。与犯罪的随"异"交往产生两个后果:(1)它增加了人们成为罪犯的可能性;(2)因为罪犯越来越彼此交往而不同"局外人"交往,他们之间高度的相互作用导致了共有意义的生成,从而为犯罪亚文化群奠定了基础。

亚文化群理论的另一代表人物是 A. W. 林德(Linder)。他指出,亚文化群体是某一主体文化群体中较小的一个组成部分。作为与主体社会有显著差异的集团,亚文化群虽然也服从主体社会的部分规范,但却也为其成员规定了自己特有的与主体社会的规范相抵触的行为规范。因此,在一个社会的内部会存在不同的、有时是相互冲突的价值观念和行为准则。如果亚文化群体成员按这些规范行事,便会被主体社会的其他成员认为是越轨者。围绕着亚文化群理论,许多学者进行了一系列的实证研究。如萨瑟兰对职业盗贼的分析(1924),林德对檀香山一些民族集团的研究(1938),怀特对街角社会的研究等。他们的这些研究为亚文化群理论提供了必要的支持。但也有不少人对这种理论提出了批评,如认为"它不能说明所有的越轨行为",也不能说明"为什么接触亚文化群的人只有一部分作出了加入这种亚文化群的选择"。此外,亚文化群理论在关于越轨行为和越轨亚文化的关系上还面临着这样一个问题,即是先有越轨行为,还是先有越轨亚文化?若是先有越轨行为,那么它的原因是什么? 若是先有越轨亚文化,那么它又是怎样产生的?

(五)标签论

到目前为止,我们所介绍的理论基本上都限于寻找越轨行为产生的原因,没有涉及为什么违反相同规范的人有的被视为越轨者,有的则不被视为越轨者,以及被视为越轨者又会产生何种后果等等问题。20 世纪 60 年代以来,在越轨行为的研究中又发展了一种新的观点,这种新观点来源于互动论。其基本观点是,社会的意义和行动是通过在人们共同面对的情境中与其他人的相互作用而出现的。如同我们在前面讨论"社会问题"时已经提及的那样,在以此为出发点的理论中,标签论是对越轨行为的解释中最为人熟悉的一种。

标签论的主要内容可以概括为两点:一是对越轨的定义;二是人们变为越轨者的过程。那么,何为越轨行为呢? 美国社会学家 H. 贝克尔(Becker)认为,越轨与非越轨的区别,不在于越轨行为本身的特质,只是在于人们对前者贴上了"越轨"的标签。越轨是社会定义的产物,是别人对此行为反应的产物。贝克尔还指出,某种行为是否被贴上越轨的标签,有赖于三个条件:(1)行为发生的时间;(2)谁发生该行为以及谁是该行为的受害者;(3)该行为造成的后果。他明确提出,越轨行为的认定是行为发生者与对该行为做出反应的人之间互动的结果。在现实社会中,某些群体较之于其他群体更易于被贴上越轨的标签。这些群体通常没有什么权力,因而对官方和法律的影响甚微,他们通常被认为对有权力的人存在威胁,社会地位也较低。

标签论者除了认为越轨是社会标定的结果外,还努力揭示越轨的标签对于被标定者所具有的意义,揭示一个人成为越轨者的过程。标签论者认为,一旦一个人被贴上了越轨者的标签,他就可能以"自我履行预言"的方式行事,进一步表现出那些被认为是越轨的行为。如果某人的某种行为被认定是越轨,被加上某种称呼后,将会导致他的人际关系的重组,甚至会进一步促使他按照被贴上的标签继续从事偏差行为。例如,一个犯过罪的人,刑满以后会受人歧视,难以过上正常人的生活,这很可能会导致他重新成为罪犯。

H. 贝克尔提出了一个人从第一次破天荒做出某种越轨行为到最后成为被排斥在正常社会生活之外的惯犯的按序模型。标签论的另一位代表人物勒默特也提出了一个模型来说明越轨历程。他在 20 世纪 50 年代提出的"初级越轨"和"次级越轨"的基础上,又于 1975 年把从初级越轨到次级越轨的转化历程分为 8 个步骤:(1)初级越轨;(2)社会惩罚;(3)进一步越轨;(4)较强烈的社会惩罚;(5)再进一步的越轨,并对惩罚其越轨行为者表现出敌意;(6)达到容忍边缘,社会采取正式行动惩处越轨行为者;(7)越轨者以更严重的罪行来回答;(8)社会将该越轨行为者视为不可救药,归入惯犯之列。

总之,无论是对越轨定义的论证还是对越轨过程的描述,标签论都强调一点,即社会创造了越轨行为。"社会群组由于制定了一旦违背就构成了越轨的准则而创造了越轨行为。"这样标签论者就把研究的侧重点由越轨行为本身转到了社会对越轨行为的反应及其意义。应该说,这是标签论的贡献,也是它的新颖之处。但另一方面,由于它过于重视社会反应,从而忽视了越轨者的所作所为,事实上,正如许多批评者所指出的那样,是个人先作出某种行为,然后才被标定,而非被标定后才作出某种行为的。可以说,这正是标签论的主要缺点。

标签论提出了解决问题的两种办法。一种是改变定义。即提高"犯规"的标准和条件,要求人们更加容忍,这样才不致将某些人或现象指控为越轨。二是消除指称所能带来的利益。比如在美国,以前人们为了逃避兵役,往往就会向当局报告(指称)说自己是同性恋者。指控别人有时也会捞到好处,如指控自己的竞争对手,可以赢得更多的机会。一个社会如果能够消除指称所能带来的好处,人们就会减少指控,不给许多事情贴上"越轨"的标签,这样也就可以减少"越轨"。显而易见,这种"减少"仅仅是"标签"的减少,仅仅是人们在观念上不再把某些现象当作偏差行为,而不是客观现象本身的减少。这种办法固然可以减少某些歧视性现象,却未必有助于越轨行为本身的解决。这种逻辑如果推向极端,就会形成这样的结论:因为我们制造了"强盗"这个概念,才有了真正的强盗,只要我们取消强盗的概念,强盗也就会消失。

以上我们已介绍了越轨社会学的五种理论。总的来说,有关越轨的社会学取向的理论主要是力图从宏观的角度来揭示制约越轨的社会结构和文化的因素,但不太在意越轨者的个人差异。常识和许多实证研究都告诉我们,社会的政治、经济、文化等因素和越轨现象是密切相关的,因此,社会学的这种宏观的角度对于理解越轨来说无疑是必要的。但正如心理学从个体心理因素来揭示越轨的原因对于理解越轨是必要的又是不够的一样,社会学的这种宏观的研究也是如此。它只能说明不同的社会状态为什么会有不同的越轨现象,却不能说明为什么在同一社会状态中有的人越轨而有的人不越轨。前面曾经提到,涂尔干竭力要解释的不是自杀(越轨)的个别案例,而是在特定的社会、集团、阶层中的自杀率(越轨率)。这既是他的理论的长处,也是他的理论的局限。

(六)越轨理论和越轨的控制

如前所述,认识、理解越轨行为是为了更好地控制越轨行为。虽然对越轨行为的各种理论解释未必和对越轨行为的各种控制对策构成一一对应关系,比如谁都不会否认用道德、法律等手段来控制越轨的必要性,但是,不同取向的理论毕竟隐含着各自独特的控制对策。在"天生犯罪论"者看来,"对那些患天生遗传病的儿童来说,教育是毫无结果的";"惟一的办法是杀死罪犯,或者把他们收容到感化机关";想要减少越轨,就要减少那些"天生的罪犯"。因此,在谢尔登看来,控制越轨只有通过有选择的生育来达到。心理学取向的理论都倾向于通过健全的社会化、培养健全的人格来实现社会控制。不过,在其内部也有不同的看法。精神分析论者一方面认为"儿童必须学习控制其本能",另一方面又认为,由于越轨的冲动是生而具有的,必然要以某种方式表现出来的,因而,应该使其以某种对社会无害的方式得到"宣泄"。"罪犯和正常人的惟一差别在于,正常人能部分地控制其犯罪驱力,并在对社会无害的活动中为这种驱力找到了发泄的机会。""宣泄"的观点在洛伦兹那里也得到了认同。洛伦兹认为,对于那种先天的侵犯本能,应通过某种适当的、对社会无害的渠道使其得到释放。学习论者也强调社会化在越轨控制中的作用,但更强调个体后天社会环境的净化,强调合理的强化控制、榜样等等的作用。

社会学取向的理论着重从宏观社会文化环境的变革与改良来看待越轨控制。在涂尔干和芝加哥学派看来,为了增加道德规范的制约作用,为了强化控制,就应重建或强化社会一体化或社会组织。在亚文化群理论的信奉者看来,既然越轨是遵循特殊的亚文化群的价值和规范的结果,那么就应该对这种亚文化群的成员进行隔离,以弱化群体规范对成员的影响力。而在默顿看来,要控制和预防越轨,就要建立文化目标和结构手段之间的平衡。而要建立这种平衡,关键在于社会要给每个成员以公平的机会。在某种意义上,默顿的这种观点也会得到标签论者的赞同,因为当标签论者说越轨的标签通常总是社会中的有权者加给无权者的时候,也就是在指责社会的不公平。

应该说,上述这些控制对策从各自的理论立场上看都是合理的。但是,每一种理论在从一定的角度解释了越轨的同时又都有其局限和不足,因而,他们所提出的控制对策也都只有部分的可取之处。

第三节　转型社会的越轨与控制

一、社会转型与越轨行为

众所周知,今天的中国社会正处于一个从经济体制、社会结构到政治制度、文化观念的全方位的社会转型时期。在这个转型的过程中,我们在看到各种欣欣向荣的景象的同时,也看到了在经济、政治、道德等领域中越轨犯罪行为无论在人次数量方面还是种类、程度方面的迅猛窜升。事实上,不仅我们中国社会是如此,在其他国家,当其处于社会转型期时,也往往出现越轨犯罪行为猛增的现象。是什么原因导致了社会转型总会带来越轨行为的迅猛增加?在社会转型和越轨之间究竟存在着怎样的联系?对此问题,我国社会学者们从各种不同的角度进行了分析考察。① 有人从社会转型过程中社会结构的分化和整合机制的脱节所造成的社会失范来说明转型社会中的越轨现象,认为转型社会中的失范原因在于:一是社会经济结构的分化加速,分化后的各个领域具有更强的自主性,它们的活动更多地遵从自身的逻辑;二是由于社会整合的后延和迷失,社会结构的分化只为失范提供了条件和可能,但失范现象是否出现还取决于整合的跟进程度,在急速推进变革的条件下,整合措施相形见绌,既没有相应规范和规范机构进行整合,也没有相应的规范标准、工具和手段来完成这一整合,从而致使经济失范和社会失范共同发展;三是因为规范内化减弱,即规范内涵的文化价值未能被角色认同。与上述分析角度基本相同,有人指出:在社会转型过程中,社会问题、社会矛盾的解决需要实现各种社会规范的质的转变,因此往往导致激烈的冲突,其间会出现社会失范的状况。在现代化过程中,越是后发外生性发展中国家,社会冲突和社会失范表现得越突出。同时,社会主义国家在由原来僵化的计划经济体制向市场经济体制的转轨过程中,也会出现相当长时期的、不同程度的社会失范状态。还有人着眼于现代化的过程来说明转型社会中的越轨行为。他们指出现代化过程首先打破了传统社会中原有的和谐状态;而传统因素的解体速度与现代因素形成速度之间的差异或异步性,会在社会生活中造成一系列的"真空状态",如权威真空、价值真空、整合危机(规范真空)等等。这种状态的结果是造成社会种种的紊乱,带来种种社会问题,其中包括越轨犯罪行为的迅速增加。

除了像上述这些从一种比较特定的视角来说明转型社会中的越轨行为,也有研究者以比较综合的方式来分析转型社会,特别是当前我国社会的失范越轨现象。他们认为,导致当前我国社会在转型过程中出现明显的失范状态,带来大量的越轨和犯罪行为的原因是多方面的:既有社会文化的,也有个人心理的;既有宏观的,也有微观的。如有人指出,和传统社会相比,现在越轨行为之所以猛增的原因可以归结为规范不完备、控制手段失当、个体认同程度低三个原因。②

社会规范不完备的表现是:(1)转型时期,社会规范的合法性时期缩短,许多人一时难以适应,对人们的传统生活方式和心理定势必然会造成冲击。在适应这种冲击的过程中,人们从各自的理解和利益出发,会作出不同的自利反应,而表现在社会上则呈现出无序状态。(2)规范的内在冲突,缺乏完整的解释,导致社会规

---

① 参见张琢主编:《当代中国社会学》,中国社会科学出版社,1998 年,第 447~451 页。

② 樊平:"社会转型和社会失范:谁来制定和遵守社会规则",载刘英杰等著:《中国社会现象分析》,中国城市出版社,1998 年。

范的一致性被破坏,造成人们行为混乱,并消极地作用于社会秩序。(3)社会规范的权威性受到冲击。规范的威严不仅在于其本身的神圣性,更在于执行的有效性。规范执行过程中经常遇到来自各个方面的阻力而难以得到有效实施,使人们逐渐不重视遵守规范。

控制手段失当的表现是:(1)控制手段应用程序不当。要经司法程序解决的问题,却按行政措施处理了,使规范权威疲软,不能起到扬善惩恶的作用。(2)控制强度失当。控制强度过小,无法维持正常秩序;控制强度过大,就会压制人们的自由和社会的活力。社会控制强度偏大、偏小兼而有之,这都不利于社会的长治久安。

最后是个体认同程度较低。社会规范必须经过社会成员的理解认同,并付诸行动才能实现。个体对社会规范的认同程度低,既有接受能力的制约问题,即文化素质问题,也有利益分配的制约问题,即社会分化问题。需要从两个方面进行分析查找原因,也需要从两个方面制定对策来解决问题。现在我们往往容易忽视后一个方面。

还有学者将转型期的失范和越轨归结为以下几个方面:①

1.社会结构的分化与社会整合的后延所导致的社会失衡。主要表现为:(1)社会急剧分化状态下,各种新社会要素的加入,使旧的规范和制度越来越不适用。(2)分化过程中不同社会要素开始以某种方式发生联系,但彼此之间的结合还比较脆弱而且具有过渡性,因此,新的规范、制度的建立还不具备一定的方向性或选择性。(3)由于原先大一统的同质性社会被分离成相对独立的各个异质体,在社会的整体与局部、宏观与微观、局部与局部之间造成了许多利益"边界",这些"边界"成为"规范真空"的主要部位。(4)社会结构不平衡、不协调的变动,使各结构部分所适用的规范之间出现了距离,甚至可能相差悬殊以至于尖锐对立。

2.生活方式的多元化及其所反映的主体性特征。在社会转型中,生活方式的改变和多元化趋势,使个人价值选择在生活方式形成中的调节作用日趋增长,使生活方式具有明显的主体性特征,原有的社会大一统的规范和价值体系无法适应生活方式多元化的要求。

3.不同内涵的文化和观念冲突。我国目前社会转型时期的文化存在着三个基本层面:传统的民族文化、西方近代理性文明和现时代的精神意识。这些不同层次、不同内容的文化观念经常不断地互动、冲撞。在这个过程中,文化的异质性产生规范的异质性,使原有规范体系的稳定性、合法性受到威胁,对原有由大多数人建立在一致统一性基础上的规范的信仰造成破坏。于是,社会规范一段时间内

---

① 参见邓伟志主编:《变革社会中的政治稳定》,上海人民出版社,1997年,第253～260页。

缺乏明确性和指导性,导致社会上层建筑与整个社会生活现实不相适应,导致社会成员思想、规范和目标的混乱及心理的不适,从而产生行为失范。

4.微观层面上的个体规范内化减弱和规范认同障碍。随着社会结构的急剧分化、利益群体的大量涌现,生活方式、价值观念的多元化,以往内化规范的重要手段——道德内化的作用锐减,而被利益取向所排挤。同时,正面示范角色的效应发生障碍。党、政内部出现的腐败严重影响了人们对社会共同价值取向的认同,而观念和文化的多元冲突又动摇了原有的一元化共同价值坐标。

事实上,除了上述这些被研究者们所提到的原因,我们认为,近年来社会贫富分化的加剧、特别是分化机制本身存在问题,以及社会中并不鲜见的反面示范角色的影响作用无疑也是我国社会转型过程中越轨行为增长的重要原因。

二、转型社会中越轨行为的控制

越轨行为的迅猛窜升是社会转型过程中的一个"陷阱",必须认真对待。当然,要从根本上遏止越轨行为,关键在于社会转型本身的协调性。在社会转型过程中,经济、政治、社会、文化等各个社会子系统之间的契合程度如何,伴随着社会的发展能否建立起新的平衡关系等等,是解决社会失范和越轨问题的关键所在。但是,从社会控制的角度,面对社会转型过程中大量出现的越轨行为,应该注意哪些问题呢?

如前所述,社会控制所依仗的手段无非是习俗、道德、纪律、法律、法规等一系列不同形态的行为规范,以及与这些规范相应的从正面引导激励到反面惩罚制裁的一系列措施。正是这些规范和相应的确保这些规范被遵行的措施,构成了一个特定社会的社会控制系统。而在现代社会中,正式的法律和政策规范的社会控制作用无疑是居于关键地位的。因此,要控制社会转型过程中迅速上升的越轨行为,首先必须完善法规。当前完善法规可从以下方面入手:[①]

1.健全社会主义法制与其他各项管理制度,使各类社会规范的内容协调、配套,并树立起法律和各项规章制度的权威,是促进社会秩序发生根本好转的首要前提。

2.制定新的法规一定要有可操作性。要顾及规范的正当性,并与实施能力有效结合,还要注意约束对象的社会行动能力的动态监测。

3.加强宣传,培养人们对新法规的适应能力。引导人们改变传统观念,适应新规则,强化社会规则和社会秩序意识,是有效减少失范行为的重要保证。

除了必须完善法规,还必须建立和完善新的伦理道德体系。道德伦理规范的控制是社会控制的重要形式。道德伦理规范控制的弱化是转型期社会越轨行为

---

① 樊平:"社会转型和社会失范:谁来制定和遵守社会规则",载刘英杰等著:《中国社会现象分析》,中国城市出版社,1998年。

产生的一个重要原因。而建立和完善新的道德伦理体系的关键在于,这一道德伦理体系必须既汲取传统道德的优秀成分,又要适应现代社会的现实,特别是要适应市场经济已经唤醒了个体利益意识(即个人利益的合法性、正当性)这一现实。换言之,这种新的道德伦理体系应该是传统道德伦理面对今天社会现实的一种创造性转化,从而使其既不致于成为无源之水、无本之木,也不致于成为毫无现实可能性的纯粹道德乌托邦或空中楼阁。

无论是法律政规还是道德伦理,它们不是以自律的形式来发生作用(内在控制),就是以他律的形式来产生影响(外在控制)。他律,或者说外在控制需要建立与规范相应的奖惩措施。因此要有效控制社会转型过程中的越轨行为,还需要建立有效的社会奖惩机制,使遵守规范的社会成员从遵从行为中获得收益,使违反规范的社会成员因其违规行为而付出代价。(这种收益和代价既包括物质收益、金钱奖励、罚款、判刑等等,也包括舆论的表彰和谴责、旁人的亲近和疏远等等。)而自律,或者说内在的控制则需要通过对规范价值的认同和内化,使规范由外在规则变为内在价值准则,把规范视为社会共同体得以存在和维系、个体获得安全和保障及处理公民间相互关系的根本尺度和规则,进而形成尊崇、信赖、依靠、服从规范的行动。全社会各阶层成员规范意识的增强,会为良好的社会秩序提供社会认同的基础。为此,在今天,我们迫切需要强化公民意识的培养。作为对公民角色及其价值追求自觉反映的公民意识,是对公民与国家、个人与社会、社会与权利及普遍利益与特殊利益的价值判断和理性认知,因此,公民意识是具有合理性意识、合法性意识和积极守法精神及公共精神的三元内在构成。合理性意识以其对制度合理性、正当性的价值判断和确认提供了一种理想的价值参照和依据;合法性意识则把它适用于现实制度并与之相吻合,从而使制度的有效性、权威性获得肯定和认同;由此产生内在自觉的积极守法精神和公共精神,进而形成普遍有效的社会秩序。在社会成员中确立起现阶段社会规范的合理共识,实现价值内化,赋予其可靠的权威性和合法性,有助于形成全社会的积极守法精神和公共精神,为稳定社会秩序提供重要支撑。①

思考题:

1. 试比较社会学关于越轨的各种理论。

2. 试举例分析当代中国社会中越轨行为产生的原因及其特征。

---

① 樊平:"社会转型和社会失范:谁来制定和遵守社会规则",载刘英杰等著:《中国社会现象分析》,中国城市出版社,1998 年。

第十二章
社会变迁与社会现代化

自从社会学产生以来,社会变迁就一直是这门学科最主要的关注焦点之一。由于社会学是西方工业社会的直接产物,所以,西方社会学传统中社会变迁理论的现实基础实际上就是 16 世纪以来欧洲社会的历史过程。在 20 世纪以前,西方学者对非西方社会的具体历史知之甚少;因此,在二战以后出现的所谓"现代化"思潮中,也就难免会把局限于欧洲工业化经验的古典变迁理论套用到非西方社会日后的发展上去,这也就是我们今天需要认真研究的"现代化理论"问题。

第一节　社会变迁

人类社会是一个不断运动和变化的过程。社会学既要从相对静态的角度考察社会的结构问题,又要从动态的角度考察社会的运行和变迁问题。

一、社会变迁的界定和分类

从字面上讲,所谓社会变迁,显然是指社会的变化。日本社会学家富永健一将其界定为社会结构的变迁,这个定义已被社会学界广泛接受。① 我们可以依据不同的标准将社会变迁作如下区分:

1.社会变迁依其规模,可分为整体变迁与局部变迁。整体变迁是指整个社会结构体系的变化,例如社会形态的更替;局部变迁是指个别社会领域的结构变化,如家庭模式、经济体制等方面发生的变化。局部变迁不一定与整体变迁的方向、速度相一致;它既有可能滞后于整体变迁,也可能会超前于整体变迁。

2.依据社会变迁的性质和方向,可区分为社会发展(或社会进步)、社会停滞和社会倒退。② 所谓社会发展是指能够为人们带来物质财富增长和生活质量提高、能够促进社会良性运行和协调发展的结构变迁,在此意义上,社会发展与"社会进步"、"社会进化"等概念较为接近;所谓社会停滞,是指社会发展长期停止的

---

① 富永健一:《社会结构与社会变迁》,云南人民出版社,1988 年,第 87 页。
② 富永健一:《社会结构与社会变迁》,云南人民出版社,1988 年,第 93 页。

状态;所谓社会倒退,是从一度达到的较高发展水平阶段向较低发展水平阶段的逆转。社会停滞或近乎停滞的状态,可说是广泛见之的现象,在从远古到现今的人类历史长河中,有的社会实现了突飞猛进的社会发展(如被称为发达国家的社会),而有的社会却长期停滞不前,几乎没有什么发展。社会倒退则是由于战争、天灾、人祸或其他不测事件而发生的暂时偶然现象,在世界史上,从未出现过长期持续的社会倒退。研究社会停滞和倒退的原因与分析社会发展的条件一样都是社会变迁理论的重要课题。

不过也有人认为,社会变迁具有周期性,即发展、停滞、倒退相继循环地发生,如我国古代的学者邹衍,西方现代的历史学家斯宾格勒和社会学家索罗金都持这种观点。另有极少数愤世嫉俗者持社会倒退论的观点。虽然上述三类社会变迁都含有一定的价值评判和情感意味,但仅就社会变迁这一概念本身来说,它是一个中性的概念,不含有评价性的意义。

3.从社会变迁的激进程度来看,可将其分为社会改良(或称社会演化)和社会革命。社会改良是指通过对一个社会内部关系的调整和对外部环境的适应来促使该社会产生均衡、有秩序的变化;社会革命则是通过激进的运动打破结构的相对均衡,推动社会系统和社会结构的重组和变迁。

4.从社会变迁的运行方式这一角度,可将其分为自发的社会变迁和有计划的社会变迁。人类的认识能力和认识工具水平较低时,人类在很多方面以盲目的方式参与社会变迁。这时,社会变迁对于人类来说在很大程度上是一个异己的过程,表现为一种自发趋势。虽然理性的增长和知识的进步大大提高着人们设计和参与社会变迁的能力,但工业化和科学技术的迅速发展也严重破坏了自然界的生态环境,并转而对人类自身带来大量的风险和危害。

二、影响社会变迁的因素

社会为什么会发生变迁?有哪些因素造成了社会的变迁?这是我们研究社会变迁首先需要加以解决的问题。社会变迁并不只是激烈的社会革命和政权的更迭;经济因素也不是推动社会变迁的惟一因素。自然环境、人口、科学技术、文化等构成社会系统的基本要素的变动都会对社会变迁过程产生重要的影响。

1.物质环境

物质环境的变化和发展是人类社会变迁的基本前提,它为社会的生存和发展提供自然资源和物质条件。如果环境发生了变化,势必影响社会的运行和发展。例如,大规模的自然灾害或气候变化,有可能改变人们的居住地点和居住方式;某一地区自然资源的发现与开发,会造成大规模的人口迁移和形成新的人口布局。

在不同的社会发展阶段,自然环境对社会变迁的作用方式有所不同。当社会发展水平较低时,自然环境的影响作用主要是依其自身变化规律自然而然地发生。随着人类与环境相互作用关系的不断扩大和深入,"人工环境"对社会的影响越来越大,可以说,现代社会所赖以生存的环境基本上是经过人类改造或受人类活动影响的环境。科技和工业的发展对整个生态环境的破坏和污染,已经严重制约了社会的进步,给人类带来许多未曾有过的灾难。因此,如何保证一个可使人类社会持续发展的生态环境,已经成为全球性发展的重大问题。

2.人口

人口是社会生存和发展的必要基础。人口的数量、质量、构成、分布及流动若与整个社会经济发展比例失调,会影响社会发展的速度和水平。例如,人口数量增长过多或过快,就会降低经济发展水平和生活质量,给就业、保健、教育等造成很大负担;人口数量不足,则会造成社会发展所必需的劳动力短缺;人口质量低,就无法适应现代化科学技术和现代化生产建设的要求,同时也影响精神文明建设的发展;人口分布不合理,如大城市人口过于集中,就会导致人口拥挤、交通堵塞、住房短缺、犯罪增多、环境污染等一系列"城市病";人口老龄化,则会产生社会保障负担过重、劳动力短缺等一系列社会问题。

3.科学技术

作为具有自主逻辑的知识系统,科学技术始终是推动社会变迁的主要力量。科学技术发明创造的增长,科学技术研究规模和组织形式的变化,不仅扩大了人类生活的范围,带动或直接造成社会物质财富的增加,而且改变了人们的社会互动方式和群体组织结构。例如,现代通讯技术和交通工具的发展,就为人们建立跨越空间距离的社会关系提供了条件。再如,医疗技术的发展延长了人的寿命,改变了人口的年龄分布,加快了老年社会的到来;生育技术(如避孕和堕胎技术)和克隆技术引发了人们对生命伦理和人权问题的思考。

4.文化

许多社会学家强调非物质文化的变迁先于物质文化的变迁,认为非物质文化会给社会变迁以不可忽视的影响。执政党、最高决策者的思想路线和政策法规、国民的传统观念及其变化都会给一个国家的经济体制、政治体制,乃至生活方式的变迁以深刻的影响。马克斯·韦伯对新教价值观和信仰的社会影响的研究[1],就是一个把文化价值观和意识形态作为社会变迁原因之一的经典分析。他认为新教有关勤劳、天职、节俭和成功的价值观促进了资本主义精神在欧洲的发展。

社会变迁既可能由一个社会内部的发现和发明所引发,也可能受异域文化的

---

[1]　参见马克斯·韦伯:《新教伦理与资本主义精神》,于晓译,三联书店,1987年。

影响而产生。随着世界日益走向开放,文化传播正在成为影响社会变迁的一个越来越重要的因素。如果说在资本主义社会以前,整个世界还处于封闭之中,不同文化之间的相互影响还十分有限的话,那么到了现代社会,不同文化之间的传播、渗透、相互影响已是一个不可避免的客观趋势。文化传播将文化从一个群体或社会传入另一个群体或社会,会引起传入地的社会变迁,如西方资本主义文化的传播对人类历史和全球社会产生了巨大的影响。

5.经济

社会经济的变化与发展是社会变迁最重要的因素和内容,对社会变迁具有决定性的作用。社会经济的变化与发展既包括社会物质财富量的增加,也包括质的提高;既包括不同社会形态生产方式的更替,也包括同一社会形态内经济结构、劳动方式的变化。从原始社会人类完全依靠猎取和采集自然界的动、植物而生活,到农业生产和畜牧业生产的出现;从18世纪机器大工业的产生,到现代以信息技术和信息产业为先导的新技术群和新产业群的出现,人类社会经历了巨大的经济变迁,从而根本改变了人类的社会活动和社会生活。

6.社会计划和社会运动

在现代世界中,随着我们对社会生活的认识不断增长,人们越来越试图按自己希望的方向塑造社会。这方面最为突出的例证,就是近几十年来大型公司中研究与发展部门的成长。这一部门明显的功能就是使公司能够朝着自己设想的未来而进行商业发展。社会运动的重要性也日益增加,像人权运动、和平运动、妇女运动、环保运动等推动了公共领域和私人领域的重大变迁。

三、社会变迁的理论

许多社会学家以经验研究为基础来解释社会变迁的原因、过程以及方向,形成了多种流派的社会变迁理论,主要包括在进化理论、循环理论、均衡理论和冲突理论中。

1.社会进化论

社会进化论是所有关于社会变迁理论中最为广泛接受的观点。以其社会进化论著名的社会学大师斯宾塞认为,社会进化与生物有机体进化一样,都是从量的增长开始的。分子的规模或数目的简单的量的增长,势必引起结构臃肿,为了适应生存就必须引起整体功能分化和结构分化,从各部分相似的未分化状态发展成各部分相异的分化状态。各相异部分同时从事不同类别的活动,且相互关联、相互依赖,每个部分既依赖于其他部分而生存,又是其他部分生存的条件,各部分

"毫无疑问,人类的进步像趋向更完全的个体化一样,也趋向更多的互相依赖。"

——赫伯特·斯宾塞
（Herbert Spencer）

间建立在异质性基础上的密切配合,顺利运作,这便产生了整合。① 在这个过程中,社会有机体的结构日益复杂,功能日益分化,遵循一个由简单到复杂、由低级到高级不断向前发展的渐进和连续过程。

进化思想在古典社会学家的著作中占有主导地位。他们设想所有的社会变迁都呈线性发展模式,也就是说,沿单一的途径发展。这一设想使它的支持者们得以论证西方文明是变迁过程的最高点,而非西方社会也都将最终效仿这种发展模式。甚至得出结论认为,美国和西欧国家天生就比任何其他国家都要更先进。这样一来,早期的古典进化论思想就变成了一种意识形态,为西方发达国家对世界上许多欠发展民族实行经济和政治的殖民统治提供合法性论证。

20 世纪以来,古典的单线进化论由于其意识形态基础和缺乏经验研究支持的原因,而变得声名狼藉。但是 20 世纪 60 年代以来,进化论思想有所复兴,产生了新进化论。新进化论者认为,总的变迁趋势虽然还是从简单到复杂,但是不同的变迁方式可能发生在不同的社会中,即社会变迁的方式不是单线而是多线的。他们指出了三个主要的进化趋势:第一,技术发展提高了社会控制环境的能力。第二,群体、组织和社会设置的进一步专门化过程,即社会分化。第三,社会构成要素的功能性相互依赖,每个社会的构成单位都更加依赖于其他构成单位的帮助而得以执行自己的任务。

另外,有些新进化论者认为这些趋势在未来有可能掉转发展方向。比如,当今社会的一些部分明显地变得越来越相似,而不是越来越多样化——即出现了与社会分化相反的"反分化"趋势。例如,大众传播促进了文化的标准化;一些地域、阶级、种族和宗教的差异正在缩小。更有一些学者认为,一个"世界文化"正在出现,包含着美国的价值观、产品和技术的这一文化正在影响着全球各地的生活方式。

---

① 冯钢:《非西方社会发展理论与马克思》,浙江人民出版社,1992 年,第 27～28 页。

2.循环论

与进化主义者不同,循环论者认为文化和社会都在经历着一个无方向性的、连续的成长和衰落、挑战和反应的循环变化模式。

德国历史学家奥斯瓦尔德·斯宾格勒把社会看做活的有机体。在他看来,每个社会都有出生;有成长迅速的童年;可称为"黄金时代"的成熟期;漫长而又缓慢的衰退期;以及最后阶段,一个相对来说较快速的瓦解期,就像其他任何有机体一样,走向死亡。斯宾格勒认为西方文明正处在衰退期,并且悲观地宣称这一发展趋势是无法改变的。尽管现在已经很少有社会学家会赞同他的观点,但是在今天,他的哲学思想仍然吸引着许多公众的兴趣。

和斯宾格勒一样,英国历史学家阿诺德·汤因比也认为社会是循环发展的,但是他又认为这种循环是可以重复多次的。并且他对未来持乐观的态度。汤因比认为每个循环都是以某种"挑战"开始的:最初是为了建立起经济生存的常规模式,随后是为了适应各种不同的社会条件。每个挑战都会得到一个"反应",这一反应是由一个特定文化内的"具有创造力的精英"发起的。如果这一反应成功了,该社会就能生存下来并继续面对下一个挑战。如果反应不成功,社会将会崩溃。汤因比把这种挑战和反应的循环看做是通向更好的文明的进步。他坚持认为现代西方社会,特别是英国,社会的文明程度已达到了其所能及的最高水平,因而成为其他社会效仿的榜样。由于他的这种观念使人联想到19世纪单线进化论者的思想,所以有些评论指责汤因比是种族中心主义者。

美国社会学家索罗金认为存在两种基本的文化形式。在"感性文化"中,社会制度和符号体系本质上是为了满足感官的需要而设计的,其艺术是形象化的,它的哲学则是经验论的;科学是感性文化的关键设置。另一种文化是"概念文化",它主要诉诸超验的信仰,其艺术表现的是先验、抽象的主题,其哲学是以非经验性或者说是超验性为基础的;宗教是概念文化中的关键设置。介于二者之间的是过渡性混合文化。索罗金认为所有社会在其发展中总是在感性文化和概念文化之间变动。在他看来,现代西方的危机属于晚期感性文化的危机,它将最终被概念文化所取代。[①]

3.功能主义的观点

现代功能主义大师帕森斯的社会系统理论因过于强调社会秩序的均衡、稳定而遭到冲突论者的攻击。为了能够更好地解释大量的社会冲突问题,以回应批评者的理论责难,帕森斯在其原有的 AGIL 功能分析框架的基础上,融合古典社会

---

① D. P. 约翰逊:《社会学理论》,南开大学社会学系译,国际文化出版公司,1988年,第115~130页。

学家的进化观点①,提出了一种新的社会进化理论。

帕森斯认为,社会分层系统、政治的文化合法性、科层制组织、货币和非个人的市场网络、普遍主义的规范和民主模式等是社会"进化的共相"。社会变迁的根源就在于社会各子系统之间信息和能量交换的过量或供应不足,从而引起系统内部或外部结构的变迁。社会变迁呈现出四个阶段性特点,它们分别是:(1)分化。即社会中原有的一个单元或子系统分离成在结构和功能上都彼此不同的多个单元或系统。(2)适应能力增强。这是指分化的结果,即如果经过分化的系统比原先的系统适应能力增强,那么分化的结果就是一个更进化的社会系统。(3)容纳。这是指兼容各种分化结果以稳定新生社会系统的过程。帕森斯认为,分化与适应能力增强的过程会在社会系统中产生整合的问题。而一个社会如果能容纳新的单位与结构,则其基础就会更稳定,其效率也会得以提高。(4)价值普遍化。这是说社会对新分化出来的单位的合法性予以确认,也即社会发展出一套新的更具概括性和普遍性的抽象价值体系,以承认和容纳所有新的单位。② 另外,帕森斯强调,文化是社会的模式维持系统,若社会结构变迁与文化相互冲突,则其变迁的速度将会非常缓慢。

帕森斯的上述社会变迁理论可以简练地表述为:由结构分化而使适应能力得以增强,社会系统容纳新的结构单位并使价值体系在一个新的基础上得以普遍化,从而使社会重新得以稳定。

有批评家指出,虽然帕森斯明确指出社会变迁能够产生于体系内部的张力和紧张关系,但由于他在一开始假设社会体系通常是处于均衡状态,所以只有认为变迁的最主要原因存在于体系之外才是符合其逻辑的。

4.冲突论的观点

许多社会学家发现功能主义的理论解释有相当大的局限性。现实社会比功能论者所假设的要不稳定得多。并且,功能论观点无法解释多种形式的社会变迁。功能论局限性的最主要发现者是那些从冲突观点来认识社会变迁的社会学家们。

冲突论认为普遍存在的权力不平等是社会冲突的主要原因,而无处不在的社会冲突又是无时不在的社会变迁的根源。③

---

① 如斯宾塞的社会结构异质性增长、涂尔干的劳动分工和有机整合的增长、韦伯的合理性增长等。

② [美]D. P. 约翰逊:《社会学理论》,南开大学社会学系译,国际文化出版公司,1988年,第546~547页。

③ [美]D. P. 约翰逊:《社会学理论》,南开大学社会学系译,国际文化出版公司,1988年,第610~612页。

冲突论的这些观点是奠基在马克思的社会变迁理论上的。尽管马克思主要关注于社会中由经济因素决定的社会阶级之间的冲突,而达伦多夫和其他当代的冲突论者则已经大大地扩展了冲突在其中发挥作用的领域。民族和种族群体、政党以及宗教群体也进入到冲突的研究中来了。在所有这些领域中,造成冲突的最基本的原因被认为是权力和权威的不平等分配。因而,在冲突论者看来,社会变迁总要涉及权力再分配的斗争。这种权力变迁可能突然爆发,就像1917年的布尔什维克革命以及1989年至1991年的事变那样,导致了苏联社会体系彻底的和突然的结构重组;然而,权力变迁也可能缓慢地发生,就像它对当代美国环境主义逐渐流行的反应那样。

第二节　社会现代化

社会现代化是社会发展的必然结果。在社会学中,社会现代化有其特定的概念和含义。

一、社会现代化的概念

"现代"一词,不是一个纯粹的时间或时代概念,而是指涉一种与传统中世纪社会不同的社会形态。在社会学中,所谓现代化是指由传统农业社会向现代工业社会的变迁过程,是在社会分化的基础上,以科学技术进步为先导,以工业化、城市化等为主要内容,经济与社会协调发展的社会变迁过程。至于实现现代化之后的国家将进入的社会形态,有学者称之为"后工业社会"、"信息社会"(贝尔)、"知识社会"(堺屋太一)、"风险社会"(贝克)等。

社会现代化是一个连续不断的历史过程。在近代科学技术发展的带动下,以工业革命和信息革命为主要形式,社会现代化构成了一个连续不断的历史过程。现代化作为一种过程而不是某些指标的堆积,是一种与前现代社会发展相比独具特色的发展过程。因此,对于世界上任何一个国家或社会来说,既不存在绝对的"传统"与"现代"分野,更没有一劳永逸的现代化。

社会现代化也是一种具有世界意义的历史潮流。大约从16世纪起,首先在西欧,逐渐发生了一系列制度变革和政治、经济变革,使得现代化浪潮在18世纪左右席卷了整个西欧和北美,形成了世界现代化历史上的第一个高潮。19世纪末至20世纪中叶,社会现代化浪潮向世界其他地区扩散,形成了以日本和苏联为代表的第二次高潮。第二次世界大战结束之后,在20世纪五六十年代,亚洲、非洲、拉丁美洲大批国家摆脱了帝国主义的殖民统治,建立起独立的民族国家,掀起了社会现代化的第三次高潮,这些国家在政治上取得独立之后,都面临迅速发展本国经济,改变贫困落后面貌,缩短同发达国家在经济和物质生活方面的差距,巩固已经取得的独立地位的重大任务。因此,这些发展中国家都选择了"社会现代化"的道路,将其视为本国社会发展的必由之路。这一过程直至今天还在继续。[①]

从当今世界各国的发展过程来看,无论是先发展国家还是迟发展国家,也无论是发达国家还是发展中国家,"社会现代化"都是它们发展的主题和目标,各个国家都在以不同的模式,通过不同的道路,朝这一目标迈进。这一全球性的社会变迁已经深刻改变了整个世界的面貌。

社会现代化作为世界发展的潮流,在不同地区、不同国家的发展中显示出一些共同的内容和特征。例如,政治民主化、经济工业化、社会结构分化、文化世俗化等,虽然首先出现在西方社会,但现在也成为非西方社会现代化的目标和内容。然而这并不意味着发展中国家都要按照西方国家或发达国家的现代化模式发展。由于不同社会在前现代时期社会结构的差别、现代化进程的起点不同、内外环境的各种制约各异,实际上不可能按照某种"普遍模式"推进具体某一个社会的现代化。任何国家的现代化,都是将普遍的现代化特征同本国的历史条件与文化传统有机结合的产物,都必须根据本国具体的、历史的内外条件进行现代化建设。发展中国家必须学习发达国家在现代化过程中的经验,但这种学习不应当成为单纯的模仿。

二、社会现代化的内容

社会现代化作为一种增长和创新的发展过程,是通过社会在许多方面的变革实现的。了解这些变革的特征或社会转型的标志,有助于我们全面把握这一过程。具体来说,这种社会发展过程是通过社会结构的日益分化和整合、现代科学技术发展、工业化、城市化、理性化等过程实现的。

1.社会结构的日益分化和整合

社会结构的高度分化和高度整合过程,其实质是一个社会的制度结构的变化。社会分化和社会整合的结果,是形成了一系列相应的制度,以此规范各种社会关系。

一个社会进入现代化的发展过程,最重要的社会基础之一,即是社会结构的分化。现代化进程中社会结构的分化,可以从以下三个方面进行分析:

(1)个人角色分化

个人角色分化是指个人所扮演或承担的社会角色的分离。一方面,随着劳动

---

① 详见罗荣渠:《现代化新论:世界与中国的现代化进程》,北京大学出版社,1993 年,第131～141 页。

分工的发展,个人在不同的活动场合往往承担不同的社会角色,而不是像以往那样,在特定的场合同时承担多种角色。另一方面,人们之间的社会互动,越来越多地表现为角色化的互动,而不再是人格化的互动。个人角色的分化造成个人更有效地承担角色,按角色规范实现角色的社会功能,同时也使个人之间的角色互动建立在理性的基础之上。

(2)社会组织的分化

社会组织的分化表现为,承担多种功能的单一组织向承担单一功能的多种组织的转化。在劳动分工的发展过程中,各种各样的组织功能从传统的功能多元化的组织中分离出来。而高度专门化的、功能单一的社会组织能够实现更高的效率,更好地完成组织目标,从而更有效地满足社会需要。这种功能单一化的组织结构特点就是现代科层制。

(3)社会地位的分化

多元化的社会分层体系有助于各种社会角色的发展,社会成员可通过各自的专门角色获得不同的社会地位,社会资源的分配途径和获得方式也日益多元化。这种社会地位的分化,有助于促进各种社会活动的发展和理性化,从而推动各种社会创新活动的成长,刺激社会资源和人力资源的调动与有效利用,同时形成了更加紧密的相互依赖关系。

伴随社会日益分化过程而出现的是社会高度整合的过程。封闭性的社会格局逐渐消失,人们之间基于分工与合作的相互依赖性不断加强,普遍主义的社会规则成为人们各种社会活动的原则,不同社会成员的价值目标和利益目标在整个社会的范围内协调起来。这样,社会结构体系才能保持持续稳定的运行。一个在高度分化基础上的高度整合的社会,是现代化过程和前现代化过程的重要区别。一个没有充分分化的社会,是无法保证现代科学技术与经济的持续发展的;一个四分五裂的社会也同样如此。人们通常所说的现代化的特征,如科学技术的发展,工业化的产生,社会组织的成长,城市化以及世俗化等,都可以从社会结构的分化与整合过程中找到根源。

2. 理性化

通常而言,理性是指人们在确定行动目标和采取社会行动时,为了实现更高的效率,对目标和所需手段进行的自觉选择。

理性的概念实质上是一个社会的文化价值观念的体现。现代化在很大程度上可以看做是社会文化价值观的理性化转变。在一定意义上,社会发展程度的差异、社会现代化道路的不同,都可以从不同社会理性化程度的差别上得到解释。

在社会学历史上,韦伯可以说是最早分析了一个社会的文化价值观对社会发展的影响。在分析人的行动动机时,韦伯选择了合理性作为分析的最基本概念。

按照韦伯的解释,理性主义至少要包含这样几个要点:(1)明确意识到行动的目的,把所追求的具体目标做价值上的排列,并根据价值的大小对它们进行比较;(2)通过预测并计算后果来权衡行动的必要性,考虑目的与后果之间的关系,对后果负责;(3)根据目的选择手段,并对各种手段进行比较,以付出最小而收益最大为选择标准;(4)在行动过程中表现出严格的首尾一贯性。更具体说,理性化应当考虑下列问题:行动的目的是什么? 为什么要达到这一目的? 达到目的的手段是什么? 哪一种手段效率最高而成本最低? 行动的后果是什么? 这些问题会使行动合理而有秩序。在韦伯看来,现代工业文明的一切成果几乎都是理性化思维的产物。

理性化对社会的发展是十分重要的。可以说现代科学技术产生的基础就是理性的精神。所谓科学的精神就是理性的精神,是指现代科学和现代工业的发展,是一种特定形式的合理性——形式理性或工具理性的发展,这种合理性的发展既反映在个人的日常活动和社会的组织形式中,也反映在社会的文化中。随着现代科学和经济发达程度的提高,会有越来越多的人在理性原则的指导下行动,而根据传统和感情去确定自己行为的人会越来越少。因此,社会文化价值观念的理性化过程,在很大程度上决定了社会变迁的方向和结果,构成了从前现代社会向现代社会转变的基础。

3.科学技术

三百多年的工业文明史已经证明,科学技术是强大的社会生产力。工业革命本身就是科学技术取得突破性进步的结果。自从人类发明了蒸汽机以来,技术进步便成为了工业化及其发展水平的决定性因素。而新技术的出现则主要是根源于科学研究成果向技术发明的转化。以蒸汽机和工具制造技术发展为标志的第一次技术革命,导致了近代的第一次产业革命;以电力和通讯技术为标志的第二次技术革命,导致了19世纪末的第二次产业革命;而从20世纪40年代开始的以原子能技术、电子计算机技术、遗传工程技术等等为标志的第三次技术革命,正在酝酿着更重大的突破。

科学技术极大地改变了人们的互动形式和过程、社会的组织结构、各个领域的社会生活以及人们的观念。现代交通、通讯和信息技术的发展,已经在很大程度上超越了原有空间结构的限制,从根本上改变了人们传统的社会交往方式。随着因特网的发展和普及,一种新的社区——"虚拟社区"正在形成和发展。借助于现代传媒技术,一种文化现象可以很快超越国界传播到其他国家并被接受。计算机技术和网络的发展,已经使得工作场所的组织形式、管理方式和工作方式发生了根本变革。

现代科学技术的发展,在给人类带来财富、提高生活质量的同时,也向人类社会提出了巨大的挑战，甚至带来了危机。例如，现代生物遗传工程的发展，就向原有的道德观念、家庭婚姻关系提出了挑战，而克隆技术的发展，更是将有关人类社会生存和基本价值的问题摆到了人类面前，这促使人们从伦理上对它进行思考。科学技术发展对自然和社会所造成或可能造成的影响，使得对科学技术的控制也成为了一个重大的现实问题。

4. 经济发展

经济发展是社会现代化最突出的特征。经济发展首先意味着经济结构的变革，作为现代化主要内容之一的工业化指的就是从人力能源到非人力能源的转变，也就是由以农业、手工业为主转变到以工业为主。工业生产成为国民经济发展的主要依靠力量。一个国家的工业化水平可以用工业生产在整个国民经济中所占的比重来衡量。例如，在发达资本主义国家的经济结构中，1980 年农业国内生产总值仅占全部国内生产总值的 4％，农业劳动力仅占全部劳动力总数的 6％；而低收入国家农业产值则占国内生产总值的 36％，劳动力占全部劳动力总数的 71％。自 20 世纪 40 年代兴起的新技术革命，又给现代经济结构带来了新的变化。在已经实现工业化的国家里，服务业或第三产业的发展逐渐超过了工业，在国民经济中占据了主要地位。第三产业的兴起，说明了知识、智力在国民经济发展中越来越成为关键的因素，经济发展越来越依靠技术进步。

其次，经济持续而迅速的增长还意味着经济发展中的科学技术含量的不断增大。在现代国际经济体系中，技术密集型产业的优势大大超过了劳动密集型产业和资本密集型产业。发达国家利用电子计算机、新能源、生物技术和新材料，使生产向高附加值、低能耗、资源用量小和技术、知识密集的产业发展。这也导致了一些发展中国家和地区重新审视以往的发展经验，并开始把注意力从物质资本积累战略转向人力资本积累战略。

5. 城市化

城市化的过程，是指在一个国家或社会中，城市人口增加、城市规模扩大、农村人口向城市流动以及农村中城市特质增加的过程。通常，一个国家城市化的水平可以由城市人口占总人口的比例表明。

一个社会城市化的发展，取决于若干条件。第一是整个社会的经济发展水平。尽管有些发展中国家的某些大城市人口剧增，但整个国家城市化水平相对还较低，而且这些大城市的发展质量也相对较低。从这点上讲，城市化水平与经济增长速度的关系有时候并不总是那么紧密，有时也会出现经济增长速度较慢，而城市人口增长很快的情况。第二是社会文化条件。城市化的发展水平在很大程度上取决于社会制度、社会结构背景。首先是城市在整个社会中存在和发展的权力。西欧的城市是在与封建领主的斗争中，随着商业的发展而发展起来的。对于封建领主来说,城市拥有相当程度的自治权。尽管在封建时代,西欧的城市发展水平不如东方社会高,但这些城市却成为欧洲社会现代化的生长点,并随着经济的发展而迅速发展起来。在很多东方社会,城市仅仅作为政治和军事统治中心而存在,根本不存在独立自治的城市社会;尽管在一定时期达到相对较高的城市化水平,却在以后陷入长期的停滞之中。其次是一些社会体制的作用。有时,某种社会制度的存在,也会在经济背景之外对国家的城市化产生影响。如我国的户籍制度,就是造成我国城市化水平较低的主要原因之一。

6.人的现代化

一个社会的现代化,不仅仅是结构、文化、经济、科学技术及城市化的发展。社会是由无数社会成员构成的,没有个人,也就没有社会。在任何社会和社会变迁中,人都是一个基本的因素。因此,在一个社会迈向现代化的过程中,如果没有人的现代化,现代制度是不可能很好运行的。一个社会只有在它的人民现代化了,或者说,只有那些在现代科学技术、经济和各种组织中工作的人,都获得了与整个社会现代化发展相一致的现代性,这样的社会才可以说是一个真正的现代社会。现代制度和现代人是一个社会现代化的两个基本方面。

美国社会学家、社会心理学家 A. 英克尔斯曾较为系统地研究了人的现代化。20 世纪 60 年代初,他在世界不同地区的六个国家进行了一次有关人的现代性的大规模调查,对人的现代性做出了系统的阐述。在他看来,人的现代性主要体现在两个方面,即人的主观态度和客观行为方面。具体来说,人的现代化主要包括以下内容:现代人应该具有与宿命论相对立的效能感;乐于接受社会变迁,愿意接受新的生活经历(具有开放性);尊重并愿意考虑各种不同的意见;积极获取并关心新的知识和信息;守时惜时,具有较强的时间观念;无论在公共生活还是在私人生活中都趋向于计划性;基于对理性的信赖而对周围的人给予信赖;重视专门技术和公正的分配;有较高的受教育和职业期望;具有普遍主义的取向,不因特殊的个人特征而给予不同的对待;对生活采取分析的态度;倾向于更积极地解决问题而不是回避问题等。[①]

现代人的上述特征不是凭空产生的,而是由现代制度和现代组织的性质决定的。人们在现代制度和现代组织中的经历,会有助于形成上述现代人的特征。现代工厂、现代学校、现代传播媒介、现代城市生活等,都对形成人的现代性具有重要作用。在这个意义上,人的现代性不是天生的,更不是哪个民族或社会独有的;个人的早期训练会对人的现代性产生重要影响,但这种影响不是决定性的。人是在现代社会结构条件下,通过逐步适应和学习的过程,随着整个社会现代化的发

---

① 阿历克斯·英格尔斯等:《人的现代化》,四川人民出版社,1985 年。

展,逐渐形成了现代化的特质。由于社会的历史文化传统不同,社会现代化的道路和程度不同,人的现代性也会有相对的差别。

7.全球化

近年来,学术界对全球化讨论较多,将它视为当今世界最主要的发展趋势和最重要的现代性特征。一时间现代化概念和理论大有被全球化概念和理论所取代之势。何谓"全球化"? 它有哪些特征? 他与现代性的关系如何,以及它对个人的日常生活、社会的结构、国家的体制和世界的秩序产生什么影响? 这些都是社会学必须正视的问题。

关于全球化的界定,麦克卢汉将其形象地描述为"地球村"时代,沃勒斯坦称之为"世界体系"的形成和发展,吉登斯把它概括为"时—空延伸"、"跨距离的互动"[1]。这里,我们参照以上说法把全球化定义为各种个人、群体、社区、国家、市场和国际性组织(包括跨过公司、民族国家体系和非政府组织)通过发达的高科技和跨时空的"脱域机制"在全球规模上加强联系的过程,也可以更简单地把它规定为世界范围内互相依赖之关系网的发展。

全球化的特征可以概括为一个多方面、全方位、波及广、影响大、充满内在矛盾的动态过程。"多方面"是说,全球化不仅涉及技术、资本、劳力、物品、信息等技术-经济因素的流动和一体化过程,而且包括民族国家和各种全球性非政府组织之间的政治-社会互动,以及符号、思想、观念的文化冲撞和交融;"全方位"是说,全球化把微观层次的个人、中观层次的群体和社区、宏观层次的国家都纳入到全球性网络中;"波及广、影响大"言其波及全球每一个角落、影响世界上男男女女的生活(既提供机会又给予限制)、作用于每一个民族的现代化(或后现代)进程和现代性发展、促进社会关系的时空延伸和社会结构变迁。全球化侵蚀了民族国家的主权,人为地制造了许多全球性的风险和新的等级化模式,引发了世界范围的社会整合、全球管理和民主化参与等新问题;"充满内在矛盾"是指全球化一方面是全球性的经济-技术的相互依赖和社会生活的彼此相关,另一方面却是世界性的政治冲突和文化分裂。[2]

就现代化与全球化的关系而言,"现代性内在地经历着全球化的过程",全球化拓宽了现代化的广度(遍及世界),增加了它的深度(从全球秩序到个人生活),展开了其自由与风险、黑暗与光明的辩证二重性,并赋予了现代性以新的维度,加

---

① 吉登斯:《现代性的后果》,译林出版社,2000 年,第 56~58 页。

② 参见吉登斯:《现代性的后果》,译林出版社,2000 年;鲍曼:《现代性及其缺憾》,上海:学林出版社,2002 年。

速了"晚期现代性"的到来。①

第三节　现代化理论

　　社会学对社会发展问题的思考和研究可以追溯到 19 世纪社会学诞生之初。孔德关于社会发展是从"军事时代"到"法律时代"再到"工业时代"的论述；马克思的社会经济形态理论和对资本主义现代性的揭示；斯宾塞从"军事型社会"到"工业型社会"变迁的理论；涂尔干关于从"机械团结"到"有机团结"的概括；滕尼斯从"共同体"到"社会"的理论；韦伯对西方社会"合理化"过程的分析；以及帕森斯的"模式变项"理论，在某种意义上都是以欧洲发达国家为蓝本，探讨了人类从传统农业社会到现代工业社会的过渡和发展过程，并对西方社会的现代化过程和现代性本质进行了深刻的分析和总结。他们的基本观点构成了 20 世纪五六十年代经典现代化理论的主要分析框架，不妨称之为早期现代化理论。

"制度化的价值系统当内化入个人的人性时，就能足以驱动经济生产，完成无数的工业化劳动，并且使制度调整以及这一过程有关的政治结构合法化。"

——帕森斯
(Talcott Parsons)

　　第二次世界大战以后，许多战前的殖民地和半殖民地国家纷纷摆脱原宗主国的控制而独立。但是，他们都面临着如何振兴本国经济、走上真正自主发展的道路。其内涵包括在经济发展的同时，如何实现政治民主与社会进步，以及在与外部世界平等交往中怎样确立自己在整个世界体系中的地位的问题。在这种形势下，"发展"成了一种占支配地位的观念，西方学术界也相应地产生了一股研究这些新兴国家发展和现代化的思潮，形成了一种由多学科广泛参与的"现代化理论"，并很快成为主导发展研究的显学。首先，现代化理论观点立足于欧洲 17 世纪以后的工业化历史经验的概括、抽象，来解释当代非西方社会的现代化问题。从这点来看，这种理论观点基本上属于欧洲 19 世纪工业主义的继承和发展。其次，根据进化论的原则，现代化理论强调社会进化或阻碍进化的原因在于社会内部。社会进化被视为一个通过不断地分化和整合而实现的、从不

---

① 　吉登斯：《现代性的后果》，译林出版社，2000 年，第 54～68 页。

稳定的"同质性状态"向更趋稳定的"异质性状态"的变动过程。再者,现代化理论尤其强调"传统"与"现代"的两极对立。尽管持这派理论的大多数学者都不太熟悉非西方社会的具体历史,也无意要去研究这些具体的社会历史;但他们却总是把前现代社会统统捆在一起,统称为"传统",并认定发展就是从这种"传统"向"现代"进化。①

一、现代化理论的内容

"传统"与"现代"是现代化理论的核心概念。什么是"传统",何谓"现代",两者有何区别? 现代化过程有哪些特征? 不发达国家怎样实现从"传统"社会向"现代"社会的转变——即现代化? 对这三个问题的回答,构成了现代化理论的核心内容。

关于"传统"和"现代"的特征及其两者的差异,现代化理论家认为:

(1)在经济上。现代社会是工业和服务业占绝对优势、所使用的全部能源中非生命能源占据较大比重的社会;传统社会则是第一产业占据绝对优势、所使用的全部能源中生命能源占较大比重的社会。

(2)从政治方面看。现代社会普遍具有一个功能高度专门化的政府组织,它采用理性化和世俗化的程序制定政治决策,人民怀有广泛的兴趣积极参与政治活动,各种条例的制定主要是以法律为基础,而传统社会则多数不具备这些特点。

(3)从社会结构方面看。现代社会是高度分化的社会,各组织之间的专业化程度和相互依赖程度很高;社会的流动率也很高;人口大规模集中于城市;角色和地位的分配主要是依据个人的能力和业绩;调节人际关系的规范是标准化的、普遍主义的;科层制普遍发展;家庭功能缩小、地位下降等。传统社会则是低度分化的社会,组织间的专业化程度和相互依赖程度低;社会流动率低;人口主要分散在乡村;角色和地位的分配主要是依据出身、年龄等先赋因素;调节人际关系的规范是特殊主义的;科层制即使有也只限于某些领域;家庭具有多重功能,是基本的社会组织形式等等。

(4)从文化方面看。现代社会的文化强调理性主义、个性自由、不断进取、效率至上、能力至上等观念。传统社会的文化则强调超验的、反个性的、知足常乐的、先赋性至上的、情感至上的价值观念。

(5)从个人人格与行为特征上看。现代社会的成员有强烈的成就动机,在处理有关事务时有高度的理性和自主性,对新事物有高度的开放性,对公共事务有强烈的参与感,对生活在其中的世界有较高程度的信任感等等。传统社会的成员

---

① 冯钢:《非西方社会发展理论与马克思》,浙江人民出版社,1992年,第84~86页。

则缺乏这些基本素质。

"现代化"的过程就是一个具有上述"传统"特征的社会,逐渐消除这些特征,同时获得上述种种"现代"特征的过程。对于这样一个过程,现代化理论家也大都同意它具有以下特点:

(1)现代化是一个彻底的转变过程。为了使一个社会从传统形态转变到现代形态,必须从经济、政治、社会、文化等方面彻底改变这个社会,用一套全新的"现代"的经济、政治、社会和心理结构来取代旧的"传统"的经济、政治、社会和心理结构。

(2)现代化是一个系统的过程。它涉及社会各个领域、各个方面的嬗变。一旦某个领域开始了现代化的过程,就必然要求或导致其他领域的现代化过程的发生。

(3)现代化是一个长期的过程。它不可能在短时间内就得以完成,往往要以世纪来计算。在一定意义上可以说它又是一个渐进性进化过程。

(4)现代化是一个阶段性的过程。它从传统阶段开始,以现代阶段告终,中间还可以划分出几个小阶段;而且,一切社会都要经过大致相同的若干阶段。

(5)现代化是一个内在的过程。它必须具有内部的动力和条件才能够得以发生和持续。

(6)现代化是一个全球化的过程。它从欧洲开始,通过传播等途径扩散到全世界。所有的社会都曾经是传统社会,而所有的社会也都将转变成现代社会。

(7)现代化是一个趋同化的过程。现代化程度越高,各社会在各方面的相似性程度也就越高。最后整个世界将变成一个同质的实体。

(8)现代化是一个不可逆转的过程。现代化是一种"普遍的溶剂",所有与之接触的社会与领域都不可能长期抵抗住它的溶解力,现代化虽然可能有暂时的挫折和倒退,但总的趋势不可逆转。各国各领域现代化的速度可以不同,但总的方向却相同。

(9)现代化是一个进步的过程。虽然在现代化的过程中,会产生一些问题,带来一定的痛苦和代价,但从长远来看,现代化增加了人类在各方面的福利。[①] 关于非西方国家的社会发展,现代化理论给出了以下命题和建议:非西方不发达国家仍处在"传统社会"的发展阶段上;非西方不发达国家未能实现现代化的原因在于其社会内部的"传统性",例如艾森斯塔特认为非西方国家的政治-文化一体化的格局降低了其进行革新、推动社会变革的能力;非西方不发达国家要想实现现

---

① 谢立中、孙立平主编:《二十世纪西方现代化理论文选》,上海三联书店,2002年,第2～4页。

代化,惟一的途径就是西方化即照搬西方的发展模式,理由是其社会内部的因素无力促成现代化的发展,只有靠西方文明的传播和冲击才有可能引发现代化;非西方不发达国家与西方发达国家在发展道路上是一致的,它们现在所处的阶段是西方发达国家曾经经历过的一个阶段,因此,在现代化过程中所遇到的问题也是与西方发达国家一样的。[①]

上述这些关于现代社会特征、现代化过程特点及其对非西方社会现代化的看法,构成了早期经典现代化理论的基本内容。

二、对现代化理论的批评

实际上,一些按照现代化理论家所提供的方案推行现代化改革的非西方国家(如一些拉美国家),不但没有实现"现代化理论"所允诺的那种富裕、和谐、稳定的美好境界,反而经常出现发展的停滞和社会动荡。而且 20 世纪 60～70 年代西方世界所出现的大量政治经济和社会文化危机也动摇了现代化理论的根基。相反,东亚日本和"四小龙"、"四小虎"由于采取适合本国国情的改革措施而成功地创造出一种不同于西方的现代化发展模式。

经典现代化理论在实践中所暴露的这种矛盾和缺陷,自 20 世纪 60 年代末就引发了许多学者基于不同立场和视角的批评。

一部分批评来自西方主流社会科学内部,例如班迪克斯、艾森斯塔特、亨廷顿等人,他们指出早期的现代化理论模式至少存在以下四个问题:[②]

(1)片面的传统和现代两分法。首先,这种把"传统社会"与"现代社会"分别视为内部均质和相互异质的实体的两分法,实际上是一种过于简单化的抽象,事实上,无论是现代化国家还是传统国家都具有非常复杂的多样性;其次,把"传统"与"现代"视为相互对立的两极也是有问题的,实际上二者不仅有可能共生共存,而且还可能相互促进,这在东亚一些国家的现代化过程中表现得非常明显;再次,将"传统"等同于"落后"、"现代"等同于"先进"也不合适,"传统"并非什么都坏,"现代"也并非什么都好;最后,这种两分法带有浓厚的西方中心主义色彩,即视现代化为"西方化"。

(2)"单线进化"的社会发展模式。现代化理论认为西方国家已经经历了的现代化过程是所有民族国家都要经历的普遍进化过程,西方发达国家已经走过的道路正是非西方国家将要走的道路,并由此把西方国家现代化过程中曾经出现过的那些具体特点视为现代化过程的普遍特征,完全忽视了非西方国家现代化过程中

---

① 严立贤:"现代化理论述评",《社会学研究》,1988 年第 2 期。

② 谢立中、孙立平主编:《二十世纪西方现代化理论文选》,上海三联书店,2002 年,第 5～6 页。

可能存在的其他发展模式。

(3)现代化理论表述过于抽象,缺乏具体的实证分析和深度的历史研究。现代化理论关于"传统"、"现代"以及现代化过程的讨论都停留在极为抽象的层次上,缺乏具体的有时空限制的所指对象。如果运用这种抽象理论来指导非西方社会的现代化实践,则极有可能陷入"误置具体性"的错误。

对经典现代化理论的第二类批评来自"依附论"和"世界体系论"等学派的学者,如弗兰克、卡多索、阿明、沃勒斯坦等人。他们除了指出早期现代化理论的"西方中心主义"特征和指导非西方国家现代化实践的局限性外,还批评了它的"国家中心主义"研究取向,认为这种单纯从一个国家内部来分析其发展的理论取向忽视了外部环境如世界体系的重大作用,指出由于西方已发达国家与非西方不发达国家在开始各自的现代化过程时处于完全不同的外部环境之中,前者在世界体系中多居于独立的、中心的地位,后者则多居于依附的、外围的地位,这就使得它们的发展过程必然会有不同的样式、不同的特点和不同的结果。"依附论"认为,非西方地区的"不发达"实际上是资本主义发展的一种特殊形式,它表明了资本主义如何在发展过程中,通过对外扩张而把非西方地区纳入资本主义轨道。不发达并不是由于孤立于世界历史主流之外的那些地区中古老体制的存和缺乏资本的原因造成的。恰恰相反,不论过去或现在,造成不发达状态的正是造成经济发达(资本主义本身的发展)状态的同一个历史进程。[1] "世界体系论"认为,以往讨论发展问题时,人们的分析单位都是国家或民族,这些单位之间虽有某些联系,但原则上都是各自孤立的,而所谓的世界则被认为是由这些相关但基本独立自主的社会所组成。这种把抽象的"社会"作为社会变迁单位的预设,必然会导致从理论上假定每个社会都会沿着相似的道路发展,但这种"范型上的前提"却是经不住历史检验的。世界体系理论的预设是,社会变迁和社会行动并不产生在抽象的社会之中,而是产生于一个特定的世界体系之中。世界体系是一个时间空间的整体。从空间上看,它与构成整体的部分或区域之间的基本分工并存;从时间上看,它与这个分工体系所表现的世界整体的延续相一致。具体地说,这个世界体系发源于16世纪的那个以欧洲为中心的世界经济体。[2]

第三类,也是最严重的批评来自"后现代"理论。"现代化理论"与"依附论"和"世界体系论"之间所发生的争论实际上不过是围绕着非西方社会在现代化过程的起因、条件、道路、后果、存在的问题等方面而展开的。无论是它们当中的哪一方,都不曾否定过现代化对包括西方和非西方社会在内的各国人民的必要性。

---

① 冯钢:《非西方社会发展理论与马克思》,浙江人民出版社,1992年,第199页。

② 冯钢:《非西方社会发展理论与马克思》,浙江人民出版社,1992年,第238页。

"依附论"对"现代化理论"进行批评,并不是要否定现代化作为非西方国家所具有的价值,而只是要否定"现代化理论"对非西方国家不发达状态所做的解释,批判其向非西方国家所兜售的那种"西化"模式。它们希望的是为非西方国家找到一条能真正实现现代化目标的可行之道。实际上,"现代化理论"、"依附论"、"世界体系论"都是将"现代化"作为人类的奋斗目标,以现代化过程作为自己的研究对象,以探讨如何才能实现现代化的方案、策略作为自己的根本任务。从这个意义上说,它们其实都是有关"现代化"的理论,或都是"现代化理论"。它们之间的争论,不过是自家内部的纠纷而已。

如果说"依附论"、"世界体系论"与"现代化理论"之间的争论是基于共同目标上的不同方法的论辩,那么"后现代"理论所提出的挑战则具有完全不同的性质。"后现代"理论对理性、发展、自由、主体、"现代性"这些"现代化"理论的核心概念从根本上加以质疑,否定"现代性"以及作为其基础的"理性"和进步作为人类最高价值的合法性,从而也就是对"现代化"本身的价值,以及对以探讨、促进"现代化"过程为己任的一切"现代化"理论的价值提出了质疑。

"后现代"理论家们认为,以(工具)理性为基础的科技力量的增长,虽然给人类带来了巨大的物质财富,但同时也给人类带来了空前的灾难性后果。人类对自然界的大规模征服造成了严重的环境污染和生态失衡,对人类自身的持续生存造成了威胁;对社会生活本身的有效控制则使人类本身陷入全面的、无所不在的被监禁和被支配状态之中;科学、理性取代传统和宗教成了惟一的、不可反抗的合法性准则,因而也就成了支配—被支配关系的新的基础。

总之,后现代主义者认为现代性的前景已关闭,它的生命力已耗尽,启蒙以来对人类道德与社会进步的希望已经破灭。一句话,他们把"后现代"视为与现代的决绝,是现代的否定。例如,利奥塔拒绝一切"全能性"的社会理论,攻击一切宏大的元叙述。简单地说,后现代主义反对启蒙和现代的全能理性观,反对现代性方案所造成的西方现代文明结构,反对现代社会和社会理论所强调的同质性、抽象性和一元文化论,倡导异质性、具体性和多元文化。

三、新现代化理论:对挑战的回应和发展

面对来自"依附论"和"世界体系"理论的严厉批评,现代化理论在 20 世纪 70 年代一度陷入低迷徘徊状态。然而这些对立理论也有自己明显的缺陷。例如,依附理论单纯从社会外部来寻找非西方国家不发达的原因,甚至由此得出必须与西方中心国家"脱钩"、断绝联系,才能有真正的发展这种极端片面的结论。20 世纪 70 年代以来东亚"四小龙"的崛起和全球化的迅猛发展,对"依附论"构成了严重的挑战,加上"后现代"思潮所引发的关于"现代性"的争论,无疑给现代化理论打

了一针兴奋剂。一些现代化理论家试图对早期的现代化理论进行反思、补充、修正，形成一种新的更富解释力的"新现代化理论"。其中，古斯菲尔德对传统与现代化之关系的重新考察、艾森斯塔德和布莱克对西方与非西方国家现代化过程的具体历史比较研究、亨廷顿对政治现代化所做的重新分析等都产生了广泛的影响。①

"新现代化理论"之"新"在于其对早期现代化理论做了如下修正和发展：

首先，不再把传统和现代看做是两个始终如一的均质实体，而是认为无论传统还是现代性内部都包含着性质不同的要素；不再把传统和现代性当作是互不相容的对立的两极，而认为这两者是可以相互共存、相互渗透、相互补充的，认为有许多传统因素可以在现代化过程中发挥积极的作用。

其次，不再坚持"单线进化"的发展模式，不再认为西方国家已走过的现代化道路就是其他国家将要走的道路，因而不再简单地套用从西方国家经历中概括出来的理论模式来描述和说明非西方国家的发展过程，而是认为存在着多种多样的发展路向和模式；与此相联系，新现代化理论也不再满足于对现代化过程作抽象的描述和分析，而是更加注重具体的历史的比较研究。

第三，虽然其重点仍在内部因素方面，但它不再忽视外部环境因素在模塑非西方社会发展过程中所发挥的作用，而是将内、外因素结合起来，从两者的相互作用中来考察现代化过程。

第四，不再拘守于进化论和功能主义的范式之内，而是企图拓宽自己的理论视野和分析框架，不再简单地把现代化过程描述成一个分化、整合、适应能力升级的进化过程，而是试图把各种压制、不平等和冲突现象纳入分析的范围。

所有这些区别，都使得新的现代化理论不同于早期的现代化理论。这不仅为现代化研究提供了一些新的理论基础，而且也为现代化研究"开启了一片全新的研究领域"。现代化研究由此而获得新的活力。

"新现代化理论"之所以被称为"现代化理论"，是因为它仍然与早期经典现代化理论共享一些基本概念和核心假设，如仍以"传统"和"现代"作为自己的中心范畴；仍坚持进化论，把"现代化"看做是从"传统"向"现代"的转变过程，并肯定现代化的合理性和可欲性；仍然认为"现代化"的动力在于一个社会内部的制度创新和发明等。

不过，从目前来看，这种所谓的新现代化理论还只是一种大体趋同的理论取向，还不能说是一个统一、完善的理论系统。它今后还需要考虑来自"后现代主

① 谢立中、孙立平主编：《二十世纪西方现代化理论文选》，上海三联书店，2002年，第5页。

义"的质疑和挑战。尽管"后现代"概念含义模糊,"后现代"理论也不是一个统一的理论系统,"后现代"理论对"现代性"的攻击也确实有过激之处,但它对"现代性"价值的质疑和对现代化过程内在矛盾的批评,却能给那些乐观的现代化理论家注入一副清醒剂,敦促他们全面考察现代化的多重后果和现代性的丰富内涵,从而把后现代的合理因素纳入自己的理论逻辑中。

思考题:

1. 社会变迁的定义和分类。
2. 试述索罗金的文化变迁理论。
3. 现代化的内容主要有哪些?
4. 现代化的特征主要有哪些?
5. 试分析现代化理论的方法论局限。

图书在版编目（CIP）数据

社会学 / 冯钢主编. —2 版. —杭州：浙江大学
出版社，2013.5（2023.7 重印）
ISBN 978-7-308-11441-7

Ⅰ.①社… Ⅱ.①冯… Ⅲ.①社会学－高等学校－教
材 Ⅳ.①C91

中国版本图书馆 CIP 数据核字（2013）第 092827 号

社会学（第二版）

冯　钢　主编

责任编辑　李海燕

封面设计　续设计

出版发行　浙江大学出版社
　　　　　　（杭州市天目山路 148 号　邮政编码 310007）
　　　　　　（网址：http://www.zjupress.com）

排　　版　杭州青翊图文设计有限公司

印　　刷　广东虎彩云印刷有限公司绍兴分公司

开　　本　710mm×1000mm　1/16

印　　张　15.75

字　　数　291 千

版 印 次　2013 年 5 月第 2 版　2023 年 7 月第 14 次印刷

书　　号　ISBN 978-7-308-11441-7

定　　价　38.00 元
